L'HUMANITÉ DE MOLIÈRE

L'HUMANITÉ
DE MOLIÈRE

essais choisis ou écrits par
John CAIRNCROSS

LIBRAIRIE NIZET
3 bis, Place de la Sorbonne
PARIS

—

1988

*Ce livre est dédié à tous les
amis de Molière
quel que soit leur point de vue.*

PRÉFACE

Ce volume recueille douze articles sur Molière (tous déjà publiés ailleurs) qui portent plus ou moins dans le même sens. La façon la plus simple d'en définir l'orientation, c'est de faire remarquer qu'ils se distinguent de la critique « officielle » sur bien des points importants. Ainsi, Le *Tartuffe* serait dirigé contre la Réforme catholique (et probablement contre la religion tout court), et non pas (malgré le titre de la comédie) contre la fausse dévotion. De même, *Dom Juan* serait une pièce audacieuse et subversive, dans laquelle le « grand seigneur méchant homme » laisse percer, avec quelques précautions de rigueur, les vues de l'auteur sur la religion, la médecine et l'amour. Et Alceste, tout en prêtant à rire par ses incartades juvéniles, ne serait pas le personnage lamentable que dépeignent bien des moliéristes. Sans trop forcer les choses, ce livre présente « un auteur qui pense », un esprit farouchement indépendant et nonconformiste, un ennemi du principe d'autorité, de l'ascétisme et du dualisme du corps et de l'âme, un paladin de l'émancipation de la femme, bref, un libertin au sens dix-septième du mot.

Les essais traitent soit des pièces individuelles (*Le Tartuffe*, œuvre charnière dans l'œuvre de Molière, *Dom Juan*, *Le Misanthrope* et *Les Femmes savantes*), soit des aspects plus généraux de ses comédies, comme le rôle des marquis, l'importance des facteurs « répertoriables » dans l'analyse de l'œuvre, l'évolution du thème médical de *Dom Juan* au *Malade imaginaire*, et, dans un article de synthèse, un inventaire des opinions subversives du poète.

Toutefois, ce volume, loin de donner la précédence à l'aspect « idéologique » des pièces, insiste sur l'importance des éléments théâtraux. On évite d'y traiter les personnages comme des individus de chair et os, mais les présente comme des créations de l'auteur, et d'un auteur qui doit écrire des comédies susceptibles de plaire à un certain public. En effet, idées et techniques se complètent et s'éclairent, et permettent, si l'on tient compte de la genèse et des différentes couches de certaines œuvres (surtout du *Tartuffe*, du *Misanthrope* et des *Femmes savantes*, aussi bien que du libelle anti-Molière, l'*Elomire hypocondre*), de tracer la courbe de la carrière du poète.

Il n'aurait pas été possible de mener à bout la composition de ce volume sans la générosité des différents critiques (et de leurs éditeurs respectifs) qui m'ont permis de me servir de leurs textes. Je les en remercie chaleureusement. Trois articles ont été rédigés dans une langue étrangère — ceux de Brody, Doolittle et Bonfantini. Je dois à la gentillesse de Philip Butler la traduction si soignée de l'essai de Bonfantini (pp. 141-155). Et Jules Brody a bien voulu revoir personnellement la version française de son article (préparée par une amie habitant Rome). De ce fait il y a assuré la clarté et l'élégance de l'original. La collaboration de ces deux éminents critiques a grandement facilité ma tâche.

Je tiens naturellement à remercier le professeur Doolittle, à qui j'ai volé, avec une certaine désinvolture, le titre de son admirable essai : « L'humanité de Dom Juan »[1].

Bien entendu, chaque auteur n'est responsable que des essais qui portent son nom. S'il devait trouver à redire à certains articles, la faute est à attribuer uniquement à celui qui en a fait le choix.

John CAIRNCROSS

---

1. Pour faire encore un larcin à un auteur anglosaxon :
   A title stol'n with far too little
   Acknowledgement to James Doolittle.

MOLIÈRE SUBVERSIF

par

John CAIRNCROSS

« Chaque humoriste », disait la grand écrivain anglais Wodehouse, « est, de par sa nature, un subversif ». Car, faut-il ajouter, l'humour dévalorise, et crée un détachement du spectateur vis-à-vis du personnage comique. Il y a, bien sûr, des humoristes radicaux et d'autres qui sont (comme Aristophane) nettement conservateurs. Mais Molière est subversif à double titre, en tant qu'ennemi de bien des valeurs établies et aussi des idées reçues.

Plusieurs critiques rejettent catégoriquement cette définition. Molière libertin ? Pas du tout. C'était un catholique qui « chanta avec ferveur la foi des recluses du Val-de-Grâce », et qui « n'avait guère le temps de penser à autre chose qu'à son théâtre ». Un mécréant qui sapait la vertu et débauchait les femmes par ses écrits diaboliques ? Au contraire, un partisan de l'autonomie de la personne. Le fléau des médecins ? Ne plaisantons pas. N'a-t-il pas solennellement déclaré que « la médecine est un art [que] chacun révère » (II, 887)*. Il fait rire aux dépens des pédants? Ce n'est pas exact. « C'est parce qu'il est des pédants ridicules » qui l'agacent. Il dénonce les privilèges du rang ? Chansons ! pour employer l'expression de Madame Jourdain. Au contraire, il s'est bien vite converti aux valeurs de la culture noble. Il ne cesse de défendre les droits des femmes et des jeunes ? Exagération. Il ne fait qu'abonder dans le sens de la comédie romanesque.

Tout cela n'est pas sérieux. Ces critiques essaient d'isoler Molière de la vie et des batailles de l'époque. Mais s'il était avant tout un homme de théâtre, il était aussi un homme aux idées profondément ancrées (qui donnent une dimension particulière à ses comédies).

---

* Les références sans nom d'auteur sont tirées de l'édition des *Œuvres complètes* en deux volumes par Georges Couton.

Il est superflu d'examiner ici les raisons de cette attitude réductrice que nous contestons, encore qu'elle soit du plus haut intérêt. La tradition positiviste y joue un rôle important, mais plus encore le discrédit où est tombée l'idéologie. Pour notre part, nous devons chercher en partie dans la déformation inhérente au passage du temps les raisons qui s'opposent à une lecture de Molière auteur subversif. Tout d'abord il a gagné plusieurs de ses batailles. De ce fait, les saillies du poète ont souvent perdu une partie de leur force iconoclaste. Inversement, un public moderne a oublié les obstacles opposés aux écrivains d'autrefois. A lire beaucoup de moliéristes, on croirait que leur auteur était libre d'écrire tout ce que bon lui semblait.

De plus, la richesse et la diversité prodigieuse de l'œuvre de Molière rendent extrêmement délicat tout effort pour analyser et situer ses idées. Rappelons, par exemple, que, de retour à Paris, Molière a travaillé dans l'ombre du jeune roi. Il a perçu l'élégance des nobles, bien que détestant leur suffisance, et a puisé dans son origine bourgeoise une sincérité foncière que n'a pas effacée la ductilité de l'auteur. Et il a mangé au râtelier de la farce populaire, de la commedia dell'arte en particulier, sans cesser d'observer le peuple, d'un regard dépourvu d'illusions, servi par une acuité jamais en défaut.

Sur le plan des idées, il s'est inspiré à la fois de la verve irrévérencieuse de la farce, dirigée surtout contre un humanisme prétentieux et desséché, et de la tradition representée par des auteurs sérieux qui, de façon tout aussi efficace, contribuaient à démolir le culte d'Aristote (Campanella, Giordano Bruno et Galilée). Mais, plus spécifiquement, il était « libertin », ou libre penseur, et partisan d'une morale bien moins austère que celle de l'Église.

Vu l'étendue du champs examiné, il nous a fallu brosser le portrait « idéologique » de Molière à grands traits. Cette œuvre de synthèse a pourtant le mérite de recueillir, peut-être pour la première fois, ses idées sur *toutes* les questions qui l'intéressaient, ce qui, à notre avis, fait ressortir précisément le caractère subversif de son œuvre. Car c'est le propre des synthèses, si elles ne pêchent pas par la base, de présenter un tout qui dépasse en importance la somme des parties, tout en éclairant, vice versa, les caractéristiques des différents éléments. Évidemment, comme il est inévitable dans une synthèse, nous avons dû avoir recours à du matériel déjà mis en œuvre, tout en l'étayant et en l'enrichissant de nuances. Nous espérons toutefois que cet article permettra de mieux saisir les rapports — de fond et dans le temps — entre, par exemple, la religion, la médecine, la hiérarchie sociale et le pédantisme.

Quant aux aperçus originaux qui contribuent à la formulation de nos conclusions, nous renvoyons le lecteur aux articles de F.W. Müller et de J. von Stackelberg dans le *Molière* édité par Renate Baader (Darmstadt, 1980) — « Molière und die Anciens » et « Molière und die Gesellschaftsordnung seiner Zeit », respectivement aux pages 114-150 et 235-258, aussi bien qu'à l'excellent livre de Karolyn Waterson sur *Molière et l'autorité* (Lexington, 1976), et à mes études précédentes, surtout mes deux articles publiés dans *Papers on Seventeenth Century French Literature* (voir plus bas).

La question la plus controversée du débat est sans aucun doute la religion. On s'est obstiné à nier la mécréance du poète, mais les faits parlent d'eux-mêmes (voir notre *Molière bourgeois et libertin,* pp. 9-12). Pour ce vieux renard de Guy Patin, Molière n'était guère « chargé d'articles de foi ». Et tous les dévots, qui s'y entendaient, étaient du même avis — Bossuet, Bourdaloue, Baillet, Hardouin de Péréfixe, le « sieur de Rochemont », le curé Roullé et le Prince de Conti après sa conversion — pour ne pas oublier la Compagnie du Saint Sacrement, dont plusieurs des personnages cités faisaient partie, et dont les menées souterraines pour faire interdire le *Tartuffe* sont bien documentées. Bref, Molière était un impie qui méritait le feu, selon les dévots, et ce n'était pas là une simple clause de style.

En outre, tous ses amis et protecteurs (à part le roi, dont il sera question plus tard) étaient libertins, ou, tout au plus, indifférents. Des Barreaux, athée notoire, La Mothe De Vayer et son fils, Cyrano, Chapelle, D'Assoucy et Chorier (l'auteur de l'éroticum, l'*Aloysia,* qui a fait l'éloge du grand écrivain), et, parmi ses mécènes, le prince de Condé, Madame, Monsieur, la princesse Palatine et, pendant son séjour dans le midi, le duc d'Aubijoux.

Pour les sources, même son de cloche. Il prend son bien où il le trouve. D'accord. Mais il le trouve souvent chez des auteurs suspects — Giordano Bruno, l'Arétin, Sorel et Scarron. Montaigne, depuis quelque temps mis à l'index, était son livre de chevet, et l'ombre de l'auteur des *Essais* plane sur les comédies.

Mais ce qu'il y a de plus significatif, c'est sa traduction de Lucrèce, poète athée et matérialiste à une époque où l'épicurisme, comme le note G. Couton (I, XVI), était un « sujet tabou ». Et, non content d'un choix aussi audacieux, Molière est allé y chercher les passages les plus impies. « Cela était trop contre l'immortalité de l'âme », nous rapporte Trallage.

Quant aux pièces elles-mêmes, elles sont parfaitement compatibles avec une interprétation « libertine ». Comme l'a montré Philip Butler dans deux essais remarquables, reproduits aux pages 57-69 et 71-84, Tartuffe est un directeur de conscience orthodoxe en tout point, et Orgon un dirigé modèle. Et Raymond Picard (voir pp. 43-55) a relevé bien des aspects inquiétants dans cette pièce. Et, a-t-on souvent fait remarquer, l'hypocrite aurait prêté à rire même s'il avait été un croyant sincère.

Quant à Dom Juan, Molière lui-même nous apprend dans la *Lettre sur les Observations* (II, 1222) que le grand seigneur était athée. Or, présenter sur la scène un incroyant qui l'emporte sur ses adversaires et qui exprime les idées du poète sur la médecine était d'une audace à faire frémir.

Molière, il est vrai, ne va pas jusqu'à attaquer ouvertement le dogme. Quand même, il glisse dans la scène du Pauvre (aussitôt retranchée, et l'on comprend pourquoi) des doutes sur l'efficacité de la prière, et, tout en laissant l'ermite résister à la tentation, il termine l'épisode par la fameuse (et bien ambiguë) réplique de Dom Juan : « Je te le donne [le louis d'or] pour l'amour de l'humanité » (II, 60).

Mais c'est dans le domaine de la morale, où il jouissait d'une certaine marge de liberté, grâce à la tradition théâtrale, que Molière démasque ses batteries en se moquant de la morale ascétique. On est fort mal venu de faire une distinction entre les deux domaines pour essayer de sauvegarder l'orthodoxie du poète. Car, comme l'a fait observer justement G. Couton (III, 1539) : « Que la foi et les mœurs constituent un tout, l'affaiblissement de l'une affaiblissant les autres, est la doctrine constante de l'Église ». Le Sieur de Rochemont et les dévots étaient entièrement de cet avis. L'auteur des *Observations,* par exemple, cite Tertullien sur ce point : « Le démon attaque ordinairement la pudeur des vierges avant de combattre leur foi » (II, 1202).

En effet, les idées propagées par Molière dans ses comédies sont bien dans la ligne « libertine », qui prêchait l'amour à peu près libre, mettait l'accent sur le plaisir physique et prônait l'égalité entre l'homme et la femme (en ce que Claire Gaudiani a appelé la morale « androgyne »), un point de vue exprimé de façon assez explicite dans les écrits de Théophile, Chorier, Bouchard, Sorel, Cyrano, Quillet et Scarron (si c'est bien lui l'auteur de *l'École des filles*).

Bien entendu, Molière ne va pas jusqu'à recommander ouvertement de mettre en pratique une morale aussi extrémiste. Pourtant, dans *Les Précieuses ridicules,* il se gausse des idées romanesques et platoniciennes des « pecques provinciales » qui rougissaient à l'idée de coucher avec un homme tout nu. Dans *L'École des femmes,* il flétrit la jalousie masculine, surtout si elle est mise en œuvre en exploitant la religion. Il défend le droit des filles de choisir leur mari. Il y conteste même l'idée du péché (« Le moyen de chasser ce qui fait du plaisir » — I, 616). Il parodie l'écrit d'un Père de l'Église, et bafoue la cérémonie du mariage chrétien. Calvet, en historien averti, relève les traits sacrilèges de Molière dans cette pièce, et accuse le poète d'avoir prêté à Agnès « une ignorance païenne, celle du gynécée grec ou du préharem oriental ». Pour les dévots de l'époque, comme pour Arnolphe, « la jeune fille qui se mariait », nous explique cet auteur, « entrait pour ainsi dire en religion, se cloîtrait dans le foyer comme dans un sanctuaire, décidée à y vivre pour son mari et ses enfants, bornant sa science, comme le dit Arnolphe, à savoir prier Dieu, aimer son mari, coudre et filer » (*Essai sur la séparation de la religion... pp. 48-49*).

On ne se rend peut-être pas compte d'ailleurs qu'à cette époque les parents décidaient souvent des mariages de leurs enfants sans même les avertir (II, 1281, note 3). Molière n'était nullement d'accord sur cet usage, et s'est battu pour la liberté du choix des jeunes dans le mariage. Ce qui créait un certain scandale. Baillet, par exemple, tonne contre le farceur qui tourne « perpétuellement en ridicule les soins que les pères et les mères prennent pour s'opposer aux engagements amoureux de leurs enfants » (cité par Suzanne Mignod Rossat dans *Europe,* janv.-fév. 1966, p. 45).

Après le mariage, la femme restait généralement sous la tutelle de son mari. Furetière en dit long sur ce point dans sa définition du terme « libertin ». « Une fille, explique-t-il, est libertine quand elle ne veut pas obéir à sa mère [que dire alors si elle résiste à son père ?] et une femme à son mari ? » (I, 1275).

Pour Molière l'émancipation de la femme ne passait pas par les jeux littéraires des salons et le renoncement au plaisir, mais par un mariage heureux. Comme l'affirme la plantureuse nourrice, dans *Le Médecin malgré lui,* « un mari est un emplâtre qui guérit tous les maux des filles » (II, 239).

Dans la même foulée, le poète, fidèle à l'enseignement de son maître à penser, Gassendi, raille les méfaits du dualisme qui met le corps sur un plan inférieur, ou qui essaie même d'en bannir la présence dans l'amour (voir l'essai de Molino sur *Les Femmes savantes,* pp. 157-177).

A ce propos, nous nous inscrivons en faux contre la thèse de Madame Badinter qui, dans *L'Amour en plus,* fait de Molière un vieux gaulois réactionnaire. Loin de vouloir cantonner les femmes dans la vie domestique, il a toujours condamné leur claustration sous quelque prétexte que ce soit. Il ne s'oppose nullement à leur éducation. Il veut qu'elles aient (comme d'ailleurs les hommes) « des clartés de tout », mais il a horreur du pédantisme, des connaissances superficielles et inutiles acquises à la hâte et des efforts des doctes (de l'un ou de l'autre sexe) pour essayer de régenter la vie culturelle.

Les pièces de Molière révèlent bien ses idées sur l'amour. Dans *Les Femmes savantes,* il nous montre, sous les traits de Bélise, une femme désaxée par un ascétisme romanesque. De même, dans le *Tartuffe,* nous voyons l'incapacité puritaine à brider les instincts naturels. La nature chassée par la porte revient par la fenêtre. Dans *Dom Juan,* le poète n'est pas loin de faire l'apologie de la variété en amour, dans la fameuse envolée lyrique du grand seigneur. Et enfin, dans *Amphitryon,* Mercure fait l'éloge des animaux qui « ... dans les mouvements de leurs tendres ardeurs... ne sont pas si bêtes que l'on pense » (II, 365). On ne s'étonne pas qu'il ait voulu faire imprimer à tout prix par Prioleau un écrit au titre alléchant : *De re F* ...

Mais, dira-t-on, comment Molière a-t-il fait passer des idées aussi audacieuses malgré l'opposition des orthodoxes ? Anticipons un peu, et formulons quelques hypothèses à ce propos. Le génie comique, évidemment, y est pour beaucoup, et celui de la polémique presque pour autant. Molière a toujours su masquer son jeu sous des raisonnements plausibles. Tartuffe serait donc un hypocrite, et partant, le contraire d'un véritable dévot, les précieuses ridicules ne seraient que de pauvres provinciales, et les Sotenville de *George Dandin* des hobereaux de village. Leurs modèles ne tirent donc pas à conséquence.

Mais, au fond, si Molière a pu manœuvrer avec une telle sécurité, c'est grâce à l'appui de ses amis haut placés, et surtout du roi. Faut-il rappeler que le jeune Louis n'était guère pieux, affichait ses maîtresses et détestait les remontrances sur ce chapitre ? Ses rapports avec le pape dans les années 1663-64 étaient des plus tendus (voir notre « Tartuffe hypocrite », en fin d'article, RHLF, 72, 1972, pp. 890-910). Les deux hommes étaient donc sur la même ligne. Si Louis a dû céder à la pression de sa mère (le véritable chef du parti dévot) et interdire le *Tartuffe,* il n'a jamais lésiné son appui à son poète, et a révoqué cette interdiction dès qu'il a consolidé son pouvoir.

Bien entendu, Molière approuvait pleinement la politique du roi vis-à-vis de l'Église (aussi bien que de la noblesse). Mais, en tacticien habile, il n'aurait jamais songé à déclarer son incroyance de but en blanc. Il suffisait que le monarque et le dramaturge fussent d'accord sur l'essentiel. D'autre part, Louis, selon toute probabilité, n'a jamais lu *Dom Juan,* mais Molière a dû lui souligner le dénouement moral de cette pièce, permettant ainsi au roi d'observer que le héros « n'est pas récompensé » (II, 1221).

*
*   *

De même que l'on a contesté l'incroyance de Molière, on n'a pas manqué de ramener le débat sur son impiété en médecine sur le terrain de ses ennuis de santé. Thèse insoutenable. Comme nous avons essayé de le démontrer dans « Impie en médecine » (voir pp. 187-202), c'est le triple deuil subi en 1664 (son ami, son premier-né et un vieux collègue) qui l'a poussé à s'en prendre aux remèdes absurdes d'alors, et surtout à l'émétique, médicament qui a envoyé « ad patres » son ami l'abbé La Mothe le Vayer. Le débat, dans *Dom Juan,* porte presque exclusivement sur les idées. Idées, qui, bien sûr, n'étaient nullement nouvelles.

Et pas trop dangereuses non plus. La médecine de l'époque était, comme le notent tous les historiens qui ont traité cet aspect, dans un état lamentable, et l'on s'étonne que des critiques récents aient essayé d'en esquisser une apologie (Voir « Argan et sa maladie imaginaire » par Pelous, dans le troisième colloque de Marseille, 1973, pp. 179-187, et Abraham : *On the structure of Molière's Comédies-ballets,* Tübingen, 1984). Depuis Montaigne, il s'était créé, par conséquent, une solide tradition de scepticisme, surtout parmi les libertins (Cyrano, La Mothe le Vayer, Chapelle et Bernier en sont témoins).

Il est donc curieux que Molière n'ait pas dit mot de la médecine avant 1664 (année de la rédaction de *Dom Juan*). Or, dans notre article, nous avançons l'hypothèse qu'il s'est tu sur la question pour ménager, dans la profession médicale, un courant qui partageait ses idées sur certaines maladies, et plus précisément des maladies qui les mettaient en opposition avec certains « Docteurs » de l'Église. Le père Lejeune, par exemple, attribue les maladies « longues, étranges et extraordinaires » à l'Esprit Malin, tandis que les médecins en donnaient des explications physiologiques (voir Gaiffe, *L'Envers du Grand Siècle,* p. 330).

Quand il s'agissait de problèmes sexuels, le conflit devenait encore plus âpre. On se souvient des dangers courus par les médecins Quillet et Duncan lors de l'affaire de Loudun, quand ils contestaient l'explication surnaturelle des prétendus stigmates des religieuses. Ils y flairaient la supercherie, mais soulignaient surtout l'hystérie des recluses, causée, selon eux, par l'abstinence forcée, par l'aiguillon de la chair. Molière n'avait aucun intérêt à indisposer ses alliés parmi les médecins et il ne les a donc pas inquiétés.

Mais, en 1664, tout change. Après la série de deuils qui a assombri sa vie, il ne donnera pas de trève aux médecins, coupables, à son avis, d'avoir tué son ami à coups d'émétique. Il renoue avec la tradition sceptiqe de Montaigne (transmise surtout par les libertins). Pour ces derniers, la médecine était incapable de guérir. Ils plaçaient au contraire leur confiance dans la Nature, succédané, en quelque sorte, de la Providence.

Ce qu'il faut souligner, c'est que ces premières saillies contre la médecine sont mises dans la bouche d'un incroyant (Dom Juan). Il faut toutefois avouer que, malgré la férocité de la satire antimédicale dans *L'Amour médecin* (1665), à cette époque Molière met en scène surtout de faux médecins et des malades pour rire.

Mais, après la libération du *Tartuffe,* il revient à son ancien schéma comique, celui de la « comédie impie ». Les médecins (bien réels cette fois) et leurs patients sont au centre de l'action, et la satire porte, avant tout, sur l'incapacité des premiers, que l'on voir faire le diagnostic d'une maladie inexistante (dans *Monsieur de Pourceaugnac*) et d'une affection imaginaire (dans *Le Malade*). En effet, on a maintes fois souligné l'analogie entre Argan et Orgon, l'obsession du corps chez l'un correspondant à la préoccupation du salut chez l'autre. Mais quelquefois les analogies sont plus précises. Dans *Le Malade,* comme dans *Monsieur de Pourceaugnac,* on assiste aux menaces d'excommunication pour crime de lèse-faculté (II, 1153 et 1158-9 et II, 615 respectivement). Mais, dans *Le Malade,* le débat s'élargit. L'on y fait à deux reprises un procès en règle aux médecins, en soulignant leur culte servile de l'antiquité et du principe d'autorité, et, naturellement, leur opposition farouche aux « nouvelles découvertes » (comme la circulation du sang), le tout au cri de guerre de « nous sommes les gens de maintenant (II, 1141).

Lorsque l'on songe que, des trois pièces importantes de sa dernière période, deux sont consacrées à la médecine (et l'autre — également significative — à la question du rang), on peut difficilement résister à l'idée que Molière y ait trouvé en quelque sorte un succédané de la religion, sujet tabou. Et en effet il y a un détail qui pourrait confirmer cette hypothèse. Selon Bernier, Molière avait projeté, peu avant, d'écrire une comédie contre le doyen de la faculté de théologie, mais avait changé de dessein en apprenant que la Faculté s'était désintéressée de l'affaire. Robert Garapon (dans *Le dernier Molière,* pp. 156-8) rejette avec une certaine désinvolture ce témoignage, et fait remarquer que Molière a écrit la comédie en hâte pour devancer Lulli. Ce qui revient à confondre les raisons de l'empressement montré par Molière pour sortir sa comédie et ses raisons de fond pour l'écrire.

*
* *

Si l'on est justifié à parler de jumelage entre la religion et la médecine, il faut y ajouter aussi le pédantisme. Les doctes, comme les médecins, se réclament des anciens et répètent machinalement les erreurs des vieux auteurs, substituant un verbalisme creux à une analyse efficace. Pour eux, seuls des auteurs comme Virgile, Quintilien et Cicéron offraient des modèles de style et enseignaient la vraie sagesse, tout comme les médecins, les doctes « savent la plupart de fort belles humanités », discourir de tout en grec, et rien de plus (II, 1153).

Confrontés à un nouveau venu de la province qui, tout en dédaignant les règles sacro-saintes, remportait un succès éclatant, ils se réfugiaient dans une campagne de dénigrement, le traitant de farceur vulgaire. Molière leur rendait la pareille, et surtout depuis *Les Fâcheux* (1661) jusqu'au *Mariage forcé* (janvier 1664), faisait des gorges chaudes sur leur « savoir enrouillé ». S'il a cessé, à partir de cette dernière année, de s'en prendre aux savants, c'est que, pour défendre le *Tartuffe*, il a dû faire semblant de se convertir aux doctrines d'Aristote sur les fins moralisatrices de la comédie. *Les Femmes savantes* datent, il est vrai, de 1672, mais la genèse en remonte à 1663 au plus tard. Or, c'est dans cette pièce que la satire des pédants atteint son comble dans la fameuse tirade :

Il semble à trois gredins dans leur petit cerveau (II, 1052).

Il est même assez curieux de constater que la satire des doctes est remplacée dans la même année (car la rédaction de *Dom Juan* date de fin 1664 au plus tard) par celle des médecins qui, de ce fait, commencent par hasard (mais ce n'est peut-être qu'une apparence de hasard) à remplacer les pédants, comme plus tards, selon nous, leur peinture fait songer à celle des dévots.

*

* *

Mais les traits décochés aux pédants ont aussi la portée d'une critique sociale. Dans toute cette histoire, Molière est poussé par un ressentiment personnel, mais aussi par une conviction raisonnée. Non seulement il met dans le même sac les règles, celle des trois unités par exemple, le débit ronflant des « grands acteurs » de l'Hôtel de Bourgogne, la manie d'auteurs comme les frères Corneille de citer Aristote et Horace à tout propos, mais, suprême hérésie, il conteste la loi qui assignait à la tragédie une supériorité absolue sur l'humble comédie.

En dressant ce constat de banqueroute des anciens, Molière a provoqué un scandale retentissant. Car la hiérarchie littéraire était moulée sur celle de la société. Il suffit de lire les définitions des genres par le grand critique officiel, l'abbé d'Aubignac, pour se replacer dans l'atmosphère de l'époque :

... nous voyons dans la Cour de France les tragédies mieux reçues que les comédies, et... parmi le Petit Peuple les Comédies et même les farces et vilaines

bouffonneries de nos Théâtres sont tenues plus divertissantes que les Tragédies. Dans ce Royaume les personnages ou de naissance, ou nourris parmi les Grands, ne s'entretiennent que de sentiments généraux et ne se portent qu'à de hauts desseins... de sorte que leur vie a beaucoup de rapport aux représentations du Théâtre Tragique. Mais la Populace élevée dans la fange et entretenue de sentiments et de discours deshonnestes se trouve fort disposée de recevoir pour bonnes les méchantes bouffonneries de nos farces et prend toujours plaisir de voir les images de ce qu'elle a accoustumé de dire et de faire (« Pratique du Théâtre », p. 74, éd. Martino, 1927).

L'indignation est encore plus profonde lorsque Molière s'en prend directement aux privilèges du rang, audace sans précédent dans le théâtre d'alors. Dans *Les Précieuses ridicules,* il a pris pour cible, dès son retour à Paris, les marquis extravagants qui savent « tout sans avoir rien appris », et font la pluie et le beau temps dans le monde littéraire. Dans les pièces suivantes, il n'en démord pas, à tel point que le marquis, comme le remarque Molière dans *L'Impromptu* (I, 681), est devenu « le plaisant de la comédie », rôle tenu jusque-là par le valet bouffon. Cette innovation a été jugée intolérable par certains de ses contemporains. Baillet en parle, par exemple, dans le contexte de sa dénonciation de Molière comme un dangereux ennemi de l'Église (cité par Suzanne Rôssat Mignod dans *Europe,* jan.-fév., 1966, p. 45).

Bien sûr, en tacticien averti, le poète cherche à nous faire croire qu'il n'en veut qu'à une douzaine d'extravagants, mais il faut une bonne dose de naïveté pour le croire. En effet, il devait se prémunir contre la fureur de ses victimes. Mais ce sont pourtant ses rivaux, plutôt que les marquis, qui ont dénoncé ces menées subversives. De Visé, par exemple, s'écrie :

C'est tourner le royaume en ridicule, railler toute la noblesse et rendre méprisables... des noms éclatants pour qui on devrait avoir du respect... Lorsqu'il joue toute la Cour, qu'il n'épargne que l'auguste personne du roi... [Molière] ne s'aperçoit pas que cet incomparable monarque est toujours accompagné de gens qu'il veut rendre ridicules (I, 1109).

Dans la période noire du poète — on ne s'en étonnera pas — l'amertume ressentie devant les injustices sociales déborde. « Le rang dont on veut tout couvrir » se pavane dans toute sa laideur dans la morgue des hobereaux (les Sotenville) et l'atmosphère de divertissement de la pièce ne change rien à la férocité de la satire. L'*Amphitryon* est une comédie franchement subversive, comme le note Hubert, cité par Karolyn Waterson dans son livre (*op. cit.,* p. 90).

Lorsque dans un haut rang on a l'heur de paraître
Tout ce qu'on fait est toujours bel et bon (II, 365)

affirme le dieu subordonné, Mercure.

Donc, âpre satire de la hiérarchie, où le chef des dieux lui-même (qui, comme Louis, profitait de certains « partages ») n'est pas épargné. Rien d'étonnant à ce que la réaction du roi ait été assez froide.

Dans sa dernière période, Molière consacre même une pièce entière à la satire sociale, *Le Bourgeois gentilhomme.* L'ironie s'y concentre sur le personnage principal, et la portée des idées ressort de façon bien plus explicite. C'est une satire, non pas de la bourgeoisie, mais de la noblesse. Madame Jourdain, qui touche au peuple par le bas, et Cléonte, qui rejoint la noblesse en haut à travers le schéma hybride de l'honnête homme, sont là pour illustrer la norme morale de la comédie (II, 755 + 56). Ce que condamne le poète, c'est la manie de singer une classe qui n'offre rien que l'élégance mondaine. Sans oublier que, au moins au début de la comédie, Dorante n'est pas loin de faire figure de chevalier d'industrie. Madame Jourdain n'a pas de mal à dresser la barrière de son franc-parler devant les flatteries insinuantes, et traite sa « foi de gentilhomme » de « chansons ». Et la domestique de renchérir : « Le fils du gentilhomme de notre village est le plus grand malitorne et le plus sot dadais que j'aie jamais vu » (II, 755).

S'il est une pièce qui montre bien que, pour Molière, les classes sociales ne se complètent pas, contrairement aux schémas des penseurs politiques et juridiques, c'est bien *Le Bourgeois gentilhomme.*

Pour *Dom Juan,* le personnage aristocratique le plus important de l'œuvre de Molière, on risque de fausser la discussion en l'amenant sur le terrain social. Car le grand seigneur est avant tout un libertin et un séducteur. En tant qu'athée et immoral, il était trop sympathique pour ne pas faire courir à Molière de gros risques, et le poète a donc préparé le public à la punition finale en noircissant le héros (opération, à en juger par un récit contemporain, qui n'est pas trop réussie). Un des moyens dont il s'est servi dans ce but consistait à souligner l'exploitation de son rang par l'aristocrate. Pour une discussion de cette question si controversée, nous envoyons au chapitre de notre *Molière bourgeois* qui s'y réfère et à l'article « Facteurs réflexifs... », surtout pp. 222-231.

Si l'attitude critique vis-à-vis des marquis était certainement bien vue du roi, il faut aussi y chercher l'expression d'une rancœur personnelle, puisque Molière n'avait pas oublié son origine bourgeoise et les humiliations auxquelles il a dû se soumettre pendant une partie de sa carrière. Mais, pour expliquer sa présentation extrêmement favorable des domestiques, il n'y a pas de motivation évidente. Sans doute s'est-il inspiré de la tradition séculaire de l'ancienne comédie, reprise par les Italiens, entre autres, où les esclaves (et plus tard les domestiques) brillent par leur intelligence, surtout par rapport à leurs jeunes maîtres. Pourtant, une sympathie si marquée pour les humbles ne laisse pas de surprendre, car les « classiques » n'ont que dédain pour eux, et, dans la vie quotidienne, les valets étaient battus, humiliés et souvent privés de leurs gages (« Mais elle bat ses gens et ne les paie point », dit Célimène en parlant d'Arsinoé, dans *Le Misanthrope*). En dernier ressort, même s'ils étaient quelquefois bien traités par leurs maîtres, les serviteurs dépendaient entièrement d'eux. Molière se distingue donc nettement de la plupart de ses contemporains. En outre, il joue souvent, sans doute à cause de leur importance comique, des rôles de valet, et il met dans la bouche de ces personnages une sagesse qu'on se serait attendu à trouver chez leurs supérieurs. Nous renvoyons, encore une fois, à von Stackelberg et à Karolyn Waterson pour de plus amples détails sur ce point important.

*
* *

Pour résumer, Molière conteste, dans tous les domaines, le principe de l'autorité, défend le mérite et l'efficacité comme seuls critères valables, montre comment les différentes formes de l'autorité se soutiennent, et qu'elle joue un rôle actif dans la médecine et la culture. Il s'insurge contre les privilèges de la noblesse (mais aussi contre les vues arriérées d'une partie de la bourgeoisie), défend les droits des femmes, des jeunes et des domestiques (qui n'en avaient presque pas à l'époque) et se joint aux autres innovateurs pour battre en brèche l'humanisme verbeux, et préparer ainsi l'avènement de la civilisation scientifique. Molière est un moderne avant la lettre, subversif encore aujourd'hui, et cent fois plus de son vivant. Est-ce là peut-être le secret de sa capacité à susciter, infailliblement, la controverse, l'enthousiasme et le rire ?

LES MARQUIS DANS LE THÉÂTRE DE MOLIÈRE

par

Alain COUPRIE

Les marquis occupent une place importante dans le théâtre de Molière : ils détiennent, avec Sganarelle et les médecins, le record des réapparitions. Leur étude relève autant de la dramaturgie que de l'histoire des mœurs. Ils constituent en effet un thème, et ils correspondent à un type social à la mode dans les années 1660, l'homme du « bel air ». Combien sont-ils exactement ? Comment se comportent-ils ? Et d'abord pourquoi, précisément, des marquis, et non pas, par exemple, des barons ou des comtes ?

*
* *

Sur le retour des marquis dans son théâtre, Molière s'est lui-même expliqué :

> Oui, toujours des marquis. Que diable voulez-vous qu'on prenne pour un caractère agréable de théâtre ? Le marquis aujourd'hui est le plaisant de la comédie ; et comme dans toutes les comédies anciennes on voit toujours un valet bouffon qui fait rire les auditeurs, de même, dans toutes nos pièces de maintenant, il faut toujours un marquis ridicule qui divertisse la compagnie (*L'Impromptu de Versailles*, sc. 1).

« Aujourd'hui » : Molière se présente comme le continuateur d'une tradition satirique. On ne peut comprendre sur quoi celle-ci repose sans retracer succinctement l'historique du marquisat[1].

Après avoir été un marquisat d'office, créé par Charlemagne en 785 pour « la protection et la défense des pays frontiers », les *marches,* le marquisat devient un titre de dignité au début du XVIe siècle. Les premières lettres d'érection archivées datent de 1505, année où Louis-Antoine de Villeneuve, chambellan de Charles VII et ambassadeur de Louis XII à Rome, voit son domaine provençal de Trans érigé en marquisat. D'autres érections suivent en 1545 et 1546. La qualité des impétrants indique assez la dignité du titre, qui s'appuie alors sur une terre devant obligatoirement comprendre trois baronnies et trois châtellenies, ou deux baronnies et six châtellenies, « tenues en un seul hommage du roi »[2].

Ce marquisat de dignité se dévalue rapidement sous le règne de Henri II et pendant la Régence de Catherine de Médicis. Avec la Reine se sont en effet fixés en France de nombreux Italiens, chez qui, note Brantôme, « étaient les comtés et les marquisats fort communs et à bon marché »[3] — ce que corrobore La Roque : « Le titre de marquis est commun en Italie »[4]. Nul doute que ce discrédit du marquisat italien n'ait au moins partiellement rejailli sur le marquisat français. De leur côté les Français contribuent à le déprécier en demandant en foule à « être honorés » du dit titre[5].

La situation empire lorsque des Italiens réclament et parfois obtiennent de prendre à la Cour de France la place que leur rang de marquis leur faisait occuper dans leur pays natal. Dépités, les comtes sollicitent l'érection de leurs terres en marquisats. Par souci d'apaisement, dérogeance leur est accordée. Elle l'est si largement que Charles IX s'efforce d'en limiter les conséquences dans le temps ; un édit de 1586 précise en effet que les terres des marquis venant à mourir sans héritier mâle seront automatiquement rattachées au domaine royal[6].

Mais, en dépit de deux confirmations — en mars 1576 et mai 1579 —, cet édit ne sera jamais appliqué. C'est que ce titre, dont le port comble la vanité des gens, facilite, dans certains cas, de fructueuses opérations financières. Dans une lettre aux Grignan, désireux de vendre une de leurs propriétés, Mme de Sévigné évoque une forme particulière de plus-value :

> Il n'y a rien à faire pour votre marquisat qu'à le vendre avec ce titre, qui rend toujours une terre plus considérable, et après, celui qui l'a acheté obtient aisément des lettres de chancellerie, qui le font marquis de Mascarille[7].

On peut légitimement penser que cette pratique, qui permettait à de riches bourgeois de « s'emmarquiser » indûment (la possession d'une terre noble n'anoblissant jamais son acquéreur) et à des nobles désargentés d'encaisser un bénéfice supplémentaire, avait cours dès la fin du XVIe siècle.

Une nouvelle étape est franchie avec l'institution des « brevets » de marquis. Le titre, acheté, ne s'appuie plus dès lors sur aucune terre. N'importe quel vaniteux fortuné peut se l'offrir. Puis comme ces « brevets » ne confèrent aucun droit (ni exemption d'impôt, ni accès dans les corps privilégiés, ni entrée à la Cour), l'on finit par s'en passer et l'on se baptise marquis de son propre chef.

> Les titres de comte et de marquis sont tombés en poussière par la quantité de gens de rien, et même sans terre, qui les usurpent,

déplore Saint-Simon[8].

Parallèlement à cette évolution, certains gentilshommes prennent l'habitude de porter non pas leur titre nobiliaire légal, mais un « titre de cour » :

> *Bien que le marquis fût supérieur au comte dans la hiérarchie nobiliaire,*
> *l'usage s'était introduit que presque tous les fils de comte prissent un marqui-*
> *sat parmi leurs titres terriens pour s'en qualifier jusqu'à la mort de leur père*
> *et reprendre alors, plus légalement, celui de comte*[9].

Par ailleurs, les chevaliers de Malte — et, à la fin du XVIIe siècle, les
décorés des ordres de Saint-Michel et du Saint-Esprit — « s'emmarquisent »
à leur mariage — tels le chevalier de Roucy devenant le marquis de Roye,
et le chevalier de Roye, marquis de La Rochefoucauld[10].

Il en résulte au XVIIe siècle une extraordinaire inflation et confusion.
Inflation, parce que seuls quelques scrupules ou restes de bon sens peuvent
retenir les gens de se faire appeler marquis ; confusion, parce qu'il existe
alors trois sortes de marquis : — les *vrais nobles et vrais marquis,* dont le
titre a été officiellement enregistré ; — les *vrais nobles et faux marquis,* chevaliers et fils de comte portant un « titre de cour » ; — les *faux nobles et*
faux marquis, frères de Mascarille. Ce qui obligera à se demander laquelle
de ces trois catégories Molière visait. Mais on comprend mieux pourquoi
il a choisi pour cible des marquis, non des comtes ou des barons[11]. Molière
a concentré tous les ridicules sur le personnage dont la qualification était
alors la plus ridicule parce que la plus galvaudée.

Se référait-il pour autant à une tradition littéraire bien établie en 1663 ?
A en croire Voltaire, *La Mère coquette* de Quinault (1664) est « la première
comédie où l'on ait peint ceux que l'on a appelés depuis les marquis »[12].
Si contestable soit-elle (Molière et *Les Précieuses ridicules* sont curieusement
oubliés), l'indication est cependant intéressante : elle montre la nouveauté
du thème dans la décennie 1660-1670. De fait, même s'il dut exister une tradition satirique orale assez ancienne — Brantôme rapporte que l'on appe-
lait de son temps « marquis et marquises de belle bouche » ceux qui ne pouvaient retenir un cruel trait d'esprit[13] —, les pièces qui, avant *Les Précieu-*
ses ridicules, daubent les marquis sont assez rares. Nous n'en avons trouvé
que deux, de Scarron, *Don Japhet d'Arménie* :

Le Commandeur
Je viens de recevoir ordre de l'empereur
De vous bien régaler ; de plus il amplifie
D'un brevet de marquis Don Japhet d'Arménie.

Don Japhet
L'empereur mon cousin me donne un marquisat !
Bon parent, par mon chef ! le présent n'est pas fat !
Un marquisat pourtant est chose fort commune ;
La multiplicité de marquis importune ;
Depuis que dans l'État on s'est emmarquisé
On trouve à chaque pas un marquis supposé[14] ;

et *Le Marquis ridicule,* dont le héros, Don Blaise-Pol, marquis de la Victoire, est insupportable d'arrogance[15]. Précédents bien faibles pour parler
de tradition littéraire.

En fait, nul avant Molière ne semble avoir eu l'idée, ni l'audace, de singer les marquis sous les traits d'un valet, de surcroît inoubliable *fourbum imperator*[16]. On ne les avait pas encore classés parmi le personnel de la farce, aux côtés des « turlupins » et des « bouffons ». Jaloux, brutal et vain, le « marquis ridicule » de Scarron l'était surtout par son caractère, accessoirement par sa qualité ; bourgeois, il fût resté cocasse, ne serait-ce que par sa peur maladive d'être trompé — ce qui l'apparente plus à Sganarelle qu'à Acaste ou à Clitandre[17] ; le caricaturer ne discréditait pas, ou fort peu, ses pairs, qui pouvaient toujours le considérer comme un extravagant égaré dans leurs rangs, et puni avec juste raison de ses obsessions. Quant au *Cercle des femmes* de Chappuzeau, dans lequel on s'est parfois hasardé à voir une source des *Précieuses ridicules,* rien ne dit expressément en quel noble se travestit le « cadet de village », ni n'interdit de l'imaginer en baron, le mot *marquis* ne figurant pas dans la pièce ; le déguiserait-on même en marquis que sa brève apparition (dans la seule sixième scène), aussitôt suivie de son arrestation pour grivèlerie, en diminuerait la force satirique. Quoi qu'il en ait dit, Molière fit donc plus que reprendre une tradition qui, relative à la « multiplicité des marquis », n'existait que sous une forme assez primitive : il lui insuffle une vigueur nouvelle ; de la satire d'un individu appartenant à un groupe social donné, il fait, à travers cet individu, la satire de ce groupe social lui-même. Si *Les Précieuses ridicules* peuvent à la rigueur autoriser le doute, Mascarille portant un déguisement, *La Critique de l'École des femmes* n'en laisse aucun. L'anonymat dans lequel demeure le marquis de la pièce l'érige en représentant des siens. Ne nous fions pas trop à la déclaration de Dorante selon laquelle n'aurait été visée que « la douzaine de Messieurs qui déshonorent les gens de cour » (sc. 5). Alors attaqué, Molière éprouva peut-être le besoin de faire cette restriction qu'on ne sent ni ne retrouve nulle part ailleurs, et sûrement pas dans *L'Impromptu de Versailles*.

*
*   *

Huit personnages sont expressément présentés comme des marquis (nous reviendrons ultérieurement, à propos des extensions du thème, sur les personnages qui, n'étant pas explicitement désignés comme tels, pourraient cependant l'être). Tous apparaissent dans des pièces jouées entre 1659 et 1666. Chronologiquement, le premier d'entre eux est Mascarille[18], deux autres surgissent dans *Les Fâcheux,* Eraste et Filinte[19] ; *La Critique de l'École des femmes* en comporte un, désigné par son titre, le Marquis ; et *L'Impromptu de Versailles,* trois, Molière et La Grange interprétant des « marquis ridicules », et La Thorillière, un « marquis fâcheux » ; enfin *Le Misanthrope* en contient deux, Acaste et Clitandre. A ces huit personnages, l'on peut ajouter le marquis dépeint dans le *Remerciement au Roi.*

A une exception près, mais importante (Eraste dans *Les Fâcheux*), sur laquelle nous nous interrogerons plus tard, tous sont des marquis du « bel air ». La volonté de Molière de les ridiculiser est évidente.

De tous les personnages titrés, eux seuls font une grotesque entrée en scène : Mascarille descend d'une chaise à porteurs et manque d'être bastonné ; le Marquis de *La Critique* est rabroué par Galopin qui lui pousse rudement un siège dans les jambes ; Acaste et Clitandre, n'apparaissant ni ne parlant jamais l'un sans l'autre, ressemblent à des marionnettes de cour. Toujours les précède une réputation peu flatteuse : ils sont « fâcheux », « incommodes », « ridicules » ou dénués de tout mérite (Alceste réduit la valeur de Clitandre à l'habileté de son tailleur, *Le Misanthrope*, II, 1, v. 476-488).

Eux seuls encore ont l'exclusivité des excentricités vestimentaires, que, dans la réalité, ils devaient pourtant partager avec d'autres. Alors que Dorante, Philinte, Oronte portent des habits qui les personnalisent et, surtout, ne les déconsidèrent pas, les marquis, de Mascarille à Clitandre, sont affublés du même costume « comique » : chapeau chargé de plumes, perruque blonde, amples rabats, larges canons[20]. Or, pour courante que fût cette mode parmi les jeunes éventés de la haute société — elle est, entre autres, attestée par les *Lois de la galanterie* de Sorel[21] —, celle-ci n'en suscitait pas moins de nombreuses plaisanteries, — teintées de réprobation chez les théoriciens de l'honnêteté qui en condamnaient l'extravagance[22], de dérision chez Mme de Motteville qui jugeait « les Français ridicules avec leurs larges canons »[23], d'étonnement chez les étrangers : « On les fait [les canons] d'une si horrible et monstrueuse largeur qu'on est tout à fait contraint »[24]. Pareil accoutrement, disait-on aussi, équivalait à « faire boutique de sa propre personne et [à] mettre autant de mercerie à l'étalage que si l'on voulait vendre »[25].

Eux seuls enfin ont des tics : ils se peignent et ajustent leurs canons en public[26] ; ils gesticulent et leur démarche réclame du « terrain »[27] ; ils parlent fort, rient avec ostentation, « grondent » une chanson[28] ; et — allusion à l'homosexualité très répandue dans la jeunesse dorée de l'époque[29] ? —, ils ont souvent une voix efféminée : au ton haut perché que Molière conseille à La Grange de prendre correspond le ton de « fausset » de Clitandre[30].

Aux ridicules qui leur sont propres s'ajoutent ceux qu'ils partagent avec la noblesse tout entière. Comme beaucoup de gentilshommes, les marquis « s'embrassent » et protestent bruyamment de leur amitié. Ils ont le culte du snobisme. Snobisme du rang : ils rappellent à l'envi leur « qualité », citent les grands seigneurs qu'ils fréquentent peu ou prou, insistent sur la faveur dont ils jouissent auprès du Roi[31]. Snobisme du train de vie : celui-ci s'invente une suite somptueuse, celui-là vante son équipage, un dernier se félicite d'avoir du « bien »[32]. Snobisme culturel : de tous les nobles, ils sont ceux qui proclament le plus haut que leur « condition » leur confère la supériorité du jugement et la capacité d'exceller spontanément en tous domaines[33].

Ces caractéristiques sont trop connues pour qu'on s'y étende davantage : elles constituent les signes distinctifs et permanents des marquis de

Molière. On ne manqua pas de les relever pour les lui reprocher et l'accuser de ne pas savoir se renouveler :

> *Le Marquis [de* La Critique*] a bien du rapport avec celui de Mascarille et avec Lysandre, l'Alcippe et le Dorante des* Fâcheux. *L'on peut dire que tous ces personnages font les mêmes extravagances,*

écrit Donneau de Visé[34]. A quoi l'on peut objecter qu'un type social n'évolue guère en quelques années, et que, surtout, le grief n'est pas entièrement fondé. Bien qu'identiques à eux-mêmes, les marquis ne se ressemblent pas tous.

De pièce en pièce, ils s'étoffent et prennent une progressive consistance. Voici, décrite dans *Les Fâcheux,* leur rage de se battre en duel ou de « seconder » un ami (III, 4)[35]. Voici étalés, dans *La Critique,* leur humour douteux (« tarte à la crème »), leur sottise, et leur prétention de bien juger d'une œuvre (sc. 5). Voici principalement dans *Le Misanthrope* (monté, il est vrai, après les accusations portées par Donneau de Visé), leur vanité produite au grand jour. Dépourvus de toute personnalité, ils sont infatués de leur « mine », de leur « taille » et de leurs « belles dents » ; Clitandre est fier de son « ongle long », preuve irréfutable qu'il ne « déroge » pas en s'abaissant à exercer un métier manuel[36]. Volontiers médisants, décidant en « chef » et faisant « fracas aux nouveautés », on les sent capables de participer à une cabale. Influents, ils sont susceptibles et égoïstes :

> Ils ne sauraient servir, mais ils peuvent vous nuire.
>
> (II, 2, V. 546)

Dans cette comédie où l'on discerne si nettement l'ombre projetée de la Cour, la satire des marquis atteint à une profondeur et à une férocité inégalées. L'*ars amatoria* d'Acaste et de Clitandre est d'un révoltant cynisme et révèle une parfaite fatuité :

> Moi ? Parbleu ! je ne suis de taille ni d'humeur
> A pouvoir d'une belle essuyer la froideur.
> C'est aux gens mal tournés, aux mérites vulgaires,
> A brûler constamment pour des beautés sévères,
> A languir à leurs pieds et souffrir leurs rigueurs,
> A chercher le secours des soupirs et des pleurs,
> Et tâcher, par des soins d'une très longue suite,
> D'obtenir ce qu'on nie à leur peu de mérite.
> Mais les gens de mon air, Marquis, ne sont pas faits
> Pour aimer à crédit, et faire tous les frais.
> Quelque rare que soit le mérite des belles,
> Je pense, Dieu merci ! qu'on vaut son prix comme elles,
> Que pour se faire honneur d'un cœur comme le mien,
> Ce n'est pas la raison qu'il ne leur coûte rien.
>
> (III, 1, v. 807-820)[37]

Comportement qui les apparente moins à Don Juan (chez qui existe une saisissante ambition de conquête) qu'à des maquignons pressés de conclure : « Tous les courtisans estiment que le rôle d'amoureux fait perdre beaucoup de temps », notera Primi Visconti[38]. Comparons le pacte qui lie Antiochus et Séleucus (dans *Rodogune*) à celui qu'Acaste propose à Clitandre : leur absence de générosité éclate. Aiment-ils d'ailleurs Célimène ou ses biens ? « Épouser une veuve, en bon français, signifie faire sa fortune » : cette maxime de La Bruyère[39] était-elle déjà valable en 1666 ? On peut en tout cas s'interroger sur leur sincérité (alors que celle d'Alceste et même d'Oronte ne fait aucun doute). Même si elle est compréhensible, leur « vengeance »[40], à la scène finale, n'est pas en outre à leur honneur :

> Il suffit : nous allons l'un et l'autre en tous lieux
> Montrer de votre cœur le portrait glorieux.
>
> (*Le Misanthrope,* V, 4, v. 1693-1694)[41]

Leur sécheresse de cœur va de pair avec leur manque de discernement — trop vains pour comprendre Alceste, ils ne voient en lui qu'un fâcheux d'un genre particulier — et avec leur absence de mérite. Ne restent d'eux que leur méchanceté et leur arrivisme. Ce sont des courtisans sans valeur ni épaisseur humaines, dont la satire dépasse largement le cadre de ces quelques « Messieurs qui déshonorent la cour ».

Gardons-nous cependant de conclure à une condamnation globale et sans nuances de la cour. La tentative de soulever les courtisans contre Molière échoua en effet. Un élément capital nous fait par ailleurs défaut : la raison de la disparition du type du marquis après *Le Misanthrope*. Molière eut-il conscience d'avoir épuisé les possibilités du rôle ? Craignit-il de se répéter ? Ou la bataille de *Tartuffe,* l'interdiction de *Dom Juan* le rendirent-elles d'une prudence extrême ? Ce qui est sûr, c'est que la charge de Molière eut un écho retentissant : à la fin du XVIIᵉ siècle et au XVIIIᵉ encore, le « *Marquis de Mascarille* » désigne très couramment des seigneurs d'origine douteuse[42]. A la lumière des désillusions engendrées par l'autoritarisme du roi, cette charge (même si elle ne dépassait pas dans l'esprit de son auteur la réforme des individus) apparaîtra même comme l'image la plus forte qui soit de la vanité et de l'égoïsme des courtisans[43].

*
*   *

Jusqu'ici nous n'avons considéré que les marquis expressément désignés comme tels. Ils constituaient à l'évidence l'essentiel du thème : ils ne l'épuisent pas pour autant. Il convient de tenir compte de ses extensions, qui s'exercent dans au moins trois directions :

— D'autres personnages du théâtre de Molière, dont la « qualité » n'est pas précisée, peuvent-ils être rangés parmi les marquis ?

— Y trouve-t-on des imitateurs des marquis ?

— Ces marquis possèdent-ils leurs contraires, des *anti-marquis,* ou des censeurs ?

D'autres personnages du théâtre de Molière, dont la « qualité » n'est pas précisée, peuvent-ils être des marquis ? La question se pose dans la mesure où elle a été parfois soulevée par les contemporains eux-mêmes. Donneau de Visé, on s'en souvient, trouvait « bien du rapport » entre Mascarille et l'Alcippe, le Dorante et le Lysandre des *Fâcheux*. Rien n'interdit effectivement d'en faire des marquis. Ces trois personnages fréquentent la cour, tutoient le marquis Eraste[44], ont des passions aristocratiques par excellence. Pourquoi n'existerait-il pas des marquis joueurs (Regnard à la fin du siècle en mettra un en scène) et des marquis chasseurs ? Quant à Lysandre, créateur d'une « petite courante », il s'exprime « furieusement » comme Mascarille :

> Je suis à toi venu.
> Comme à de mes amis, il faut que je te chante
> Certain air que j'ai fait de petite courante,
> Qui de toute la cour contente les experts,
> Et sur qui plus de vingt ont déjà fait des vers.

(I, 3, v. 178-182)

Comment à cet égard ne pas citer une curieuse réplique de l'*Été des coquettes* de Dancourt (1695) :

> *C'est la musique qui fait aller à la danse, mais la danse ne fait point chanter la musique [...]. Et les chevaliers de clé sol ut doivent l'emporter sur les marquis de la capriole* (sc. 7) ?

Lysandre, chantant et dansant tout à la fois, pourrait fort bien faire partie de ces « marquis de la capriole ». L'« homme à grands canons », qui « assassine » Eraste et les comédiens de ses « extravagances », pourrait être également un marquis[45].

S'il en était ainsi, ces quatre figures des *Fâcheux* enrichiraient non seulement la galerie des portraits de marquis, mais elles modifieraient le thème en l'élargissant : d'un thème-personnage, limité à un type et à quelques excentricités, l'on passerait à un thème-classe sociale englobant (presque) tous les travers aristocratiques, dont la monomanie serait théâtralement le dénominateur commun.

Le cas d'Oronte dans le *Misanthrope* est plus délicat. Sa noblesse ne fait aucun doute, comme l'atteste l'intervention du Tribunal des Maréchaux[46]. Bien qu'il ne tutoie ni n'« embrasse » Alceste, sa débordante et indiscrète civilité, son désir de lire à toute force son sonnet (avec l'arrière-pensée de s'entendre complimenter) l'apparentent aux marquis. Pourtant il est d'un *poids* plus grand que celui des « petits marquis », parmi lesquels Célimène ne le classe d'ailleurs pas. Risquons une hypothèse : l'on a vu que *marquis* était un titre dont se paraient les fils de comte jusqu'à la mort de leur père. Dans l'expression *petit marquis* qui touche si fort Acaste, ce serait moins le terme *marquis* que l'adjectif *petit* qui compterait (adjectif qui équivaudrait à considérer Acaste comme un tout jeune homme, alors que lui cherche à s'affirmer comme un homme auprès de Célimène) ; Oronte, plus mûr, ne porterait plus ce titre, mais il serait un ancien marquis, n'ayant pas

complètement rompu avec les manières de sa jeunesse (qui, de toute façon,
n'est guère lointaine).

Avec Don Juan, nous sommes à un cas-limite. Son habit est celui d'un
marquis :

> Pensez-vous que, pour être de qualité, pour avoir une perruque blonde
> et bien frisée, des plumes à votre chapeau, un habit bien doré, et des rubans
> couleur de feu [...], pensez-vous, dis-je, que vous en soyez plus habile homme ?
>
> (I, 2)[47]

Mais sa vaillance, son sens de l'honneur, sa tirade contre l'hypocrisie en
font un personnage d'une tout autre envergure. Est-il un fils de comte, portant ou ayant porté un marquisat comme titre de cour ? On peut le supposer.

Peu importe d'ailleurs que l'on adopte cette suggestion. Elle montre
combien l'étude d'un thème n'est jamais simple, et que celui des marquis
— a priori linéaire et sans surprise — recèle des zones d'ombre, possède
des frontières imprécises et peut connaître d'inattendues extensions. L'hési-
tation devient encore plus grande lorsque des personnages, qui manifeste-
ment ne sont pas des marquis, ont été considérés comme tels par des spectateurs de l'époque. Que penser de ces vers de Robinet à propos de
M. Pourceaugnac.

> *Enfin j'ai vu, semel et bis,*
> *La perle et la fleur des marquis*
> *De la façon du sieur Molière,*
> *Si plaisante et si singulière.*
> ....
> *Il joue aussi bien qu'il se peut*
> *Ce marquis de nouvelle fonte*
> *Dont par hasard à ce qu'on conte*
> *L'original est à Paris*[48] ?

Avec Grimarest, Robinet est à la source de la tradition selon laquelle
Molière se serait vengé d'un gentilhomme limousin qui se serait querellé avec
ses comédiens. Mais rien dans le texte de la pièce ne permet d'affirmer que
M. de Pourceaugnac soit un marquis : avec un diplôme de droit, un frère
« consul » et un cousin « assesseur », il dissimule mal sa roture. L'assimi-
lation provient-elle de ressemblances dans la manière de s'habiller du personnage ? Ce serait alors une caricature des vêtements de marquis (il est
vrai que le personnage est un « Limousin »). Ou Robinet a-t-il projeté la
« qualité » du modèle sur le malheureux héros de la pièce ? Et le modèle
(si bien sûr modèle il y eut) était-il marquis ? On ne sait. L'affaire est étrange.
On ne s'y serait pas attardé si elle n'incitait à s'interroger sur les imitateurs
des marquis.

Les imitateurs des marquis. — Que de jeunes bourgeois, suivant la
mode, prennent pour modèles des Acaste et des Clitandre, n'a rien d'étonnant. L'on sait combien les roturiers les plus fortunés cherchaient à s'allier
à la noblesse et, à défaut, à en imiter les mœurs et les habitudes. Les édits
contre le luxe de 1660, 1661, 1663... visaient non seulement à interdire les

étoffes d'or et d'argent, mais aussi à éliminer cette « incongruité » de « voir des gens de la ville habillés aussi richement que la noblesse de cour »[49]. Au XVIIe siècle, dignité et parure sont liées :

> S'il est richement vêtu, on croit que c'est un homme de condition qui
> a été nourri et élevé et qui par conséquent a de meilleures qualités,

affirme Hippolyte la précieuse dans Le Roman bourgeois[50]. Toute imitation vestimentaire était peu ou prou une usurpation.

Les cas les plus typiques sont assurément ceux de Cléante, accusé par Harpagon de donner « furieusement dans le marquis » (l'expression est inattendue dans sa bouche) :

> Je voudrais bien savoir, sans parler du reste, à quoi servent tous ces rubans
> dont vous voilà lardé depuis les pieds jusqu'à la tête [...]. Il est bien néces-
> saire d'employer de l'argent à des perruques lorsque l'on peut porter des che-
> veux de son cru, qui ne coûtent rien. Je vais gager qu'en perruques et rubans,
> il y a du moins vingt pistoles (L'Avare, I, 4) ;

et d'Horace dans l'École des femmes, qui, d'après la description qu'en fait Arnolphe, s'habille comme Acaste :

> De tous ces damoiseaux, on sait trop les coutumes,
> Ils ont de beaux canons, force rubans et plumes,
> Grands cheveux, belles dents, et des propos fort doux.
>
> (III, 1, v. 651-653)

Peut-être faut-il leur adjoindre Damis, dans Tartuffe[51]. Il est clair qu'avant son remariage Orgon ne menait pas la vie élégante et mondaine qu'Elmire lui a fait découvrir. Mme Pernelle s'en indigne : sa bru lui semble « vêtue ainsi qu'une princesse », et elle blâme les « visites » que ses enfants et petits-enfants reçoivent :

> Tout ce tracas que suit les gens que vous hantez,
> Ces carrosses sans cesse à la porte plantés,
> Et de tant de laquais le bruyant assemblage
> Font un éclat fâcheux dans tout le voisinage.
>
> (I, 1, v. 87-90)

Dans ce contexte social de grands bourgeois fréquentant l'aristocratie, il n'est pas impossible que Damis s'habille comme un marquis. Péché de jeunesse, qui ne le déconsidère pas pour autant. Ses censeurs sont bien davantage risibles.

Avec ses « visions de noblesse et de galanterie », sa lubie de se vêtir comme « les gens de qualité », de bénéficier de la même éducation qu'eux, et de faire de sa fille une « marquise »[52], M. Jourdain est, lui, un imitateur ridicule, un splendide « singe de cour », caricatural à souhait. Au vrai, on ne sait exactement en quel noble il prétend se déguiser : en comte ? en marquis ? en duc ? Pour le déterminer, on ne peut trop se fonder sur son ahurissant costume, mais sur cette énorme flatterie de Dorante : « Vous avez tout à fait bon air avec cet habit, et nous n'avons point de jeunes gens à la cour qui soient mieux faits que vous »[53]. Des « jeunes gens » ? Ne serait-ce point des marquis que M. Jourdain voudrait singer ? Le ridicule serait alors des plus achevés, ce bourgeois ignorant la piètre valeur de ses modèles.

Mais la contagion du ton « petit marquis » est telle que, touchant des personnages de condition inférieure, elle semble aussi pouvoir atteindre des gens de rang bien supérieur, des princes par exemple. Dans *Les Amants magnifiques,* Iphicrate et Timoclès se comportent en effet souvent comme Acaste et Clitandre. Comme eux, ils vont par paire ; ils considèrent leur rival avec un dédain amusé ; imbus d'eux-mêmes, ils n'imaginent pas qu'Eriphile puisse aimer quelqu'un d'autre que l'un deux ; aussi seront-ils renvoyés dos à dos, mésaventure qui les incitera en vain à se venger, leur élégance morale (chacun d'eux cherche à soudoyer un astrologue) s'avérant moins grande que leur élégance vestimentaire. Ils sont flatteurs et fourbes. Bref, il ne leur manque que le titre de marquis pour entrer pleinement dans le cadre de cette étude.

Les anti-marquis. — Molière, on le sait, aime volontiers placer l'exemple raisonnable à côté de la déformation. Il le montre une nouvelle fois avec les marquis, qui, dans son théâtre, rencontrent de nombreux censeurs.

Certains d'entre eux appartiennent à la cour même, et cette caractéristique n'est pas la moins intéressante : des personnages, qui auraient toutes facilités pour être de « petits marquis », refusent précisément de le devenir. Tel est le cas du maître de Mascarille, La Grange, qui considère son valet comme un « extravagant »[54]. Tel est surtout le cas du protagoniste des *Fâcheux,* le marquis Eraste. Non seulement il ne se comporte pas comme ses pairs, mais il en dénonce les travers : leurs manifestations intempestives au théâtre, leurs bruyantes embrassades dans la rue, leur habitude de se battre en duel en dépit des interdictions royales (I, 6 et III, 4). Sympathique (il épousera la femme qu'il aime, étant ainsi le seul marquis à ne pas être éconduit), il représente la partie sensée de la cour.

Un autre courtisan, le « chevalier » Dorante, dans *La Critique de l'École des femmes,* s'oppose aux marquis, dont il raille l'insupportable prétention intellectuelle :

> Je suis pour le bon sens, et ne saurais souffrir les ébullitions de cerveau de nos marquis de Mascarille. J'enrage de voir de ces gens qui se traduisent en ridicules, malgré leur qualité ; de ces gens qui décident toujours et parlent hardiment de toutes choses sans s'y connaître. (sc. 5)

De même, dans *L'Impromptu de Versailles,* Brécourt incarne un « honnête homme de cour », qui s'avère un *anti-marquis,* et Molière lui dit : « Vous devez prendre un air posé, un ton de voix naturel, et gesticuler le moins qu'il vous sera possible » (sc. 1). Contre La Grange, « marquis ridicule », il prend la défense de Molière, dont il expose en partie les conceptions littéraires (sc. 4).

Ainsi les marquis suscitent au sein même de la cour des réactions de rejet, qu'Alceste partage :

> Mais au moins dites-moi, Madame, par quel sort
> Votre Clitandre à l'heur de vous plaire si fort ?
> Sur quel fonds de mérite et de vertu sublime
> Appuyez-vous en lui l'honneur de votre estime ?
> Est-ce par l'ongle long qu'il porte au petit doigt
> Qu'il s'est acquis chez vous l'estime où l'on le voit ?
> ....
> Ou sa façon de rire et son ton de fausset
> Ont-ils de vous toucher su trouver le secret ?
>   (*Le Misanthrope*, II, 1, v. 475 et suiv.)

Mais il s'agit là d'un *anti-marquis* qui, versant dans un autre excès, a dépassé la mesure.

Du côté de la « Ville », de jeunes et riches bourgeois, qui, à l'instar de Damis, pourraient être eux aussi tentés d'imiter les marquis, savent rester raisonnables. Le Valère de *Tartuffe* est de ceux-là, qui, prévenant Orgon, dont il a oublié la perfidie à son égard, de la menace qui pèse sur lui, lui propose un carrosse et de l'argent pour s'enfuir. L'idée de se venger ne l'effleure à aucun moment (V, 6, v. 1848-1854). Le Valère de l'*Avare* lui ressemble : lui non plus n'a rien d'un jeune snob ; il revêt même l'« emploi de domestique » d'Harpagon pour demeurer près d'Élise. Mieux encore, des jeunes gens à qui il coûterait peu de s'inventer un marquisat, que ce mensonge aiderait dans leur entreprise amoureuse, ne veulent pas recourir à ce subterfuge, revendiquant au contraire fièrement leur identité et leur roture :

> Je trouve que toute imposture est indigne d'un honnête homme, et qu'il y a de la lâcheté à déguiser ce que le Ciel nous a fait naître, à se parer aux yeux du monde d'un titre dérobé, à se vouloir donner pour ce qu'on n'est pas. Je suis né de parents, sans doute, qui ont tenu des charges honorables. Je me suis acquis dans les armes l'honneur de six ans de service, et je me trouve assez de bien pour tenir dans le monde un rang assez passable. Mais, avec tout cela, je ne veux point me donner un nom où d'autres en ma place croiraient pouvoir prétendre, et je vous dirai franchement que je ne suis point gentilhomme,

s'écrie Cléonte dans *Le Bourgeois gentilhomme* (III, 12).

Les femmes ne sont pas les dernières à se moquer des marquis. Passons sur Célimène, qui ménage et méprise à la fois Acaste et Clitandre ; son besoin de plaire fait d'elle un cas très particulier. Mais la sage et belle Léonore n'apprécie pas davantage les marquis et leurs imitateurs :

> Ils croient que tout cède à leur perruque blonde
> Et pensent avoir dit le meilleur mot du monde
> Lorsqu'ils viennent d'un ton de mauvais goguenard
> Vous railler sottement sur l'amour d'un vieillard.
>   (*L'École des maris,* III, 8, v. 1047-1050)

Quelle défaite pour ces infatués d'eux-mêmes ! Même la très bourgeoise, mais très sensée, Mme Jourdain condamne les ambitions nobiliaires de son époux et préfère voir sa fille mariée à un roturier et heureuse, plutôt qu'unie contre son gré à un marquis[55].

Certes il s'agit là de personnages très raisonnables. Mais les marquis ne trouvent pas davantage de défenseurs chez des êtres qui le sont moins. En dépit de sa sombre humeur, de son autoritarisme, de ses conceptions archaïques sur l'éducation, Sganarelle n'a pas de mots assez sévères, et frappés au coin du bon sens, pour flétrir les « jeunes muguets » :

> Ne voudriez-vous point, dis-je, sur ces matières,
> De vos jeunes muguets m'inspirer les manières ?
> M'obliger à porter de ces petits chapeaux
> Qui laissent éventer leurs débiles cerveaux,
> Et de ces blonds cheveux, de qui la vaste enflure
> Des visages humains offusque la figure ?
> De ces petits pourpoints sous les bras se perdants,
> Et de ces grands collets jusqu'au nombril pendants ?
> De ces manches qu'à table on voit tâter les sauces,
> Et de ces cotillons appelés hauts-de-chausses ?
> De ces souliers mignons, de rubans revêtus,
> Qui vous font ressembler à des pigeons pattus ?
> Et de ces grands canons où, comme en des entraves,
> On met tous les matins ses deux jambes esclaves ?
>
> (*L'École des maris*, I, 1, v. 23-26)

Ainsi, tant à la ville qu'à la cour, les marquis ne trouvent guère d'avocats pour plaider leur cause. Les gens sensés les raillent, les autres en rient. Il n'y a que les marquis pour avoir « l'âme bien satisfaite »[56].

*
*   *

Le thème des marquis se révèle d'une infinie richesse. Techniquement, il témoigne de la maîtrise de Molière, qui l'étend dans toutes les directions, jusqu'aux limites du possible. Avec ses jeux de miroirs, ses thèmes associés et antagonistes, il constitue un document sur les courtisans et la « Ville ».

Il valut à Molière de nombreuses critiques et attaques. Ne nous attardons pas sur les réactions du chevalier d'Armagnac et (ou) du duc de La Feuillade qui auraient pris Molière à partie, lui ensanglantant le visage au sortir de *La Critique* : elles sont mal attestées[57]. Si suspects que soient leurs témoignages, on ne peut que constater l'accord de Grimarest qui, des *Fâcheux*, écrit : « Toutes les dissertations malignes que l'on faisait sur [les] pièces [de Molière] n'en empêchaient pas le succès »[58], et de Donneau de Visé : « Personne n'ignore [...] que plusieurs de ses amis ont fait des scènes aux *Fâcheux* »[59]. Or, à cette date, ces manifestations d'humeur ne pouvaient provenir que de précieuses ou de courtisans vexés. Grimarest note par ailleurs que *La Princesse d'Élide* « réconcilia » son auteur avec « le courtisan chagrin »[60]. De quoi celui-ci aurait-il été vexé, sinon de cette charge contre les marquis ? Boileau évoque enfin la fureur de quelques-uns d'entre eux dans son *Épître VII* :

L'Ignorance et l'Erreur à ses naissantes pièces
En habits de Marquis, en robes de Comtesses,
Venaient pour diffamer son chef-d'œuvre nouveau.
....
L'un, défenseur zélé des bigots mis en jeu,
Pour prix de ses bons mots le condamnait au feu.
L'autre, fougueux Marquis, lui déclarant la guerre,
Voulait venger la Cour immolée au Parterre.   (v. 23 et suiv.)

Les critiques les plus violentes et les plus intéressantes, parce que les plus dangereuses, vinrent cependant d'un autre camp : des confrères de Molière. Celui-ci, avancèrent-ils, dépeignit si mal les marquis que ses personnages, par trop caricaturaux, n'auraient en rien ressemblé aux « gens de qualité »[61]. Argument absurde ! Pourquoi auraient-ils polémiqué contre un « peintre » si maladroit ? La désaffection du public leur en aurait alors épargné la peine. Un second grief ne vaut guère mieux, tant il repose sur une tâtillonne mauvaise foi. Il touche à la manière dont Molière habille les marquis ; elle aurait choqué plus d'un homme du « bel air », comme en témoigne l'indignation du baron des *Amours de Calotin,* de Chevalier (1664) :

Vous aimez la méthode
De vous souffrir railler toujours sur chaque mode ;
Qu'un Molière sans cesse en vos habillements
Vous fasse les objets de tous ses bernements,
Et que, quand nous avons quelques modes polies,
Il les fasse passer toutes pour des folies[62] ?

Allongeant leurs cheveux, rapetissant leur pourpoint, agrandissant leurs rabats, Molière aurait vêtu ses victimes autrement qu'elles ne l'étaient en réalité[63]. De fait, Mascarille se targue de porter des canons « un quartier plus grands » que ne l'exige la mode[64] ; mais qui ne s'apercevait que Molière outrait sur scène ce qui était déjà un excès dans la vie ? Les canons étaient effectivement très larges, les rubans fort longs, les rabats et les collets « des plus grands volumes ». Chacun pouvait aisément s'en rendre compte[65].

Un seul argument mérite véritablement attention, celui qui concerne l'irrespect, et l'irrespect grandissant, dont aurait fait preuve Molière : en se moquant des marquis — « d'abord sous le masque de Mascarille, puis sans masque » —, il aurait ridiculisé tous les nobles, donc la Cour qui les rassemble, donc le roi qui en est le « chef »[66]. Amalgame malhonnête, mais qui n'en pose pas moins une question fondamentale : laquelle des trois sortes de marquis que nous avons distinguées Molière visait-il ? Assurément les usurpateurs (et peut-être déjà les gens de cour) dans *Les Précieuses ridicules,* sans aucun doute les courtisans dans *La Critique* et *Le Misanthrope* : Acaste et Clitandre ne fréquentent-ils pas le palais ? ne se vantent-ils pas d'être « bien auprès du maître » (III, 1, v. 802) ? D'où la tentative, indigne mais habile, des censeurs de Molière pour intéresser la Cour à leur cause. Ils s'étonnent, disent-ils, que « ceux qui sont en toutes manières les plus braves de la Cour » souffrent de s'entendre « appeler turlupins en plein théâtre sans en témoigner le moindre ressentiment »[67]. Cet appel à la révolte des courtisans ne rencontra aucun écho, comme le reconnaît implicitement Donneau de Visé : « Pour ce qui est des marquis, ils se vengent assez par leur prudent silence et font voir qu'ils ont beaucoup d'esprit en n'estimant pas assez [Molière] pour se soucier de ce qu'il dit contre eux »[68].

C'est qu'il y aurait assurément eu quelque imprudence, de la part d'un courtisan, à critiquer trop ouvertement un auteur qui jouissait de l'évidente bienveillance du roi. Sans elle, Molière aurait-il eu l'audace d'envoyer à Louis XIV un portrait satirique des marquis pour le remercier de sa pension ? (Audace toutefois mesurée : dans *Les Amants magnifiques,* pièces de cour, les parties du livret réservées aux marquis de Villeroi et de Rassent ne prêtent pas à rire : Molière savait jusqu'où il pouvait aller.) Le succès ensuite était tel qu'un marquis aurait fait sourire de lui s'il avait manifesté sa mauvaise humeur ; Argimont, l'un des personnages de *Zélinde,* le laisse clairement entendre :

> *C'est assez que [les marquis] en aient un secret dépit puisque celui qui le ferait éclater le premier s'exposerait à la raillerie publique ; c'est pourquoi ceux qui se voient dépeindre et qui en rient les premiers, tâchent de faire croire par leurs applaudissements que ce n'est pas d'eux que l'on parle.* (sc. 6)

Enfin les marquis authentiques avaient, semble-t-il, renoncé à défendre leur titre, conscients qu'ils étaient de sa dévaluation : « Il est tellement gâté qu'en vérité je pardonne à ceux qui l'ont abandonné », écrit Mme de Sévigné[69]. Point n'est besoin, on le voit, d'imaginer, comme Michelet, une obscure machination de Louis XIV qui se serait servi de Molière pour déconsidérer (entre autres) le marquis de Vardes, coupable d'avoir courtisé et admiré Madame[70].

Cela explique que les adversaires de Molière, davantage mus par la jalousie que par le souci de défendre la noblesse, ne réussirent pas à liguer Louis XIV et les courtisans contre lui. La logique ne paraît pas d'ailleurs avoir été leur fort : dans la *Réponse à l'Impromptu de Versailles ou la Vengeance des marquis* (1664), Donneau de Visé range en effet étrangement un marquis[71] parmi les amis et les défenseurs de Molière. Humour involontaire sans doute.

*
*   *

> *La plupart des grands seigneurs de la Cour de Louis XIV voulaient imiter cet air de grandeur, d'éclat et de dignité qu'avait leur maître. Ceux d'un ordre inférieur copiaient la hauteur des premiers ; et il y en avait enfin, et même en grand nombre, qui poussaient cet air avantageux et cette envie dominante de se faire valoir jusqu'au plus grand ridicule. Ce défaut dura longtemps. Molière l'attaqua souvent et il contribua à défaire le public de ces importants subalternes,*

écrit Voltaire dans *Le Siècle de Louis XIV*[72]. La *catharsis* est trop belle pour être vraie.

Jamais l'on ne se moqua tant des marquis qu'après *Le Misanthrope*. Illustration parfaite de ces « sujets de comédie », évoqués par Donneau de Visé[73], « que Molière donne libéralement à ceux qui voudront s'en servir », les marquis ne cessent pas d'être mis en scène au moment où Molière renonce à les camper. Évoquons brièvement cette postérité de Mascarille.

La dévaluation continue du titre suscite des railleries redoublées chez Furetière, chez La Fontaine (*Le Faucon, in Contes et nouvelles en vers*), chez Boursault lui-même (*Le Marquis de Chevigny,* 1670), qui avait naguère reproché à Molière son insolence. A la fin du siècle, Saint-Simon se déclarera même favorable à la suppression du marquisat[74].

Un autre aspect de la satire de Molière est parallèlement repris. Les marquis conservent leur bruyante politesse et leur snobisme. Dans *La Mère coquette* de Quinault, Acante se moque d'un page devenu, par la grâce d'un déguisement, cousin de Mascarille (l. 3). Chez Dancourt, le marquis de *La Femme d'intrigues* parle volontiers, comme Acaste dans *Le Misanthrope,* de son train et de son équipage. Ce sont là des réminiscences plus ou moins directes de Molière.

On lui emprunte également l'idée de faire du marquis le représentant par excellence des courtisans, dont il incarne tous les défauts. Tel est le portrait du marquis dans le *Turcaret* de Lesage, qui ne cherche aucune excuse à ses vices, qui en rit et qui est fier de vivre d'expédients. Sujet de Louis XIV, ce marquis est déjà un fils de la Régence. Son cynisme est un cynisme rieur. Plus qu'un débauché, le marquis de l'*Ile de la Raison* de Marivaux représente, quant à lui, l'homme incapable de s'ouvrir aux idées philosophiques nouvelles. Le thème du marquis, dans la mesure où il se confond en partie avec celui de la Cour, connaît ainsi une permanence et un renouvellement remarquables. Chaque époque l'orchestre, mais selon les préoccupations qui lui sont propres. On le voit, sur ce point, comme sur beaucoup d'autres, l'influence de Molière s'avère éclatante.

NOTES

1. Que l'on trouvera plus détaillé dans notre étude sur les marquis *in Thématique de Molière,* de J. Truchet, Paris, Sedes, 1985, pp. 47-87. Nous remercions les éditions Sedes de nous avoir autorisé à reproduire en grande partie cette étude.

2. La Roque, *Traité de la noblesse,* Paris, E. Michelet, 1678, chap. 83, p. 297.

3. *Les Grands capitaines in Œuvres complètes,* éd. L. Lalanne, Paris, J. Renouard, 1894, t. I, p. 294.

4. La Roque, *op. cit.,* chap. 83, p. 297.

5. Voir les considérants de l'édit de juillet 1566 *in Recueil général des anciennes lois françaises,* éd. Isambert, Paris, Belin-Leprieux, 1829, t. XIV, 1re partie, n° 114, p. 218.

6. *Idem.*

7. *Correspondance,* éd. R. Duchêne, Paris, Gallimard, Bibliothèque de la Pléiade, 1974, t. II, p. 367, lettre du 12 août 1676, n° 535.

8. *Mémoires,* éd. G. Truc, Paris, Gallimard, Bibliothèque de la Pléiade, 1953, t. I, chap. 38, p. 540.

9. Saint-Simon, *op. cit.,* éd. Boislisle, Paris, Hachette, 1886, t. V, p. 318.

10. *Ibid.*

11. A en juger d'après *Le Baron de la Crasse* de R. Poisson, le baron semble être, dans la tradition satirique, un gentilhomme campagnard.

12. *Le Siècle de Louis XIV in Œuvres complètes,* ed. citée, t. XIV, p. 549.

13. « Trouvant un bon brocard dans leur bouche, [ils] le crachent sans épargner ni parents ni amis ni grands » (*Des Dames,* éd. citée, t. IX, p. 451).

14. Éd. R. Garapon, Paris, M. Didier, « Société des textes français modernes », 1967, III, 4 v. 828-836.

15. Il déclare par exemple : « M'obéir, c'est me plaire » (III, 2). Auparavant, Scarron avait écrit en 1651 dans *Le Roman comique* : « [Un marquisat] est la chose au monde dont je voudrais le moins jurer en un temps où tout le monde se marquise soi-même » (1re partie, chap. IX, p. 556 de l'éd. A. Adam, *Romanciers du XVIIe siècle,* Paris, Gallimard, Bibliothèque de la Pléiade, 1958).

16. D'autant plus inoubliable que *L'Étourdi,* où Mascarille porte ce titre (II, 8, v. 794), était souvent repris et joué avec *Les Précieuses ridicules* ; ainsi, à la Cour, les 18 juillet, 21 et 26 octobre 1660.

17. Sa peur est si grande qu'il n'épousera pas celle qui lui était destinée, sous prétexte qu'elle est trop belle et qu'elle serait, de ce fait, sans cesse courtisée.

18. Curieusement appelé dans la liste des personnages « le marquis de Mascarille, valet de La Grange », et non l'inverse.

19. Eraste est souvent appelé marquis (voir I, 1, v. 39 et 51 ; I, 3, v. 178) ; Filinte l'est une fois (III, 1, v. 754).

20. Les descriptions les plus complètes des habits des marquis se trouvent dans *Les Précieuses ridicules* (sc. 9), *Le Récit en prose et en vers de la farce des Précieuses* Mlle Des Jardins, le *Remerciement* (v. 16-28) et *Le Misanthrope* (II, 1, v. 475-488). Cette garde-robe ne s'enrichira que de la « vaste rhingrave » de Clitandre (*Le Mis.* II, 1, v. 485).

21. Publiées en 1644, rééditées en 1648 et 1658.

22. Qui, tous, de Castiglione à Rémond des Cours, demandent que l'on suive raisonnablement la mode.

23. *Mémoires,* éd. Michaud et Poujoulat, in *Nouvelle collection de mémoires,* Paris, Didot, 1854, t. 34, p. 491.

24. Ph. et Fr. de Villers, *Journal du voyage de deux jeunes Hollandais à Paris en 1657 et 1658,* éd. A. P. Faugère, Paris, Champion, 1899, p. 472.

25. Sorel, *op. cit.,* éd. 1658, p. 26.

26. Comme le fin de la galanterie l'exigeait alors ; voir *P. R.* (sc. 9), *Les Fâch.* (I, 1, 314-317), *Remerc.* (v. 25) et *Impr.* (sc. 3).

27. *Remerc.,* v. 25-28.

28. *P. R.* (sc. 9), *La Critique* (sc. 6) et l'*Impr.* (sc. 3).

29. Il ne s'agit là que d'une hypothèse ; mais on sait que Louis XIV avait l'homosexualité en horreur, et que l'expression « *petit maître* » désignait souvent des mignons (sur l'historique de cette expression, consulter Marivaux, *Le Petit-maître corrigé,* éd. F. Deloffre, Genève, Droz, 1955, introduction).

30. *Impr.,* sc. 3 ; *Le Mis.,* II, 1, v. 487.

31. *P. R.* sc. 9, *Fâch.,* I, 1, v. 77 et II, 6, v. 538 ; *Remerc.* ; *La Critique,* sc. 4.

32. Mascarille (*P. R.* sc. 11) ; un marquis fâcheux (*Fâch.,* 1, 1, v. 166) et Acaste (*Le Mis.,* I, 2, v. 783).

33. Mascarille (*P. R.,* sc. 9).

34. *Zélinde,* sc. 6. (Paris, G. de Luyne, 1663, pp. 54-55).

35. Clitandre rappellera qu'on l'a vu
                pousser, dans le monde, une affaire
                D'une assez vigoureuse et gaillarde manière
                    (*Le Misanthrope,* III, 1, v. 789-790).

36. Cette mode existait déjà au XVIe siècle ; Agrippa d'Aubigné y fait allusion dans *Les Aventures du baron de Faeneste* (liv. III, chap. VI, p. 736 de l'éd. de H. Weber des *Œuvres d'Agrippa d'Aubigné,* Paris, Gallimard, Bibliothèque de la Pléiade, 1962) ; Scarron, de son côté, écrit que Prospère, prince de Salerne, « s'était laissé croître l'ongle du petit doigt de la [main] gauche jusqu'à une grandeur étonnante, ce qu'il croyait le plus galant du monde » (*Plus d'effets que de paroles,* Paris, A. de Sommaville, 1657, p. 6).

37. Déclaration qui témoigne au passage de la ruine de la croyance, développée dans les romans héroïques, d'une harmonie préétablie entre l'amour et la noblesse.

38. *Mémoires,* éd. J. Lemoine, Paris, Calmann-Lévy, p. 251 (année 1679).

39. *Des Biens de fortune,* 61.

40. On sait que « La Vengeance des marquis » était le sous-titre de *La Réponse à l'Impromptu de Versailles* de Donneau de Visé.

41. On voit d'ailleurs mal comment les marquis pourraient exercer cette vengeance sans se déconsidérer quelque peu eux-mêmes : de quelque façon qu'ils présentent l'affaire, ils n'en ont pas moins été dupes, et, d'une certaine manière, éconduits, ce qui n'est guère glorieux.

42. Mme de Sévigné emploie l'expression dans la lettre déjà citée ; Saint-Simon écrit : « Chamillart fit en même temps deux nouveaux intendants : Rebours, son cousin germain et de sa femme, et Guyet, maître des requêtes [...]. Le premier s'était sûrement moulé sur le marquis de Mascarille ; il l'outrait encore, tout était en lui parfaitement ridicule ». (*Mémoire,* éd. G. Truc, Paris, Gallimard, Bibliothèque de la Pléiade, 1969, t. II, chap. XX, p. 342).

43. On connaît les différentes significations que *Le Misanthrope* prendra jusqu'à la Révolution, Fabre d'Églantine allant, par exemple, jusqu'à faire de Philinte l'oppresseur des pauvres. Nous ne parlerons pas dans cette étude des marquises, le féminin ne sonnant pas toujours affectivement comme le masculin. Il est quelquefois fait mention d'elles : dans *La Critique de l'École des femmes* avec la « marquise Araminte » qui « publie » *L'École des femmes*

« partout pour épouvantable », et dit qu'elle « n'a jamais pu souffrir les ordures dont elle est pleine » (sc. 5), et avec une autre marquise chez qui Lysidas a lu l'une de ses œuvres (sc. 6) ; dans *L'Impromptu de Versailles* où Mlle du Parc joue une « marquise façonnière » semblable au rôle de Climène dans la pièce précédente : « Il semble que tout son corps soit démonté, et que les mouvements de ses hanches, de ses épaules et de sa tête n'aillent que par ressorts. Elle affecte toujours un ton de voix languissant et niais, fait la moue pour montrer une petite bouche, et roule les yeux pour les faire paraître grands » (*La Critique*, sc. 2) ; dans *Le Bourgeois Gentilhomme* où Dorimène joue, malgré elle, la complice de l'escroc Dorante. Dans tous ces exemples, les marquises sont ridicules : tantôt prudes, tantôt précieuses, tantôt naïves et aveugles ; de même dans l'*Avare* (IV, 1).

44. Mais remarquons que le vicomte Alcandre tutoie aussi Éraste (I, 6, v. 267).

45. *Les Fâcheux*, I, 1, v. 17 et suiv.

46. Ainsi que ces deux vers :
Je crois qu'un ami chaud et de ma qualité
N'est pas assurément pour être rejeté. (I, 2, v. 259-260).

47. Contrairement à ses prédécesseurs, Molière enracine son personnage dans une classe sociale, la noblesse. Alors que cette appartenance n'est soulignée chez Tirso de Molina que de façon indirecte — on sait que Don Juan est noble uniquement parce que son père l'est — elle est, chez lui, constamment rappelée : par Gusman : « Un homme de sa qualité » ; par Sganarelle : « Un grand seigneur » ; par Dom Louis : « Croyez-vous qu'il suffise [de] porter le nom et les armes et que ce nous soit une gloire d'être sortis d'un sang noble lorsque nous vivons en infâmes ? » (I, 1 et 3 ; IV, 4). De sa caste — autre nouveauté — Don Juan possède en outre les réactions et les ressorts : la vaillance, le sentiment de l'honneur et, bien que dévoyé, l'appétit de conquête. Gentilhomme, Don Juan l'est donc, et gentilhomme des années 1660 fréquentant la cour.

48. *Lettre en vers* du 23 novembre 1669.

49. G. Mongrédien, *La Vie quotidienne sous Louis XIV*, Paris, Hachette, 1952, p. 67.

50. In *Romanciers du XVIIe siècle*, éd. A. Adam, Paris, Gallimard, Bibliothèque de la Pléiade, 1958, liv. 1, p. 930.

51. Mais non Cléante, homme de poids et d'âge, qui considère Damis comme un jeune homme (V. 2, v. 1638-1641).

52. *Le Bourgeois gentilhomme*, I, 1, 2 et III, 12.

53. *Ibid.*, III, 4.

54. *Les Précieuses ridicules*, sc. 1 ; en outre, à la fin de la pièce, La Grange bastonne autant son valet que le marquis de Mascarille.

55. *Le Bourgeois gentilhomme*, III, 12.

56. *Le Misanthrope*, III, 1, v. 777.

57. Elles le sont si mal qu'A. Adam se demande s'il ne s'agit pas d'un seul et même homme (*Histoire de la littérature au XVIIe siècle*, Paris, Domat, 1952, t. III, chap. 4, p. 290).

58. *La Vie de M. de Molière*, éd. G. Mongrédien, Paris, M. Brient, 1955, pp. 50-51.

59. *La Réponse à l'Impromptu de Versailles*, sc. 3 (in *Diversités galantes*, Paris, J. Ribou, 1664, p. 109).

60. *Op. cit.*, éd. citée, p. 60.

61. Donneau de Visé, *Zélinde*, sc. 10.

62. I, 1 (in V. Fournel, *Les Contemporains de Molière*, Paris, Firmin-Didot, 1875, t. III, p. 192).

63. Donneau de Visé, *Zélinde*, sc. 10.

64. *Les Précieuses ridicules*, sc. 9.

65. Sorel écrit : « Quant aux canons [...], nous les approuvons bien quand ils sont fort larges » (*op. cit.,* p. 22) ; les frères Villers : « L'extravagance des canons devient plus insupportable que jamais » (*op. cit.,* éd. citée, p. 449) ; et le Père de Marolles : « Les jeunes gens ne se bornent pas à porter trois cents aunes de rubans, de diverses couleurs sur les chausses ; ils en portent autour de leur chapeau, et ils en parent leurs chevaux et les rideaux de leurs carrosses ». (*Mémoires,* éd. C.P. Goulet, Paris, A. de Sommaville, 1755, t. II, 3ᵉ partie, p. 306).

66. Donneau de Visé, *Lettre sur les affaires du théâtre,* in *Diversités galantes,* éd. citée, pp. 82-84.

67. Donneau de Visé, *Zélinde,* sc. 6.

68. *Lettre sur les affaires du théâtre,* éd. citée, p. 83.

69. *Op. cit.,* éd. citée, t. II, p. 202 (lettre n° 463, du 29 déc. 1675).

70. *Histoire de France. Louis XIV et la Révolution de l'Édit de Nantes,* Paris, Chamerot, 1860, t. XIII, chap. 4, pp. 58-59.

71. Il s'agit de Cléante, « marquis » et ami du « peintre ». Il est vrai que cet ami se montrera peu fidèle, finissant par avouer que Molière n'est pas un « bon comédien ».

72. In *Œuvres complètes,* éd. citée, t. XIV, p. 549.

73. Dans sa *Lettre sur Le Misanthrope.*

74. *Projets de rétablissement du Royaume de France,* 1ʳᵉ partie, chap. II, *in Écrits inédits* de Saint-Simon, éd. M.P. Faugère, Paris, Hachette, 1882, t. 4, p. 232 ; Saint-Simon ne souhaitait rétablir que soixante-dix marquisats dans leur éclat originel.

TARTUFFE, « PRODUCTION IMPIE » ?

par

Raymond PICARD

Tout le monde connaît les efforts que Molière a dû déployer pendant près de cinq années, de mai 1664 à février 1669, pour obtenir l'autorisation de représenter *Tartuffe*. Les contemporains eux-mêmes ont été frappés par le caractère obstiné de l'opposition qu'a rencontrée cette malheureuse comédie ; et Boileau, dans son *Épître VII* (1677), ne manquera pas de la faire figurer en bonne place, avec *Phèdre* et *le Cid,* au Livre d'Or des pièces persécutées. En effet, au lieu d'être seulement en butte, comme les autres pièces, aux cabales de l'ignorance, de l'erreur et de l'envie[1], cette comédie, pense-t-on communément, a en outre déchaîné les pieuses haines des « bigots », des faux dévots, dont l'impitoyable et peu scrupuleuse coalition devait avoir une terrible efficacité.

Cette tradition concernant les ennemis de *Tartuffe* remonte à Molière lui-même. Dès août 1664, dans son premier Placet, il affirmait avec une grande netteté : « Les Tartuffes, sous main, ont eu l'adresse de trouver grâce auprès de Votre Majesté, et les originaux enfin ont fait supprimer la copie, quelque innocente qu'elle fût, et quelque ressemblante qu'on la trouvât ». Dans son second Placet, en août 1667, il annonçait avec amertume : « Les gens que je peins dans ma comédie [vont] remue[r] bien des ressorts auprès de Votre Majesté », et il ajoutait : « Ce n'est point du tout l'intérêt de Dieu qui les peut émouvoir ; [... mais] ils ne sauraient me pardonner de dévoiler leurs impostures aux yeux de tout le monde ». Enfin, en mars 1669, dans la préface de la première édition, il reprenait vigoureusement la même idée. « Les hypocrites, remarquait-il, n'ont point entendu raillerie ; [...] et ils se sont tous armés contre ma comédie avec une fureur épouvantable ». Ainsi, la cabale de *Tartuffe* serait une cabale des tartuffes.

Et cette cabale — c'est ce qui l'a rendue si dangereuse — aurait en outre

trouvé le moyen, à force de calomnies contre l'auteur et sa comédie, d'éga-
rer des dévots authentiques et de se les adjoindre : Ils « jettent dans leur
parti, constate Molière, [...] de véritables gens de bien » (Second Placet).
La même formule revient dix-neuf mois plus tard dans la préface de *Tartuffe,* où il est question des hypocrites et de « l'artifice qu'ils ont, observe
encore Molière, de me faire des ennemis que je respecte, et de jeter dans
leur parti de véritables gens de bien, dont ils préviennent la bonne foi [...] ».
Bien entendu, c'est uniquement devant ces gens de bien fourvoyés que le
dramaturge tient à se justifier dans sa Préface, ainsi que, dans la pièce, par
l'organe de Cléante. C'est à eux qu'il explique avec beaucoup d'insistance
qu'il a mis tous ses soins « à bien distinguer le personnage de l'Hypocrite
d'avec celui du vrai Dévot » (Préface), à séparer « la fausse monnaie [...]
de la bonne » (vers 338) et les « dévots de place » (vers 361), qu'il stigmatise, des « dévots de cœur » (vers 382), qu'il honore. Tartuffe est un scélérat qui est présenté comme tel, et la pièce « ne tend nullement à jouer les
choses que l'on doit révérer » (Préface).

Il y a certes une part de vérité dans tout cela. Nous savons aujourd'hui
— et vraisemblablement avec plus de précision que ne le savait Molière —
que, par exemple, des membres de cette Compagnie du Saint-Sacrement dont
la pieuse activité n'était pas dépourvue d'arrière-pensées politiques, et où,
selon toute probabilité, quelques faux dévots se mêlaient aux vrais, avaient
décidé, près d'un mois avant la première représentation, « de travailler à
procurer la suppression de la méchante comédie de *Tartuffe*[2] ». Ils n'en con-
naissaient pas le texte, non plus que le curé de Saint-Barthélemy qui dénon-
cera bientôt dans l'auteur « un démon vêtu de chair et habillé en homme »,
et dans la pièce une « production impie[3] ». Est-ce à dire, dans ces conditions, qu'une telle hostilité devait être nécessairement le fait de tartuffes ?
Naturellement. Il n'était pas besoin d'avoir vu la pièce pour s'élever, au nom
de principes alors très généralement admis, contre une comédie qui jetait
la suspicion sur la pratique de la direction de conscience et qui s'attaquait
à un vice devant relever uniquement, jugeait-on, de la compétence des prédicateurs et des confesseurs. Étant donné la condamnation morale et religieuse qui pesait sur le théâtre et l'excommunication *de facto* qui s'appli-
quait aux comédiens, Molière pouvait-il « comprendre dans la juridiction
de son théâtre le droit qu'ont les ministres de l'Église de reprendre les hypocrites, et de déclamer contre la fausse dévotion[4] » ? Aussi bien, comme l'avait
écrit Godeau dix ans auparavant,

> ... *pour changer les mœurs et régler leur raison,*
> *Les chrétiens ont l'église et non pas le théâtre*[5].

On peut même penser qu'il y avait peut-être plus de bonne foi chez ces ennemis de *Tartuffe* que chez Molière qui, jouant dans sa Préface sur le sens
ambigu du terme de *comédie* au XVIIe siècle, invoquait l'exemple des « pièces saintes de M. de Corneille » pour se justifier d'avoir traité — dans une
perspective comique — de matières religieuses.

Laissons de côté ces condamnations en quelque sorte préalables. Des chrétiens moins rigides, qui aimaient le théâtre, et qui avaient assisté aux représentations, ont certainement été sensibles à ses efforts — visibles, jugera plus tard La Bruyère, au point de rendre le personnage invraisemblable — pour empêcher toute confusion entre le dévotion affecté de Tartuffe et la dévotion véritable. Ont-ils été contents des rôles de Mme Pernelle et d'Orgon ? La chose est fort douteuse. Les commentateurs, à juste titre, ont toujours observé que ces deux personnages, pour être des dévots authentiques, n'en ont pas moins une attitude stupide et ridicule. Pis encore, il semble bien que ce soit précisément la dévotion qui les aveugle, et que leur inintelligence naturelle aurait eu des effets moins catastrophiques s'ils n'avaient pas été dévots. En dépit d'une tradition ancienne qui veut que l'on rie de Tartuffe[6], c'est Orgon, le *dévot de cœur,* qui est le personnage ridicule de la comédie. Si l'on s'en tient à la vertu pédagogique du rire, la leçon de la pièce est donc que la piété, si sincère soit-elle, risque de plonger ceux qui la pratiquent, lorsqu'ils sont peu éclairés, dans un abîme de sottise et d'iniquité. Ajoutons à cet enseignement celui que le Neveu de Rameau n'a pas tort de dégager à son usage : « Sois hypocrite, si tu veux ; mais ne parle pas comme l'hypocrite[7] ». Tout cela, semble-t-il, n'est pas très satisfaisant dans une perspective chrétienne.

Il y a plus grave. On a remarqué depuis longtemps[8] que Cléante, porte-parole de Molière, définissait les vrais dévots, par opposition aux faux, presque uniquement de façon négative : « Ce ne sont point... On ne voit point en eux... Ils ne censurent point... » (vers 388-391). La piété est présentée en quelque sorte comme un sentiment invisible dont la manifestation serait a priori suspecte ; on la reconnaît avant tout aux actions discrètement vertueuses qu'elle inspire. Cette espèce de clandestinité que Molière semble exiger de la dévotion peut paraître étrange à une époque où le catholicisme est religion d'État, et où l'on peut lire sur les médailles, autour du profil de Louis XIV : *Rex Christianissimus*. Serait-ce que le roi lui-même tient à montrer « ce faste insupportable » (vers 389), c'est-à-dire cette « affectation », cette « vaine ostentation » de piété (*Dictionnaire de l'Académie,* 1694), que réprouve Cléante ? La statuaire baroque s'est attachée à représenter les effets corporels des élans mystiques et de l'extase : est-ce à dire que les *soupirs,* les *grands élancements* (vers 287) que les sculpteurs ont essayé de figurer sont le fait de simulateurs, et que leurs statues de saints sont des statues d'imposteurs ?

Tout au contraire, il est normal, dans la communauté chrétienne, que la piété commande des actions extérieures, qu'elle soit publiquement *mimée,* en même temps que vécue intérieurement. La cérémonie religieuse est à la fois participation intime et spectacle. Il est même nécessaire qu'il en soit ainsi pour des raisons d'édification réciproque. Molière semble méconnaître cette vertu de l'exemple, sur laquelle insistent pourtant les prédicateurs. Tout en se gardant d'étaler trop complaisamment leur dévotion et leurs bonnes actions, les chrétiens ne doivent pas craindre de les laisser voir. Les gens de bien, observe Claude Joly dans un de ses prônes, « non seulement reçoivent le mérite de leurs bonnes œuvres, mais ils participent encore à toutes celles des autres, auxquels ils ont donné de bons exemples[9] ». Il est dangereux de mettre en doute systématiquement la sincérité d'une piété qui se montre. Une attitude légèrement théâtrale mais qui exprime un sentiment authentique peut même frapper ceux qui en sont les témoins, toucher leur cœur et, qui sait ? déterminer leur conversion. Se jeter à genoux, comme l'affecte Tartuffe, pour demander pardon d'une offense qu'on vous a faite, n'est pas forcément l'action d'un hypocrite. Un jeune gentilhomme, raconte le biographe de saint Vincent de Paul, « le traita de vieux fou ; [...] il se mit à genoux et lui demanda pardon de l'occasion qu'il pouvait lui avoir donnée de le traiter ainsi. Il ne voulut pas même se justifier, lorsqu'il pouvait le faire aisément[10] ».

*
* *

Il faut aller plus loin. Il importe de dépasser ces problèmes d'expression sociale, si importants soient-ils, pour se demander quel est le contenu même du christianisme au nom duquel Molière condamne, dans *Tartuffe,* ce qu'il considère comme des formes aberrantes de la dévotion. Or, au cours de l'action, le spectateur est amené à porter toute une série de jugements — en particulier par le rire — sur des comportements qui intéressent la religion. De ces réactions, ainsi suggérées au public, il n'est pas impossible de dégager une véritable critique religieuse. Toutefois il faut prendre les précautions qui sont indispensables lorsqu'une idéologie s'exprime sous une forme dramatique, et l'entreprise n'est pas sans danger, puisque les contemporains eux-mêmes n'ont pas été d'accord sur le sens de cette critique.

En effet, rappelle Racine dès 1667, on avait dit aux amis de Port-Royal « que les jésuites étaient joués dans cette comédie ; les jésuites, au contraire, se flattaient qu'on en voulait aux jansénistes[11] ». De fait, le laxisme des casuistes jésuites et les commodités de leur morale de l'intention sont dénoncés, on s'en souvient, avec autant de violence que dans les *Provinciales* quelques années plus tôt. C'est un franc scélérat qui explique posément à Elmire, à la scène 5 de l'acte IV, que, pour justifier moralement n'importe quoi, fût-ce l'adultère, il suffit d'avoir recours à une discipline spécialisée et reconnue :

> Selon divers besoins, il est une science
> D'étendre les liens de notre conscience,
> Et de rectifier le mal de l'action
> Avec la pureté de notre intention.   (v. 1489 à 1492)

Les jansénistes ont ici de quoi être satisfaits.

Cependant les jésuites trouvent ailleurs des raisons de se réjouir, car *Tartuffe* est avant tout une satire du *rigorisme* qu'on reprochait communé-

ment aux amis de Port-Royal. Par l'organe de Mme Pernelle qui les discrédite indirectement, de Cléante qui les désapprove explicitement, ou de
Dorine qui les ridiculise, Molière condamne ce qu'il considère comme les
empiètements d'une religion qui veut envahir et régenter toute la vie sociale.
Si l'on en croyait ces dévots farouches qui « prêchent la retraite au milieu
de la Cour » (vers 372), il n'y aurait plus la moindre vie mondaine, les femmes n'auraient plus le droit d'être élégantes, et la pudibonderie étoufferait
tout. Serait-ce que Molière, dans le domaine religieux comme ailleurs, se
garde du trop aussi bien que du trop peu, tient balance égale et se défie de
tout excès ? Il ne semble pas. Ici, il a pris parti, non pas contre les extrémistes, mais contre ce qui était alors l'enseignement quotidien de l'Église. Il
suffit, pour s'en rendre compte, de consulter les moralistes chrétiens, les
prédicateurs, et aussi les Dictionnaires de cas de conscience, qui ont le mérite
de présenter des situations concrètes et de proposer une sorte de vulgate
morale à l'usage des confesseurs ou des directeurs.

C'est dans la bouche d'une vieille femme bornée, Mme Pernelle, en qui
un spectateur contemporain dénonce aussitôt « l'austérité ridicule des temps
passés[12] », que Molière place une condamnation des réunions mondaines
et des bals :

> Ces visites, ces bals, ces conversations
> Sont du malin esprit toutes inventions.   (v. 151 et 152)

Or il se trouve que cette condamnation, et sous cette forme même, a toujours été, et demeure au XVIIe siècle, celle de l'Église. Il suffit de lire, dans
le *Dictionnaire* de Pontas[13], l'article *Danse,* où l'on trouve entre autres cette
définition d'un théologien franciscain : « Le bal ou la danse est un cercle
dont le diable fait le centre et les autres démons la circonférence. » Nicole
de son côté, pour citer l'un des moralistes les plus pratiqués de l'époque,
a écrit sur le bal une de ses pages les plus véhémentes ; certes il était de Port-
Royal, mais les gens du monde appréciaient la finesse de sa psychologie et
il faisait l'admiration par exemple d'une Mme de Sévigné qui ne ressemblait
guère à Mme Pernelle ; on lit dans son *Traité de la crainte de Dieu*[14] :

> *Que voient par exemple les gens du monde dans un bal ? Une assemblée
> de personnes agréables qui ne songent qu'à se divertir, à prendre part, et à
> contribuer au plaisir commun ; des femmes qui font tout ce qu'elles peuvent
> pour se rendre aimables ; et des hommes qui font ce qu'ils peuvent pour témoi-
> gner qu'ils les aiment. Ils y voient un spectacle qui flatte les sens, qui remplit
> leur esprit, qui amollit leur cœur, et qui y fait entrer doucement et agréable-
> ment l'amour du monde et des créatures. Mais qu'est-ce que la lumière de
> la foi découvre dans ces assemblées profanes à ceux qu'elle éclaire et à qui
> elle fait voir tout le spectacle qui est véritablement exposé à leurs yeux, et
> que les anges y voient ? Elle leur découvre un massacre horrible d'âmes qui
> s'entretuent les unes les autres, elle leur découvre des femmes en qui le démon
> habite, qui font à de misérables hommes mille plaies mortelles ; et des hom-
> mes qui percent le cœur de ces femmes par leurs criminelles idolâtries. Elle
> leur fait voir les démons qui entrent dans ces âmes par tous les sens de leur
> corps, qui les empoisonnent par tous les objets qu'ils leur présentent, qui les
> lient de mille chaînes, qui leur préparent mille supplices, qui les foulent aux*

pieds, et qui se rient de leur illusion et de leur aveuglement. Elle leur fait voir Dieu qui regarde ces âmes avec colère, et qui les abandonne à la fureur des démons.

Cela passe pour figure, pour déclamation, pour exagération, et cependant il n'y a rien de plus effectif. La réalité passe infiniment toutes figures ; et ces plaies et ces coups mortels ne sont que de faibles images de ce qui est en effet.

Cette dénonciation visionnaire, dont l'intention s'accorde tout à fait avec la tradition orthodoxe longuement analysée par Pontas, montre assez le sérieux avec lequel théologiens et moralistes mettaient les fidèles en garde contre des passe-temps que Molière semble considérer comme innocents.

L'attitude adoptée dans *Tartuffe* à l'égard du luxe vestimentaire des femmes, de leur parure, de leur maquillage, et de leur décence, n'est pas moins éloignée des enseignements du christianisme d'alors. C'est Mme Pernelle, on s'en souvient, qui se plaint qu'Elmire aille « vêtue ainsi qu'une princesse » (vers 30). Et c'est Laurent, valet hypocrite d'un hypocrite, qui, raconte Dorine, vient « jeter nos rubans, notre rouge et nos mouches » (vers 206). Or un grand nombre de prédicateurs et de directeurs dont la religion n'était ni anachronique ni feinte en ont jugé comme Mme Pernelle et Laurent. La parure des femmes, explique en détail Pontas, n'est licite que si elle est conforme à la coutume et si elle convient à leur condition ; il faut en outre qu'elle ne suppose ni vanité, ni « dessein de plaire aux hommes[15] » : apparemment elle n'est donc pas souvent licite. Elle contribue à coup sûr à « la corruption du monde », assure Claude Joly, qui demande aux femmes dans un de ses *Prônes* : « Avez-vous déchargé votre front d'une seule frisure ? Avez-vous ôté de dessus vos jupes ces dentelles et ces ornements inutiles[16] ? » La condamnation du fard est encore plus formelle et constante. « Les femmes ne se peuvent farder sans péché, écrit Pontas qui cite saint Thomas ; car il ne leur est pas permis de s'orner pour paraître plus belles aux yeux des hommes, mais seulement pour plaire à leurs maris, qui [...] ne veulent pas être trompés par une fausse beauté[17]. » Godeau, un an avant le premier *Tartuffe,* résume les principaux motifs de cette interdiction dans une de ses *Poésies chrétiennes*[18] : le fard corrompt l'ouvrage de Dieu, substitue à la personne une fausse image, consacre la victoire de la vanité et ainsi prépare, sinon à l'adultère du corps, à « celui du cœur ». Pour ce qui est de la décence, Dorine, on le sait, répond à Tartuffe qui lui demande de se couvrir le sein :

> Vous êtes donc bien tendre à la tentation
> Et la chair sur vos sens fait grande impression ? [...]
> Mais à convoiter, moi, je ne suis pas si prompte ;
> Et je vous verrais nu, du haut jusques en bas,
> Que toute votre peau ne me tenterait pas.   (v. 863-868)

Elle semble indiquer ainsi qu'il faut être hypocrite ou anormal pour se scandaliser de ces décolletés, si fort à la mode. Mais tel n'était pas le sentiment de l'Église. Pontas, à l'article *Sein,* assure qu'ils sont une « occasion de chute [...] aux hommes, par leurs regards de convoitise ; et aux femmes, par le désir de se les attirer[19] ». Une réaction rigoureuse contre cette indécence était même en cours au moment de *Tartuffe,* et quelques années plus tard, en 1675, paraîtra un traité *De l'abus des nudités de gorge.* On pourra y lire entre autres que « par la nudité de leur corps, [les femmes] deviennent les images d'Ève coupable » et que « le Démon a mis jusqu'à présent sur leur esprit le voile qu'elles devraient mettre sur leur sein[20] ». Il est clair que Molière, dans toutes ces matières, est allé directement à l'encontre des efforts des prédicateurs et des moralistes chrétiens de son temps.

Mais, dira-t-on, il ne s'agit guère, jusqu'ici, que de morale sociale. Engagé dans le monde, écrivant pour les gens du monde, Molière fait preuve d'imprudence, et son *Tartuffe,* où il se moque de l'application pratique de certains préceptes chrétiens, n'est certes pas une pièce édifiante ; toutefois il ne va pas jusqu'à l'impiété. C'est ce qu'il faut examiner maintenant. Or on constate aussitôt qu'il ridiculise franchement deux sentiments essentiels de la vie chrétienne. D'une part, le souci du péché : le chrétien doit être sans cesse en garde contre les ruses, en lui, de la nature corrompue ; jamais il ne saurait être trop attentif et vigilant. Si Tartuffe n'était pas un hypocrite, il aurait donc raison de s'imputer « à péché la moindre bagatelle » (vers 306) ; et après tout, à en croire Jacques de Voragine et sa *Légende Dorée* (XVIII), c'est saint Macaire qui se condamna à rester six mois, nu, dans le désert, pour se punir d'avoir tué une puce qui le piquait. D'autre part, le mépris des biens matériels ; le commentaire que fait Orgon de la pauvreté de Tartuffe est strictement orthodoxe :

> ... S'il n'a rien,
> Sachez que c'est par là qu'il faut qu'on le révère.
> Sa misère est sans doute une honnête misère ;
> Au-dessus des grandeurs elle doit l'élever,
> Puisqu'enfin de son bien il s'est laissé priver
> Par son trop peu de soin des choses temporelles,
> Et sa puissante attache aux choses éternelles.   (v. 484-490)

Pourtant le spectateur est invité à voir dans ce rappel de l'*éminente dignité des pauvres*[21] un témoignage particulièrement frappant de la stupidité d'Orgon, qui tient à « choisir un gendre gueux » (vers 484).

Molière va encore plus loin. Il semble en effet mettre en question la séparation radicale, qui est au cœur même du christianisme, entre le monde et le Royaume de Dieu, et la nécessité absolue de mépriser le premier pour entrer dans le second. Le renoncement qu'Orgon apprend de Tartuffe a certes été enseigné par un hypocrite à un imbécile ; il n'en définit pas moins authentiquement la condition véritable du chrétien. Pourtant le spectateur ne peut qu'en rire. Orgon, dans une sorte de bouffonnerie voulue par l'auteur, vient déclarer à son beau-frère Cléante que celui-ci peut bien mourir : sa mort le laissera tout à fait indifférent lui, Orgon, tant il est devenu pieux. Tartuffe, explique-t-il en effet, lui

> ... enseigne à n'avoir affection pour rien ;
> De toutes amitiés il détache mon âme ;

> Et je verrais mourir frère, enfants, mère et femme,
> Que je m'en soucierais autant que de cela.   (v. 276 à 279)

Que faire devant de tels propos, sinon s'identifier à Cléante qui répond :

> Les sentiments humains, mon frère, que voilà !

Or il se trouve que, humains ou non, ces sentiments sont ceux que l'Écriture et ses commentateurs au XVIIe siècle exigent des fidèles. Le détachement total auquel le chrétien doit parvenir est souligné par saint Luc dans son *Évangile* (XIV, 26) : « Si quelqu'un vient à moi sans haïr son père, sa mère, sa femme, ses enfants, ses frères, ses sœurs, et jusqu'à sa propre vie, il ne peut être mon disciple[22]. » S'écrier ici : « Les sentiments humains que voilà » devient une impiété caractérisée. Des dizaines de moralistes, de directeurs ou de prédicateurs établissent alors qu'il ne faut pas s'attacher aux créatures, même si l'on est décidé à leur préférer Dieu.

> *Si, observe Nicole, la préférence des créatures à Dieu est la mort de l'âme, l'amour des créatures pour elles-mêmes, quoique sans préférence, est la voie de la mort. Car en aimant les créatures pour elles-mêmes on se dispose à les préférer à Dieu. Non seulement c'est une disposition et un acheminement à la mort [de l'âme], mais c'est une mort commencée. Car l'amour des créatures diminuant toujours celui de Dieu, nous prive d'une partie de notre vraie vie, qui consiste toute dans l'amour de Dieu. L'âme qui s'arrête aux créatures retarde le cours du voyage par lequel elle tend à Dieu, et en voulant jouir d'elles, elle se prive à proportion de la jouissance de Dieu. Nous nous engageons dans notre baptême à travailler toute notre vie à mourir à cet amour et à mortifier toutes les mauvaises inclinations qui nous y portent[23].*

Il est clair qu'en présentant avec Orgon une caricature du renoncement, Molière s'en prenait à l'un des préceptes essentiels de la vie chrétienne.

Le même thème est développé dans le même passage, lorsque Orgon fait l'éloge enthousiaste de Tartuffe qui « comme du fumier regarde tout le monde » (vers 274). Mais ici l'on est tout près du blasphème, car ce sont les propres paroles de l'Écriture qui — étant donné les personnages et la situation — sont placés dans une perspective comique. Saint Paul proclame en effet dans l'*Épître aux Philippiens* : « Omnia [...] arbitror ut stercora[24] », ce que l'*Imitation de Jésus-Christ* reprend en ces termes : « Vere prudens est qui omnia terrena arbitratur ut stercora, ut Christum lucrifaciat[25]. » Corneille venait précisément de donner de ce texte la traduction suivante :

> *Vraiment sage est celui dont la vertu resserre*
> *Autour du vrai bonheur l'essor de son esprit,*
> *Qui prend pour du fumier les choses de la terre*
>   *Et qui se fait la guerre*
>   *Pour gagner Jésus-Christ[26].*

Le spectateur de *Tartuffe* retrouve ainsi dans la bouche du personnage le plus stupide et le plus ridicule de la pièce les mots même qu'avait tracés la plume pieuse de Corneille pour exprimer l'enseignement du Christ.

*
* *

Dans ces conditions, il ne faut pas être surpris que la comédie de Molière ait été interdite pendant près de cinq années ; il conviendrait plutôt de s'étonner qu'elle ait été finalement autorisée. Il est évident que *Tartuffe* a scandalisé quantité de chrétiens sincères, même parmi ceux qui étaient d'esprit libéral et qui allaient au théâtre. L'opposition que cette pièce a rencontrée, on peut l'assurer, n'a pas été seulement celle des hypocrites et de leurs dupes. Baillet, vingt ans plus tard, rend hommage au génie de Molière et même à son art de « réformer, dit-il, non pas les mœurs des chrétiens, mais les défauts de la vie civile, et de ce qu'on appelle le train de ce monde » ; mais il commence ainsi sa Notice : « Monsieur de Molière est un des plus dangereux ennemis que le siècle ou le monde ait suscité à l'Église de Jésus-Christ[27] », et apparemment il croit savoir ce qu'il dit.

Faut-il donc en revenir à l'image d'un Molière libertin, athée même, qu'un certain nombre de critiques et d'historiens ont adoptée ? Je ne le pense pas. Il semble décidément inconcevable que des pièces dont l'intention aurait été clairement anti-chrétienne aient été représentées à la Cour ou dans la capitale du roi Très Chrétien. Or précisément Molière a toujours nié cette intention. Et il a insisté avec tant de vigueur, lui-même ou ses amis, sur la garantie morale que lui assurait l'appui du roi, qu'il lui aurait vraiment fallu beaucoup d'aplomb pour se permettre d'en abuser délibérément. En avril 1665, Rochemont, tout en louant le roi de sa lutte contre l'hérésie et l'impiété, avait accusé l'auteur de *Dom Juan* de tenir « école du libertinage[28] », et d'être, comme l'avait dit le curé Roullé, « un diable incarné ». Un des partisans de Molière lui répond bientôt :

> *Le Roi, qui fait tant de choses avantageuses pour la religion, [...] ce monarque qui occupe tous ses soins pour la maintenir, ce prince sous qui l'on peut dire avec assurance que l'hérésie est aux abois et qu'elle tire continuellement à la fin, ce grand roi n'a point donné de relâche ni de trève à l'impiété, qui l'a poursuivie partout et ne lui a laissé aucun lieu de retraite, vient enfin de connaître que Molière est vraiment diabolique, que diabolique est son cerveau, et que c'est un diable incarné ; et pour le punir comme il le mérite, il vient d'ajouter une nouvelle pension à celle qu'il lui faisait l'honneur de lui donner comme auteur, lui ayant donné cette seconde, et à toute sa troupe, comme à ses comédiens. C'est un titre qu'il leur a commandé de prendre ; et c'est par là qu'il a voulu faire connaître qu'il ne se laisse pas surprendre aux tartuffes, et qu'il connaît le mérite de ceux que l'on veut opprimer dans son esprit comme il connaît souvent les vices de ceux que l'on lui veut faire estimer[29]*

Effectivement, en juin 1665, les comédiens de Molière prirent le titre de Troupe du roi et ils obtinrent une pension de 6 000 livres. Après cela, le défenseur de Molière peut triompher. Rochemont, écrit-il,

> *ne peut plus dire que Molière est un athée, puisque le Roi, qui ne donne ni relâche ni trève à l'impiété, a reconnu son innocence. Il faut bien, en effet,*

qu'il ne soit pas coupable, puisqu'on lui permet de jouer sa pièce à la face du Louvre, dans la maison d'un prince chrétien, et à la vue de tous nos sages magistrats, si zélés pour les intérêts de Dieu, et sous le règne du plus religieux monarque du monde[30].

Bref, le fait que Molière produise ses pièces sous les yeux du roi, et ne soit pas condamné, démontrerait victorieusement son innocence.

La situation, on le voit, est étrangement contradictoire : d'un côté, l'auteur du *Tartuffe* a l'appui du roi, défenseur de la religion ; de l'autre, il est sévèrement condamné par des interprètes autorisés et des fidèles de cette religion. En fait, c'est ici un nouveau cas du conflit, caractéristique de cette époque, entre la morale sociale, pratiquée à la Cour et dans le monde, et d'autre part la morale évangélique, qui est celle des prédicateurs et des personnes de pitié[31]. On exalte la pauvreté et le mépris des richesses, mais, même dans des familles qui se croient sincèrement chrétiennes, on ne se soucie guère, comme l'atteste Dorine, de « choisir un gendre gueux » (vers 484). Les prônes enseignent le mépris du monde, et la Cour incarne précisément tout ce que la religion stigmatise dans le monde. C'est à la Cour, deux ans avant *Tartuffe,* en 1662, que Bossuet vient prêcher le carême. « Il n'y a rien de plus opposé, s'écrie-t-il, que Jésus-Christ et le monde ; et de ce monde, Messieurs, la partie la plus éclatante, et par conséquent la plus dangereuse, chacun sait assez que c'est la Cour » et il conclut : « Renversez Ninive, renversez la cour[32]. » Mais voici Cléante de son côté qui, on l'a vu, dénonce « ces francs charlatans... [qui] prêchent la retraite au milieu de la cour » (vers 361 et 372). Deux religions, logiquement peu compatibles, coexistent : l'orthodoxe et la mondaine ; et l'opposition est d'autant plus frappante qu'une réforme religieuse et une renaissance mystique se produisent, tandis que d'autre part la religion s'humanise et se laïcise. Or de ces deux religions, la première dénonce l'impiété de la seconde — et c'est son rôle. Quant à la seconde, elle a généralement mauvaise conscience : le scandale de *Tartuffe* est que Molière, dans cette comédie, semble bien avoir tenté de lui donner bonne conscience, en accusant la première d'hypocrisie.

Le plus souvent, la religion mondaine est un affaiblissement naturel, dû aux conditions de la vie dans le monde, un appauvrissement involontaire et à peu près inconscient de l'autre. Molière, lui, essaie de lui donner un contenu spécifique, de la justifier comme telle, en soulignant son caractère raisonnable et sa valeur morale. Certains contemporains ne s'y sont pas trompés. L'auteur de la *Lettre sur l'Imposteur* observe dès 1667 : « La religion n'est qu'une raison plus parfaite », et il ajoute : « Le ridicule est [...] la forme extérieure et sensible que la providence de la nature a attachée à tout ce qui est déraisonnable[33]. » Il peut bien parler ensuite du ridicule de Tartuffe ; ce sont Mme Pernelle et Orgon qui sont continuellement et indiscutablement ridicules, et ils le sont parce qu'ils pratiquent une religion déraisonnable. Saint-Evremond, de son côté, dès que la pièce paraît en librairie et qu'il en reçoit dans on exil un exemplaire, écrit à M. d'Hervart : « Si je me sauve, je lui devrai mon salut. La dévotion est si raisonnable dans la bouche de Cléante qu'elle me fait renoncer à toute ma philosophie[34]. » De fait, la religion *humaine* (vers 390) du frère d'Elmire est peu encombrante : orientée vers les vertus sociales, elle tend à se confondre avec la morale des honnêtes gens. Elle est certes plus efficace dans la société, et même pour le salut, que ne l'est une religion plus orthodoxe, mais mal comprise ou simulée. Toutefois, il faut le reconnaître, elle est aussi éloignée qu'il est possible de l'ascétisme mystique et de la folie de la Croix, dont doit nécessairement participer de quelque manière — beaucoup s'accordaient à le penser — tout christianisme véritable.

Ainsi entre les tenants de la tradition chrétienne et ceux d'une religion qui conserve des éléments de la morale chrétienne, mais qui annonce surtout le déisme moral du XVIIIᵉ siècle, s'est institué, à l'occasion de *Tartuffe,* un dialogue de sourds où l'on s'accuse mutuellement d'hypocrisie[35]. Mais c'est apparemment de bonne foi que Molière a vanté les mérites d'une dévotion *traitable*[36], et c'est de bonne foi également que beaucoup de ses adversaires ont vu dans sa comédie une satire diabolique de la vraie religion. *Tartuffe,* on vient de tenter de l'établir, est objectivement une « production impie » ; mais si ce fait est évident pour les docteurs et les prédicateurs, il l'est beaucoup moins dès qu'on se place dans l'optique de la Cour. Car, la religion devant de toute nécessité — il faut s'y résigner — être adaptée au monde, à quel moment cette adaptation devient-elle trahison ? Les contemporains — et le roi lui-même[37] — ne l'ont pas clairement aperçu, et il en est résulté une grande confusion : le cas de *Tartuffe,* cas-limite, le montre assez.

NOTES

1. *Épitre VII,* vers 16 à 23.

2. *Annales de la Compagnie,* B.N., ms. fr. 14489. Cité par R. Allier, *La cabale des dévôts,* A. Colin, 1902, in-12, p. 399.

3. Pamphlet du curé Roullé (août 1664) cité par Despois-Mesnard dans leur édition de Molière, Grands Écrivains de la France, Hachette, 1878, t. IV, p. 283, édition désignée *infra* par l'abréviation G.E.F.

4. Baillet, *Jugements des Savants,* Paris, Dezallier, 1686, t. IV, 5ᵉ partie, p. 123.

5. Raymond Picard, *La Poésie Française de 1640 à 1680,* Paris, S.E.D.E.S., 1965, in-12, p. 78.

6. Voyez à ce sujet les remarques subtiles, mais discutables, de la *Lettre sur l'Imposteur* (août 1667), G.E.F., t. IV, pp. 560 et 561.

7. Éd. J. Fabre. Genève, Droz, 1950, p. 60.

8. En particulier J. Calvet, dans sa pénétrante étude, *Essai sur la séparation de la religion et de la vie. Molière est-il chrétien ?* Paris, Lanore [1950], in-12.

9. *Prônes,* nouvelle édition, Paris, David, 1734, t. I, p. 401.

10. *Abrégé de la vie et des vertus du bienheureux Vincent de Paul,* Paris, Barois, 1729, p. 75.

11. *Lettre aux deux apologistes* (Querelle des *Imaginaires*), *Œuvres complètes,* Bibl. de la Pléiade, t. II, p. 28.

12. *Lettre sur l'Imposteur,* G.E.F., t. IV, p. 532.

13. *Dictionnaire de Cas de conscience,* Paris, Josse, 1734, 3 vol. in-f°, t. I, col. 1062.

14. Repris dans les *Essais de morale,* 9ᵉ édition, La Haye, Moetjens, 1702, in-12, t. I, pp. 142-144.

15. *Op. cit.,* t. III, col. 31.

16. *Op. cit.,* t. I, p. 404.

17. *Op. cit.,* t. II, col. 432.

18. *La Poésie française de 1640 à 1680,* Sédès, 1965, p. 76. Voyez également page 50 une *Stance* d'Arnauld d'Andilly *Contre le Fard.*

19. *Op. cit.,* t. III, col. 805-806.

20. Attribué à l'abbé Jacques Boileau. Paris, 1667 (seconde édition), pp. 37 et 48.

21. Bossuet en particulier avait consacré un sermon à ce thème en 1659.

22. *Bible de Jérusalem,* éd. du Cerf, 1956. Voyez également saint Matthieu, X, 37 : « Qui aime son père ou sa mère plus que moi n'est pas digne de moi. Qui aime son fils ou sa fille plus que moi n'est pas digne de moi » et le *Deutéronome,* XXXIV, 8 : « Il dit de son père et de sa mère : Je ne l'ai pas vu. Ses frères, il ne les connaît plus ; ses fils, il les ignore. »

23. *Essais de Morale,* éd. cit., t. X, pp. 44 et 45. Voyez aussi l'*Écrit sur la Conversion du Pécheur,* attribué à Pascal. *Pensées,* petite éd. Brunschvig, p. 196.

24. III, 8. « Verum tamen existimo omnia detrimentum esse propter eminentem scientiam Jesu Christi Domini mei : propter quem omnia detrimentum feci, et arbitror ut stercora, ut Christum lucrifaciam. »

25. Livre I, chapitre III.

26. Avant-dernière strophe. Le début de cette traduction avait paru en 1651. Corneille l'achèvera dans les années suivantes et la rééditera lui-même jusqu'en 1665. Elle eut un immense succès.

27. *Loc. cit.*, p. 110.

28. G.E.F., t. V, p. 220.

29. *Ibid.*, pp. 248-249.

30. *Ibid.*

31. C'est dans ce même conflit que j'ai tenté naguère de trouver, en ce qui concerne Racine, une solution de ce que j'appelais les antinomies de la conduite individuelle. Voyez *la Carrière de Jean Racine,* Gallimard, 1961 (nouvelle édition), pp. 438 à 446 et 523 à 528 en particulier.

32. *Sermon sur l'efficacité de la pénitence,* in fine, *Sermons,* éd. Garnier, t. II, p. 576.

33. G.E.F., t. IV, pp. 555 et 560.

34. *Œuvres,* éd. de Planhol, cité des Livres, 1927, in-12, t. III, p. 53.

35. Voyez les *Observations* de Rochemont : « ... Molière est lui-même un Tartuffe achevé et un véritable hypocrite. » G.E.F., t. V, p. 220.

36. « Molière, observe Mgr Calvet (*op. laud.,* p. 83), faisait erreur sur la nature du christianisme vrai, mais il était chrétien, comme l'est un déiste de bonne foi qui va parfois à la messe. »

37. Du moins si l'on en croit la manière contradictoire dont on exprime son sentiment aussitôt après la représentation du 12 mai 1664. D'après la *Relations des Plaisirs...,* il ne doute « point des bonnes intentions de l'auteur » (G.E.F., t. IV, p. 231) ; d'après la *Gazette,* il la juge « absolument injurieuse à la religion » (*Ibid.,* p. 232, n. 2).

TARTUFFE ET LA DIRECTION SPIRITUELLE AU XVIIe SIÈCLE

par

P.F. BUTLER

La première représentation du *Tartuffe* marque le début du conflit le plus exaspéré qu'ait suscité une pièce de théâtre au XVIIe siècle : la querelle du *Cid*, trente ans auparavant, celle d'*Andromaque,* qui va suivre, même le bruyant scandale des *Satires,* disputes de littérateurs au premier chef, pâlissent en regard de la Guerre du *Tartuffe,* affaire d'État où vont se trouver mêlés le Premier Président, l'Archévêque de Paris, Colbert, le Roi lui-même. Jamais depuis le procès de Théophile un auteur de marque n'avait été en butte à une attaque aussi concertée et aussi soutenue, et jamais l'objet d'une offensive menée par des adversaires aussi redoutables n'était sorti victorieux d'une lutte que d'autres, moins heureux et moins hautement protégés, auraient payée de leur vie. Cette victoire de Molière, le fait qu'une œuvre censurée, interdite, excommuniée ait finalement été représentée dépasse évidemment le plan littéraire. Mais l'un ne peut être séparé de l'autre : car tant que les raisons de l'hostilité de l'Église et la nature du conflit restent obscures, la même ambiguïté affecte les intentions de l'auteur, et en dernière analyse l'intelligence de sa pièce et de ses personnages. Je ne tenterai pas ici de résoudre un problème peut-être insoluble dans l'état actuel de nos connaissances, mais seulement de tirer au clair certains aspects circonscrits et soigneusement délimités de la pièce, ceux qui se rapportent à la direction spirituelle.

L'une des difficultés du *Tartuffe,* c'est que Molière en a poursuivi la composition pendant près de cinq ans. De 1664 à 1669 la pièce s'est enrichie, mais elle s'est aussi alourdie et compliquée, en même temps que disparaissaient des vers ou des passages révélateurs — trop révélateurs peut-être. Molière lui-même confirme ces retouches en protestant dans son second placet qu'il a « retranché avec soin tout ce qu'*il a* jugé capable de fournir l'ombre d'un prétexte aux originaux du portrait qu'*il voulait* faire ». Que les soudures soient toujours parfaites, que la somme totale des additions et des soustractions soit toujours cohérente, on ne saurait s'y attendre, et A. Adam, hésitant entre un Tartuffe-Raspoutine et un Tartuffe-Machiavel, se demande s'il n'y a pas dans le personnage des traits incompatibles. Ah ! si nous avions le premier *Tartuffe* ! Mais en fait, depuis les recherches de John Cairncross[1], on peut s'en faire une idée assez exacte : la longue diatribe de Cléante et sa distinction passionnée entre la vraie et la fausse dévotion, sont sans aucun doute des additions postérieures, comme aussi le « dépit amoureux » du second acte et les développements inattendus du quatrième et du cinquième : le défi de Tartuffe, le péril d'Orgon et l'intervention royale, évidemment liée à l'histoire de la pièce. D'autre part le Laurent inutile et muet de 1669 jouait peut-être un rôle plus important ; l'amour contrarié de Damis, qui n'est plus qu'un thème embryonnaire et adventice, justifiait les grandes colères un peu gratuites du troisième acte : l'amour de Valère et de Mariane a pris sa place, suscité par le projet de mariage de Tartuffe et de Mariane, absent de la première pièce, si le protagoniste était, comme certains indices le suggèrent, un ecclésiastique. Le fait qui nous concerne plus particulièrement, c'est que Tartuffe apparaissait dès le second acte et qu'il était présent dans une proportion beaucoup plus considérable du nombre total des scènes, ce qui faisait ressortir de façon beaucoup plus claire l'importance de son rôle dans la famille d'Orgon et la nature de ce rôle, qui était, et qui est encore, même de façon moins nette dans notre *Tartuffe*, celui du directeur spirituel.

Cet aspect du rôle, je ne prétends pas le découvrir, mais depuis le *magnum opus* de Michaut, on a tendance à le minimiser :

> *Quoiqu'on l'ait soutenu, je ne puis croire que Molière ait eu l'audace folle de mettre sur les tréteaux un véritable directeur de conscience, un prêtre, pour lui faire jouer un rôle si abominable. Songeons qu'on évite alors au théâtre de prononcer le mot « Dieu », on dit « le ciel » ou « les Dieux » ; on évite le mot « église », on dit « temple ». Et en pleine cour, Molière aurait exposé à la haine et à la dérision, dans l'exercice même de son ministère, un homme revêtu des ordres sacrés ? Et le roi l'aurait toléré... ? C'est impossible. Il y a là une confusion, venue sans doute de ces vers maintenus par Molière dans le dernier* Tartuffe :*
>
> C'est de tous ses secrets l'unique confident
> Et de ses actions le directeur prudent.*
>
> *Se confier, ce n'est pas se confesser, avoir un directeur de conscience.*[2]

Ce qui fourmille de confusions, c'est le texte de Michaut. Les fonctions du directeur et du confesseur sont souvent mais non nécessairement cumulées et elles restent nettement distinctes. Il va sans dire que Molière ne fait pas de Tartuffe un prêtre, puisque l'imposteur se prépare à épouser Mariane. Le critique semble ignorer l'existence de directeurs laïques, pourtant bien connue, et qui fait l'objet, au XVIIe siècle, de discussions acrimonieuses.

Et quant à ces mots d'*église* et de *Dieu,* Molière s'embarrasse-t-il de ces tabous ?

> Mon frère, au nom de Dieu, ne vous emportez pas.
> Sacrifiez à Dieu toute votre colère.

> Je ne remarque point qu'il hante les églises...

> Chaque jour à l'église il venait d'un air doux...

Le *ciel,* enfin, appartient au vocabulaire des prédicateurs et de la dévotion, et le terme n'a pas un caractère moins sacré que celui de Dieu : on le trouve partout chez Bossuet et chez Bourdaloue. Ce que le critique « ne peut croire », c'est tout ce qui contredit l'*a priori* d'un classicisme timide et compassé dont sont exclues les tensions et les contradictions fécondes du règne personnel à ses débuts, c'est ce qui s'oppose à l'image du Molière conformiste qu'il s'efforce de nous présenter. Cela ne veut pas dire qu'il s'agisse dans *Tartuffe* « d'écraser l'infâme ». Mais il est absurde de prétendre qu'il ne s'y agisse pas de la direction de conscience.

*
*   *

L'une des sources indirects que nous avons sur le premier *Tartuffe,* souvent citée et qui pourtant n'a pas été utilisée sous ce rapport, c'est la première et la plus explosive des attaques suscitées par la pièce, celle du curé Pierre Roullès, docteur en Sorbonne, glissée non sans adresse dans un hyperbolique éloge du *Roy glorieux au monde ou Louis XIV le plus glorieux de tous les rois du monde*[3]. Et la raison de l'indignation du sorbonniste, le motif immédiat de sa protestation, c'est que Molière sape l'autorité du directeur de conscience. Que Louis XIV ait arrêté les représentations du *Tartuffe* témoigne « du respect qu'il a pour l'Église et qu'il rend volontiers aux ministres employés de leur [*sic*] part pour conférer les grâces du salut ». Ces ministres, comme il apparaît plus loin, ce sont déjà les directeurs. Et si *Tartuffe* a paru sur le théâtre « à la dérision de l'Église », c'est parce qu'il inspire le « mépris du caractère le plus sacré », c'est-à-dire du directeur, et « de la fonction la plus divine » — la direction — le mépris, en un mot, de « ce qu'il y a de plus saint dans l'Église, ordonné du Sauveur pour la sanctification des âmes, à dessein d'en rendre l'usage ridicule, contemptible, odieux ». Ici encore, c'est bien d'une institution précise qu'il s'agit, non de la dévotion ou de la religion en général. Car le moyen par lequel *Tartuffe* « va à ruiner la religion catholique », conclut le pamphlétaire, c'est « en blâmant et jouant sa plus sainte pratique, qui est la conduite et la direction des âmes par de sages guides et conducteurs pieux ». Aussi le roi a-t-il défendu à Molière de plus outrager « les officiers les plus nécessaires au salut » — les directeurs. Car si Molière a manqué « à la révérence due aux sacrements qui sont les canaux de la grâce que Jésus-Christ a méritée aux hommes », c'est que ces sacrements opèrent « dans les âmes des fidèles qui sont saintement dirigés et conduits ».

Ces accusations paraissent à première vue extravagantes : ce curé Roulès, n'a-t-on pas le droit de ne voir en lui qu'un fanatique, un bigot, un isolé ? Ce serait une erreur grave. Dans l'Église de la Contre-Réforme, ces « ministres », ces « officiers », dont le caractère est particulièrement sacré, ces « guides et conducteurs pieux des familles » jouent un rôle essentiel dans la vie spirituelle du fidèle et cette « fonction », cet « usage », cette « pratique » de la « conduite et direction » est une condition indispensable de son salut. « N'est-ce pas Dieu même qui parle, quand le directeur nous parle », s'écrie L. Tronson, directeur, puis supérieur de Saint-Sulpice, « et n'est-ce pas Dieu même que nous écoutons en l'écoutant ? »[4] Sur l'autorité absolue du directeur, sur la soumission inconditionnelle exigée du dirigé, les textes abondent[5]. Vilipender la direction, c'est donc compromettre l'action de la grâce. Jeter la suspicion ou le ridicule sur le directeur, c'est se dresser contre Dieu lui-même, c'est vraiment, littéralement, un acte diabolique. Surtout si, en 1664, Tartuffe apparaissait plus clairement et plus exclusivement dans sa fonction de directeur, la réaction du curé Roulès est parfaitement représentative : Olier ou Saint François de Sales ne parleraient pas autrement. « L'obéissance est la première vertu », Saint Grégoire l'avait dit longtemps auparavant ; elle rend possible toutes les autres et les autres ne sont rien sans elle. Mais c'est ici du directeur, non du dirigé qu'il s'agit. Car il va sans dire que le mot de Dorine n'est pas un lapsus de Molière. Il définit avec précision la fonction du personnage chez Orgon, telle que nous pouvons nous en faire une idée d'après Damis ou Dorine ou Madame Pernelle, et Tartuffe a avec la réalité de son temps le même rapport qu'Alceste ou Don Juan. Comme n'importe quel directeur du temps, Tartuffe blâme l'ostentation, le luxe et les plaisirs mondains, Elmire « vêtue ainsi qu'une princesse » (30), « ces carrosses sans cesse à la porte plantés » (87), « ces visites, ces bals, ces conversations » (151) (Il est remarquable que Molière ne fasse aucune allusion au théâtre, bête noire des jansénistes, qu'il n'eût pas manqué de mentionner s'il avait plus particulièrement visé Port-Royal). Ce que Tartuffe recommande, c'est le détachement des affections terrestres (« Il m'enseigne à n'avoir affection pour rien », 276) et la mortification des sens (« Plus votre cœur répugne à l'accepter/Plus il sera pour vous matière à mériter », 1303). Sur tous ces points, la direction de Tartuffe est parfaitement orthodoxe et suit les chemins battus. Mais, dira-t-on, tout cela importe-t-il ? Ce Tartuffe du premier et du second actes, n'a pas grand'chose à faire avec le séducteur sensuel du troisième ou le Tartuffe implacable et rapace du quatrième et du cinquième. Tartuffe est-il en fait, comme le dit un critique, « le seul personnage véritablement et complètement et continuellement odieux dans le théâtre de Molière » ? Ce personnage satanique, est-ce bien Tartuffe ? Une seule fois dans sa longue carrière, Molière, au lieu de prendre son modèle dans la « nature », lui a-t-il substitué une abstraction théologique : le Mal ? Qui est Tartuffe ? Selon Dorine,

> Un gueux qui, quand il vint, n'avait pas de souliers,
> Et dont l'habit entier valait bien six deniers. (63)

et selon Orgon, un gentilhomme, avec des « fiefs qu'à bon titre au pays on renomme » (494), et qu'un procès lui rendra, pourvu qu'il puisse payer ses avocats. Enfin, selon l'exempt, un professionnel de l'escroquerie, depuis longtemps tenu à l'œil par la police et qui n'en est pas à son coup d'essai. On est tenté de se demander si nous avons pas ici le palimpseste de trois Tartuffes, et si d'accrétion en accrétion, Molière n'a pas, comme le suggère Adam, mêlé des éléments incompatibles. Si nous essayons de les unifier, il nous faut négliger le va-nu-pieds, non seulement parce qu'il cadre trop mal avec le troublant séducteur du troisième acte, mais parce qu'en vérité Dorine est en colère, et si ce n'est pas Molière qui perd le fil de son personnage — ce qui est possible évidemment — c'est vous, Dorine, qu'aveugle la passion. Car vous vous contredisez :

> Vous irez par le coche en sa petite ville
> Qu'en oncles et cousins vous trouverez fertile...
> Vous irez visiter, pour votre bienvenue,
> Madame la Baillive et Madame l'Élue... (657)

Gentilhomme, Tartuffe ? Eh oui, semble-t-il, petite noblesse de robe rurale et provinciale, que Versailles, la contemplant de sa prodigieuse hauteur, distingue à peine des manants qui l'entourent. « C'est lui qui le dit » (495), évidemment, mais enfin « il est noble chez lui » (646). Et il a fait ses classes, point de doute à cela, chez les jésuites évidemment, puisqu'il n'y en a pratiquement point d'autres. Après tout, c'est quelqu'un que Monsieur Tartuffe ; du moins ce n'est pas un mendiant illettré. Fort désargenté naguère, car sans le capital qui permet d'acheter une charge, la dévotion et les humanités ne nourrissent pas leur homme. Ou plutôt si : parfois. Dans la société si peu mobile du XVIIᵉ siècle, l'Église offre presque seule une chance d'ascension. Sans son génie et ses hauts protecteurs, Racine, orphelin pauvre, dont la piété est en 1662 moins que tiède, et qui s'en va au fond de la Provence chercher un bénéfice aléatoire, Racine aurait, ma foi, fait un assez joli Tartuffe. Et surtout l'Église est presque le seul milieu où les humbles peuvent coudoyer les grands. Ne fût-ce qu'à l'occasion d'une retraite ou d'un sermon, grandes dames et grands seigneurs, noblesse de robe et bourgeois de substance faisaient de leur mieux pour se persuader que la pauvreté, l'humilité chrétienne étaient réellement choses de plus de valeur qu'une charge, de bonnes rentes, un titre, ou d'illustres ancêtres (« Au dessus des grandeurs elle doit l'élever », 487). Mais en un temps où les différences de fortune étaient fabuleuses, la charité commandait quelques charités. L'aumône était une vertu : c'en était une de la faire, et c'en était une de l'accepter, avec humilité, surmontant peut-être son embarras ou sa fierté. Certains les surmontaient avec plus de facilité que d'autres, ou même ne voyaient pas de mal à solliciter discrètement ou à susciter adroitement la pratique de cette double vertu. Lorsque Tartuffe se précipite pour offrir à Orgon

l'eau bénite, il espère sans doute... quelque chose de ce grand bourgeois riche
et dévot, mais quoi ? Il ne peut prévoir, à moins que nous ne lui accordions
une prescience surnaturelle, la cassette et la donation, Elmire et Mariane ;
sur tous ces points, c'est l'occasion qui va faire le larron ; c'est, jusqu'à
un certain point, Orgon qui va créer Tartuffe.

En d'autres termes ce n'est pas de symboles et d'allégories qu'il s'agit
ici : ce n'est pas l'Esprit du Mal et le Prince des Sots que Molière nous présente mais des situations et des types sociaux immédiatement reconnaissa-
bles de leur temps. Le directeur, nous l'avons vu, n'était pas toujours le
prêtre ou le confesseur, et ce prolétaire de la dévotion, tartuffe ou non, trouvait assez souvent acquéreur de sa denrée. Derrière Orgon aussi bien que
derrière Tartuffe, nous apercevons en effet certains aspects très particuliers
de la piété et de la société de la Contre-Réforme. Pour quiconque vise au
salut éternel, le secours du directeur est nécessaire. Il est nécessaire « pour
ceux qui commencent, pour ceux qui avancent, pour ceux qui sont parfaits »[6]. Il est vrai qu'en théorie « Dieu pouvait nous conduire par lui-même,
immédiatement,... ou... par le ministère des anges » mais le fait est qu'« il
veut que l'homme ait un autre homme pour sa conduite »[7]. Rien d'étonnant donc que la demande corresponde à l'offre, si l'on nous passe cette
métaphore économique, et le scénario auquel se conforment Orgon et Tartuffe est parfaitement normal et courant, si bizarre qu'il puisse à première
vue nous paraître.

*
*   *

On dira qu'ici encore tout cela s'applique au Tartuffe d'avant la pièce,
que ses antécédents, la nature de sa direction et son rôle dans la maison
d'Orgon sont finement observés mais qu'aussitôt que Tartuffe entre en scène,
tout change. Il apparaît que le personnage du directeur n'est qu'un des masques entre tous ceux que Tartuffe pouvait choisir ; ce qui importe, ce n'est
pas qu'il ait choisi celui du directeur, mais le fait qu'il porte un masque.
Ce qui importe, ce n'est pas ce que dit ou prétend être Tartuffe, c'est qu'il
n'est pas ce qu'il prétend. En d'autres termes Tartuffe n'est pas le Directeur ; il est l'Hypocrite. Et sous peine de voir notre sujet — la direction —
s'évanouir, il faut tout d'abord s'entendre sur ce terme d'hypocrite que l'on
applique couramment à Tartuffe au XVIIe siècle. Nulle part Molière ne nous
donne à entendre que l'hypocrisie de Tartuffe soit comparable à celle de
Don Juan. Don Juan croit que deux et deux font quatre et que quatre et
quatre font huit. Lorsqu'il prétend se convertir et parle de Dieu, c'est, pour
des raisons toutes pratiques, un mensonge qu'il reconnaît explicitement
comme tel. Don Juan est bien cette « conscience cynique, affirmant en soi
la vérité, la niant dans ses paroles et niant pour lui-même cette négation »[8].
Rien de semblable chez Tartuffe. C'est, si l'on veut, l'une de ces zones
d'ombre qui donnent au personnage son caractère inquiétant. Mais en fait

ce qu'on entend par hypocrisie vers 1660 ou 1670, ce n'est pas la négation totale, l'incrédulité délibérée de Don Juan, qui rentre dans la catégorie de l'impiété, mais quelque chose de plus subtil. C'est plutôt ce que nous entendons par pharisaïsme, ou si l'on préfère, avec les implications modernes de l'expression, la « mauvaise foi ». Le XVIIIᵉ siècle verra le trafiquant d'esclaves, déiste et « vertueux », faire une fortune respectable et respectée, et au XIXᵉ, le pieux victorien n'aura pas scrupule à exploiter des enfants de cinq ans. Les hypocrites du XVIIᵉ siècle, tels que les décrit par exemple le P. Guilloré, sont « certaines personnes qui faisant profession de la vie spirituelle n'en ont que l'apparence[9]... Les uns entrent dans cette vie intérieure et en cherchent toute la profondeur et l'élévation par un esprit superbe : cette vie leur paraît noble et grande ». D'autres s'y engagent « par un esprit de vanité : ils voient... qu'il n'y en a guère qui fassent plus de bruit que ceux qui sont en estime d'être spirituels » ... D'autres enfin « s'érigent en grands spirituels et en prennent toutes les réformes, tout le langage et toutes les belles idées, mais c'est dans la vue de leurs intérêts... On en voit qui s'élèvent par là aux honneurs et aux charges... »[10]. Le Révérend Père ne prétend pas que ces hypocrites ne cherchent pas à tromper ou à faire illusion, mais il ne les range pas parmi les incrédules : leur négation est d'ordre spirituel plutôt qu'intellectuel ; leur intérêt, leur gloire, leur vanité exigent qu'ils trompent, mais aussi qu'ils fassent tous leurs efforts pour se tromper eux-mêmes, car « dans la mauvaise foi, c'est à moi moi-même que je masque la vérité »[11]. En fait le trafiquant, l'exploiteur ou l'arriviste dévots seraient non seulement choqués mais surpris qu'on les traitât d'athées. Et de même Tartuffe. Même lorsque ses actes démentent le Dieu qu'il a sur les lèvres, lorsqu'il est clair que la charité lui est étrangère et que l'Esprit n'est pas en lui, une négation explicite et délibérée de l'existence de Dieu ne lui vient pas à l'esprit, ou, si l'on préfère, il se l'interdit obstinément : s'il ment, c'est à lui-même aussi bien qu'à autrui. Par intérêt, par vanité, par gloire, dirait le P. Guilloré. Et aussi par cette lâcheté intellectuelle et morale qui le met aux antipodes de Don Juan, s'il est vrai que « l'acte premier de mauvaise foi est... pour fuir ce qu'on est »[12], et cette duplicité est si inhérente au personnage qu'il lui faudra trouver des mobiles respectables à sa délation et que le mouchard s'affublera de la défroque du fidèle sujet. Tartuffe est donc bien un « hypocrite » ; mais cela ne doit pas nous empêcher de considérer en lui le directeur.

D'autre part ce qui peut à première vue rendre le personnage plus antipathique — car nous préférons instinctivement le défi de Don Juan à la mauvaise foi de Tartuffe — est en fait ce qui lui permet de rester comique. Or un personnage qui fait rire ne saurait être entièrement odieux, et on oublie trop souvent que Tartuffe est comique aussi bien qu'odieux ; Adam notait déjà, à propos d'Alceste, l'ambiguïté du spectacle de Molière, et l'on pourrait aussi dire de Tartuffe que le spectateur ne sait parfois s'il doit rire ou s'indigner. La trahison de Tartuffe, on l'a souvent répété, n'a rien en soi de comique. Ce qui est comique, c'est que le pieux personnage qui déplore le luxe et la frivolité du siècle et se détourne avec horreur des nudités — soudain perde la tête en présence d'Elmire, s'agite et se démène, palpe son vêtement et la poursuive sur sa chaise à travers la chambre... Ce dégonflage total et soudain est entièrement dans la manière de Molière : c'est le procédé des *Précieuses,* de l'*École des Femmes* ou du *Misanthrope.* Mais pour qu'il joue, pour que Tartuffe soit comique, il faut d'abord que sa passion soit authentique, cela va sans dire ; et il faut que son pharisaïsme soit, lui aussi, authentique, il faut que Tartuffe désapprouve ou se soit persuadé qu'il désapprouve le luxe mondain, il faut qu'il soit en vérité choqué ou se soit persuadé qu'il est choqué par des nudités. Tartuffe en définitive n'est pas Raspoutine. Mais il n'est pas non plus Machiavel, car ce qui suscite le rire ce n'est pas que le personnage porte un masque qu'il applique ou dépose à volonté, c'est qu'il enferme en lui cette contradiction insurmontable, cette dualité intime qui n'est pas celle de Racine « en guerre avec lui-même » mais celle du menteur qui s'efforce de ne pas avoir conscience de son mensonge. Car en vérité la main droite de Tartuffe, onctueuse et bénisseuse, ignore, veut ignorer ce que fait sa main gauche, cette main qui s'aventure sur le genou d'Elmire, et pour vouloir être dévot, avec toutes les satisfactions intimes et matérielles que lui assure sa dévotion, Tartuffe n'en est pas moins homme. C'est là sans doute le scandale mais aussi le comique de Tartuffe. C'est là qu'est l'audace de Molière. Et c'est là surtout qu'est la vérité de Tartuffe.

*
*   *

La vérité de Tartuffe, et plus particulièrement la vérité de Tartuffe directeur. J'insistais tout à l'heure sur l'importance que l'Église de la Contre-Réforme donne à la direction, sur la soumission aveugle qu'elle exige à l'égard du directeur. Mais très tôt déjà, son attitude est sur le sujet curieusement ambivalente : « J'ai moi-même connu par expérience le tort que m'a fait l'attache et la trop grande confiance que j'avais au mien (*à mon directeur*) qu'il plut hier à Dieu de me retirer ». Ainsi s'exprime Olier[13], le défenseur le plus intransigeant de l'aveugle obéissance due au directeur, et c'est toute l'oraison funèbre qu'il prononce — au lendemain de sa mort — sur le sien, pourtant l'un des grands spirituels du siècle, le Père de Condren. En fait, il y a au XVIIe siècle deux manières entièrement opposées de regarder le directeur : d'en bas, et d'en haut. Au fidèle, c'est le respect poussé jusqu'à la vénération que l'on s'efforce d'inculquer : « Tant qu'on demeure soumis aux ordres du directeur, on est assuré que l'on fait ce que Dieu veut », car « en obéissant au directeur, nous obéissons nécessairement à Dieu, puiqu'il ne nous commande que de sa part »[14]. Mais sur le directeur lui-même, ses supérieurs posent un regard sans illusions : « Choisissez-en un entre mille, dit Avila ; et moi je dis entre dix mille, car il s'en trouve moins que l'on ne saurait dire qui soient capables de cet office »[15]. Trop souvent donc, même aux yeux d'Olier ou de Saint François, le directeur n'est ni moralement ni intellectuellement à la hauteur d'une tâche à la vérité surhumaine. De pareils textes sont rares et brefs cependant à cette date. Après 1670 ils se font autrement plus explicites et plus développés. Dans ses *Secrets de la vie spirituelle qui en découvrent les illusions,* le P. Guilloré jette sur la direction une lumière brutale. Ignorance ou suffisance, le directeur « juge des choses qu'il ne comprend pas... approuve souvent ce qu'il faut condamner... condamne ce qui a de la bonté et du mérite... et... va souvent contre les desseins du Saint Esprit »[16]. C'est un jésuite qui parle, comme dirait Molière. A côté des insuffisances de l'esprit, les faiblesses du cœur et des sens. Le directeur trop souvent se croit mû par le pur amour des âmes et de leur sanctification quand il n'est animé que « de beaucoup de zèle et d'ardeur en particulier pour de certaines personnes » chez qui « on découvre des prévenances de grâce fort extraordinaires qu'on croit avoir obligation de seconder... On y voit un si beau et un si riche naturel, il le faut aussi cultiver avec des soins qui ne sont pas moindres... Les soins et les manières si assidues et si différentes qu'on apporte pour cette âme ne sont point d'ordinaire sans beaucoup d'empressement... » etc.[17] A la vénération dont il est l'objet répond donc l'ardente effusion qu'éveille chez le directeur l'âme d'élite dont il a la charge. Mais ce que décrit ici le P. Guilloré, c'est la « ferveur », le « transport de zèle », le « pur mouvement » qui emportent Tartuffe ! Ces prévenances de grâces extraordinaires ce sont ces « rares merveilles » qui brillent dans Elmire, « parfaite créature », et ce naturel si riche et si beau, c'est l'un de ces « objets parfaits que le ciel a formés ». Le P. Guilloré ne s'y laisse pas prendre : « Ce mouvement n'est plus celui d'un feu divin et d'un zèle pur, ce n'est souvent qu'un feu naturel ». Certes le salut de cette âme d'élection n'est pas oublié, (et Tartuffe n'oublie pas Elmire dans ses prières et sa « dévote instance ») « mais la personne, Théonoée, la personne, vous ne m'en désavouerez pas, est celle qui anime souvent tout cela d'une manière fort humaine et qui allume l'ardeur de ce grand zèle... qu'on prend pour un feu du ciel... J'estime pour moi », conclut le Révérend Père, « que cette sorte de manifestation jette bien souvent dans des égarements de conduite »[18]. Elle nous mène en effet aux brûlantes propositions du troisième et du quatrième acte.

Si donc Molière a fait Tartuffe amoureux, ce n'est pas par un prurit de sacrilège. C'est que son Tartuffe n'est ni l'incarnation du directeur idéal ni celle du Malin, mais un homme, exposé à des tentations qui n'épargnent pas les directeurs, nous avons sur ce point l'autorité de la Compagnie. Que Tartuffe ne soit pas un ange, comme il le proteste un peu plaintivement, mais un homme, nous le lui pardonnons peut-être plus facilement qu'au temps de Nicole et de Tronson. Que Tartuffe s'apprête à jeter à la rue celui dont il allait épouser la fille et à mettre la main sur la fortune de celui qui l'a tiré de la pauvreté, qu'il soit prêt, dans la rage que lui inspirent l'humiliation et le désir frusté à menacer la liberté et la vie d'Orgon semble d'abord nous ramener à un personnage trop « complètement odieux » pour qu'on cherche en lui une satire même haineuse des directeurs de conscience...

Hélas ! « On en voit », c'est toujours le P. Guilloré qui parle, « à qui la spiritualité sert pour faire leur main, lors même qu'on les croit les plus désintéressés. Et il y en a tels à qui la vie spirituelle n'a pas peu servi pour les mettre fort à l'aise, n'ayant pas été auparavant des plus accommodés... » (Le parallèle devient presque embarrassant). « Notre siècle, hélas, n'est que trop infecté de ces sortes de spirituels que l'on voit très bien établis en peu de temps et qui recevant de grandes aumônes des personnes de piété pour des charités publiques croient qu'il s'en peuvent aussi faire la charité à eux-mêmes »[19]. Saint Bernard l'avait déjà dit en des termes encore plus crus : « On pense à se nourrir soi-même plutôt que la personne dont on a la conduite. On songe à sa bourse beaucoup plus qu'à son âme », c'est Tronson qui le cite. « Et pourvu qu'on se revête de la laine d'une pauvre brebis et que l'on se nourrisse de sa substance, on ne se soucie point de lui ôter la vie. C'est-à-dire en un mot pour parler plus clairement », continue Tronson, qui se hâte au contraire de vêtir décemment ces nudités gênantes, « que si un directeur a quelque autre intention que notre salut » (Ah ! qu'en termes galants...), « il ne fera point de difficulté... d'accommoder à l'amour-propre les avis qu'il donne »[20].

Si donc les Lamoignon et les Péréfixe sont outrés, ce n'est pas que Molière mente ou calomnie, c'est qu'il a visé trop juste et que toute vérité n'est pas bonne à dire. C'est qu'il a le tort de se mêler de ce qui ne le regarde pas et de dire tout haut ce dont les milieux ecclésiastiques ne sont que trop bien informés. Et nous commençons aussi à comprendre l'indignation de Molière, qui à première vue semble naïve. La démarche de Molière est celle du créateur et du poète. Il n'est ni un pamphlétaire ni un « philosophe » ; il n'écrit pas pour illustrer ou pour défendre une thèse ; il ne part pas d'idées préconçues. Il est un artiste qui s'est donné pour tâche d'« attraper la nature », et s'il lui arrive de charger sans doute, il ne triche pas. Son Tartuffe tire sa vérité d'une réalité dont il y a d'amples témoignages : de quel droit vient-on lui fermer la bouche et quelle est cette vérité qu'il ne faut pas dire ?

D'autre part, si Molière n'est pas un théologien, il ne faudrait pas faire de lui un inconscient qui ne s'est pas lui-même rendu compte de la portée de sa pièce. On ne serait pas non plus justifié à conclure que le directeur indigne qu'est Tartuffe ne prouve rien contre la direction, de même que certains ont pu arguer que la fausse ou la sotte dévotion ne prouvait rien dans sa pièce contre la vraie : le cas n'est pas semblable. Sur la religion, notion vague, et que d'ailleurs il est impossible d'attaquer ouvertement, il se peut que Molière parle avec des voix diverses : le raisonnement de Sganarelle se casse le nez, et celui de Madame Pernelle est pris de vertige sur sa tour de Babylone ; mais Cléante ne voit « nul genre de héros/Qui soit plus à priser que les parfaits dévots ». Au contraire, en ce qui concerne la direction, sur ce point précis, la position prise par l'auteur et ses intentions polémiques sont parfaitement nettes : ce qu'il raille et discrédite, ce n'est pas simplement le mauvais directeur, car l'indignité de Tartuffe est ici secondaire, c'est le principe de la direction telle que l'a conçue la Contre-Réforme, c'est-à-dire le principe de l'autorité absolue du directeur et de la soumission aveugle du dirigé. Les railleries de Dorine, les conseils de Cléante, les colères de Damis, le stratagème d'Elmire convergent vers le même point, poussent Orgon dans la même direction. Tous le lui répètent sur tous les tons : qu'il ouvre les yeux, qu'il consente à voir les faits, à *juger par lui-même,* à tirer ses propres conclusions ; qu'il cesse de croire qu'il y a une vertu à s'aveugler ; que cet « homme sage » qu'est au fond Orgon reconnaisse enfin que l'obéissance inconditionnelle qu'il s'impose le mène aux plus risibles sottises et aux plus redoutables périls. C'est ce consensus universel des gens de bon sens dans la pièce qui produit dans l'esprit du spectateur le sentiment d'une évidence irrésistible, qui fait qu'il se récrie et s'esclaffe devant l'opiniâtre cécité d'Orgon. Molière est-il allé plus loin ? Ce n'est pas ici le lieu de se le demander. On peut remarquer cependant que ces vrais dévots que Cléante admire, « Ariston,... Périandre,/Oronte, Alcidamas, Polydore, Clitandre » sont ceux qui se contentent de vivre leur foi, sans se mêler de censurer, de corriger. Ceux que Dorine satirise, ce sont ceux qui « sont toujours sur autrui les premiers à médire » ; ce sont les personnes qui « *censurent* toute chose et ne *pardonnent* rien :/Hautement d'un chacun elles blâment la vie », etc. Ce sont ceux qui critiquent et veulent faire la loi, semblent incapables de ne pas s'immiscer dans les affaires d'autrui, de ne pas chercher à le diriger, dans le sens le plus précis ou le plus général, et sans cesse empiètent sur sa liberté. La religion de Molière, s'il y en a une, est affaire personnelle.

Quoi qu'il en soit, ce dont on ne s'est pas toujours avisé, c'est l'étendue du triomphe remporté par Molière. Les *Secrets* du P. Guilloré (1615-84) résument sans doute une longue expérience, mais la date de leur publication (1673), quelques années après le *Tartuffe,* leur donne une valeur singulière. Plus significatives encore les *Considérations...* que le P. Crasset, de la Compagnie de Jésus, publie en 1675 ou 1676. Sur l'utilité du directeur le P. Crasset ne contredit pas ses prédécesseurs. Déjà cependant le ton est différent : « Il faut avoir un directeur auquel on découvre sa conscience *et dont on prenne avis* »[21]. Le directeur une fois choisi, il faut se fier à lui absolument — à la bonne heure ! — « à moins que sa conduite ou ses mœurs ne nous donnent sujet de craindre qu'il nous égare ». Mise en garde générale dont on trouverait des équivalents antérieurs, mais que le P. Crasset développe longuement. « C'est le sentiment de tous les sages qu'il faut se défier d'un confesseur ou d'un directeur qui veut rendre les personnes esclaves de sa conduite » (Non, ce n'est précisément le sentiment d'Olier ou de Tronson...), « ou qui leur ôte la liberté d'aller à d'autres et qui les oblige à lui faire vœu d'obéissance. Tout cela m'est suspect et me fait craindre que cette conduite ne soit plus humaine que divine »[22]. Les personnes qui changent de directeur sont blâmées pour la forme, mais bien plus sévèrement celles « qui se font un point d'honneur de ne changer jamais... quoiqu'elles reconnaissent beaucoup d'ignorance et fort peu de piété dans celui qui les gou-

verne ». Pour quiconque a pratiqué les manuels de direction du XVIIe siècle, une pareille phrase est presque incroyable. Saint Ignace réclamait l'obéissance au supérieur même s'il n'était pas « muy bueno, ...muy prudente,
...muy calificado », simplement parce qu'il était le supérieur, et selon
Saint Vincent Ferrier cité par Tronson, l'obéissance même à une direction
erronée nous rendait « impeccables ». Le P. Crasset, lui, conclut sévèrement que ces personnes ne veulent point changer « parce qu'elles appréhen-
dent de passer pour légères et inconstantes ». Ce qui était suprême vertu
n'est plus que douteux respect humain. « Je conseillerais à ces gens-là »,
poursuit ironiquement le jésuite, « de ne changer jamais ni de serviteur ni
de servante, ni de maison, ni de médecin, si ignorant qu'il pût être ». Croient-
elles en vérité que « quand l'âme est malade, tout médecin est bon, dût-elle
en périr éternellement, elle n'en aura point d'autre, est-ce là s'aimer ? mais
est-ce là être raisonnable ? »[23] Raisonnable, le grand mot est lâché : le fidèle
a non pas le droit mais le devoir d'user de sa raison, et s'il manque à ce
devoir, il est responsable de sa perte éternelle. C'est à lui qu'il appartient
de juger de la capacité et de la valeur du directeur, dont l'autorité cesse d'être
inconditionnelle, envers qui l'on ne demande plus de pratiquer le saint aveuglement qu'exigeait le P. Surin[24]. Elmire et Damis ne disaient pas autre chose,
et c'est le plus clair de la revendication de Molière. Mais c'était le curé Roulès qui était dans la grande tradition de la Contre-Réforme, celle de Tronson, d'Olier, de Saint François, de Saint Ignace. Les temps sont changés :
l'hérésie a perdu en France son élan et ses séductions. C'est l'arme fourbie
pour la combattre qui apparaît surannée et dont on perçoit maintenant les
dangers. Il semble que les milieux ecclésiastiques aient eu depuis longtemps
des doutes sur la « nouveauté » tant admirée de Tronson. Vers 1670 cette
évolution s'accélère. Sous le couvert d'un barrage de protestations indignées,
l'Église opère une prudente retraite et abandonne des positions devenues
intenables. Il est difficile de croire que *Tartuffe* n'y soit pas pour quelque
chose.

NOTES

1. J. Cairncross, *New Light on Molière* (Paris, Minard ; Genève, Droz 1956) ; voir aussi *Molière bourgeois et libertin* (Paris, Nizet 1963).

2. G. Michaut, *Luttes de Molière* (Paris, Hachette 1925), pp. 73-4.

3. Cité dans *Tartuffe,* Coll. des grands Écr., Notice préliminaire, p. 19.

4. L. Tronson, *Œuvres complètes...* (Paris, Migne 1857), p. 263.

5. Voir mon article « Orgon le dirigé », dans *Gallica* (University of Wales Press 1969).

6. Tronson, *op. cit.,* p. 240.

7. *Ibid.,* p. 249.

8. J.P. Sartre, *L'Être et le néant* (Paris, Gallimard 1957), p. 86.

9. P. François Guilloré, de la Compagnie de Jésus, *Les secrets de la vie spirituelle qui en découvrent les illusions* (Paris, Migne 1857), p. 1194.

10. *Ibid.,* p. 1195.

11. J.P. Sartre, *op. cit.,* p. 87.

12. *Ibid.,* p. 111.

13. *Lettres* de M. Olier, édit. Levesque (Paris 1935), 8 janvier 1641.

14. Tronson, *op. cit.,* p. 245.

15. Saint François de Sales, *Introduction à la vie dévote,* Iʳᵉ partie, chap. IV.

16. Guilloré, *op. cit.,* p. 1200.

17. *Ibid.,* pp. 1269-70.

18. *Ibid.,* pp. 1270-71.

19. *Ibid.,* p. 1195.

20. Tronson, *op. cit.,* p. 255.

21. *Considérations sur les principales actions de la vie,* par le R. P. Jean Crasset, de la Compagnie de Jésus (Paris, Michallet 1676), p. 121.

22. *Ibid.,* p. 123.

23. *Ibid.,* p. 124.

24. Jean-Joseph Surin, *Catéchisme spirituel de la perfection chrétienne* (Paris, Migne 1842). Seconde partie, p. 1240. (Publié en 1657 et 1661).

ORGON LE DIRIGÉ

par

P.F. BUTLER

Les personnages de Molière sont profondément ancrés dans la réalité de son temps. Molière était fasciné par son temps, écrivait pour son temps, non pour la postérité, et, par un paradoxe qui n'est qu'apparent, cette exclusive préoccupation pour les hommes et la vie de son temps est peut-être l'une des raisons de la permanence et de la vitalité de son théâtre. Peu importe que telle allusion personnelle ou telle intention satirique du poète se soit perdue en route. Qui se soucie, au théâtre, de la Cabale des dévots et de l'abbé Roquette — modèle supposé de Tartuffe ? Qui même est jamais entré dans une famille où il lui fût possible de rencontrer un Tartuffe ? Et pourtant il suffit à Tartuffe de paraître sur la scène, de couvrir « ce sein que je ne saurais voir », de lever les yeux au ciel : « Hélas !... », de poser une main de somnambule sur la jambe d'Elvire, pour prendre vie, éternellement énigmatique mais immédiatement accessible, et soulevant d'un coup la risée ou la colère.

Trois siècles cependant nous séparent de Molière ; ce serait un miracle si le passage du temps n'avait jamais terni ses couleurs, affaibli la résonnance, au point de fausser la physionomie de telle ou telle de ses créations. C'est le cas, me semble-t-il, pour Orgon. Orgon est, dans toute l'acception du terme, *daté* : il appartient à son temps au point que, sans l'intelligence du milieu qui l'a produit, il est difficile de voir en lui autre chose qu'un personnage de farce, plus proche de Pourceaugnac ou d'Escarbagnas que d'Alceste ou de Don Juan. Ce benêt qui, au récit alterné de la maladie de sa femme et du repas pantagruélique de son héros ne peut que s'exclamer quatre fois d'une voix pleine de larmes : « le pauvre homme ! » — est-il croyable ? Ce naïf qui prend pour bon argent les génuflexions d'un exhibitionniste, ce père dénaturé qui, saisi d'une rage incompréhensible, déshérite son fils et fait à l'intrus donation de tout son bien, ce cocu béat que Tartuffe a, comme il s'en vante, « mis au point de tout voir sans rien croire », porte-t-il la marque de cette « nature » que Molière se vantait d'« attraper », que La Fontaine le louait de ne pas « quitter d'un pas » ? Ce moronique Orgon d'ailleurs n'est nullement accessoire à l'action de la pièce : son importance dramatique a souvent été soulignée. Ce sont ses initiatives qui ont créé la situation du premier acte, ses décisions qui entraînent bon gré mal gré les personnages le long du chemin qu'il leur trace, jusqu'au moment où, menacé dans son bien, sa liberté, sa vie, il s'effondre soudain, pauvre homme enfin désabusé, que ses proches s'efforcent de sauver, Cléante par ses avis sententieux, Valère par son aide généreuse. Mais c'est Orgon qui a découvert Tartuffe, qui l'a installé dans sa maison, imposé à sa famille. C'est lui qui a décidé de faire de lui son gendre, qui écarte d'une façon à la fois évasive et inflexible les représentations de Cléante, et qui impose silence aux railleries de Dorine, aux raisonnements d'Elmire, aux larmes de Mariane. On aimerait à voir dans un si fol aveuglement l'effet des machinations diaboliques de l'imposteur, menant pas à pas sa victime jusqu'au piège fatal, d'où seules la retirent au dernier moment la Providence royale et la puissance tutélaire de Louis. Mais le fait est que, même s'il est vrai, comme le prétend Dorine, qu'« il en tire à toute heure des sommes », nous ne voyons jamais Tartuffe suggérer à Orgon aucune de ses initiatives. Même dans l'affaire de la cassette, c'est Orgon qui lui a révélé son secret et qui a sollicité ses conseils, et lorsqu'au troisième acte Tartuffe démasqué s'accuse et s'humilie, le comique énorme de la scène vient tout entier de la réaction tout à fait imprévue d'Orgon qui chasse à coups de bâton son champion et tombe aux genoux du coupable. Orgon donc mène le jeu, non Tartuffe. C'est non par l'habileté de Tartuffe mais, semble-t-il, par l'extravagante, l'inénarrable sottise d'Orgon que s'explique la pièce, et cette sottise ne sort-elle pas des bornes de la vraisemblance ? Beaucoup en effet protestent : un tel personnage, disent-ils, ne peut convenir qu'à la farce ou à la comédie-ballet ; Molière abuse de la bonne volonté du spectateur. Or dès l'instant qu'Orgon cesse d'être vraisemblable, Tartuffe cesse d'être possible. La Bruyère déjà ne comprend plus Orgon, et non sans pédantisme et quelque acidité refait Tartuffe à sa manière et donne à Molière une leçon de bonne comédie. Au XIXe siècle Veuillot surenchérit : « On ne peut imaginer Tartuffe tel que le peint Molière », écrit-il, « dans une autre maison que celle de l'inepte Orgon. Il faut l'entière et rare imbécillité de ce bourgeois pour que le fourbe ne perde aussitôt tout crédit ». Imbécillité qui tombe dans l'artifice le plus flagrant et prouve, selon Veuillot, la mauvaise foi de l'auteur et la médiocrité de la pièce. Construite sur les rapports de deux pantins dont Molière tire les ficelles, *Tartuffe* est plus semblable à *Scapin* qu'au *Misanthrope* — ou plutôt c'est le pamphlet grimaçant d'un libertin anticlérical, dans lequel il est difficile de reconnaître le chef-d'œuvre dont les manuels entonnent depuis si longtemps la louange obligée.

Molière, il est vrai, a pris soin d'indiquer que son héros n'est pas toujours et partout un imbécile. Dorine nous rappelle que, dans cette guerre de la Fronde que Louis XIV n'oubliera jamais, Orgon a pris parti, et que, dans l'exercice de sa charge, car tout riche bourgeois a sa charge, il a « en homme sage » montré sa fidélité au monarque. Le raisonnement par lequel il justifie son scepticisme à l'égard des accusations portées contre Tartuffe pèche par la base mais témoigne d'une sorte de pénétration et de logique perverse qui n'a rien de moronique. Lorsque Tartuffe jette le masque, il aperçoit aussitôt le péril où il s'est mis, lui, sa famille, son ami : « Je vois ma faute aux choses qu'il me dit » ; il regrette même la colère à laquelle il s'est laissé emporter : « De mes ressentiments je n'ai pas été maître ». La sottise d'Orgon apparaît donc non comme un trait inné, congénital, mais comme une sorte de parenthèse, un épisode qui commence avec sa rencontre avec Tartuffe et se termine avec leur rupture. Faut-il voir dans le *Tartuffe* une excursion sans conséquence dans le royaume du burlesque, une fantaisie brillante de Molière homme du théâtre, un prétexte pour l'auteur à déployer ses prestiges éphémères à la lueur des chandelles ? A l'intérieur de cet épisode, Orgon et Tartuffe, une fois de plus, comme Arnolphe et Agnès, comme Sganarelle et Isabelle, illustrent le thème du dupé et du dupeur ; comme M. Jourdain, Orgon prend le masque pour la réalité, confond l'être et le paraître ; la pièce, en d'autres termes, est construite selon des schèmes dont Molière a usé bien des fois. Mais les schèmes ne sont que des procédés mécaniques, qui en eux-mêmes ne présentent que peu d'intérêt et qui sont la propriété commune de tous les auteurs ; leur identification ne semble pas nous aider à appréhender une œuvre dans ce qu'elle a d'unique ou de génial. Et Orgon, comme nous allons le voir, est loin d'être une création bouffonne sortie tout entière de l'exubérante fantaisie de Molière. Ce qui donne son intérêt ou sa valeur au *Tartuffe* est pour une bonne part dans la manière dont Molière a utilisé le schème, dans la matière qu'il a jetée dans le moule. Et c'est la réalité concrète dans laquelle baignent la pièce et les personnages qui, dans le cas d'Orgon, nous permet d'aller au-delà du fantoche baroque que le personnage paraît être.

La scène du « pauvre homme », pour commencer par un détail, perd une bonne partie de sa saveur si nous oublions que le mot appartient à la langue des dévots ; il sert à exprimer, non pas exactement la pitié mais une sorte de sainte affection, de charité surnaturelle, une union toute spirituelle des âmes, et si la compassion y subsiste, c'est que tous, tant que nous sommes, pauvres pécheurs, hélas ! exilés dans cette vallée de larmes, méritons la compassion de nos frères. « J'en dois répondre à Dieu », dit M. Olier d'une de ses dirigées, « ce qui me sera aisé si elle continue aussi bien que vous, ma pauvre Fille »[1], et Sainte-Beuve se trompe certainement quand il croit voir une note de condescendance dans l'allusion de la Mère Angélique à « la pauvre Madame Racine ». Dans un contexte un peu différent, Saint François de Sales s'adressant à Sainte Chantal qui lui a demandé comment se comporter envers celui qui a tué son mari en duel : « Je n'entends pas que vous recherchiez la rencontre de pauvre homme mais… que vous témoigniez que vous aimez toute chose. Oui, la mort même de votre mari... »[2]. J'écris à cette pauvre chère Fille... »[3], dit-il ailleurs, cette fois à propos d'une religieuse récalcitrante. L'intention bouffonne de Molière reste évidente, mais elle se double d'une intention parodique qui du même coup renoue le lien avec la réalité et empêche la scène de tomber dans l'absurde. Il en va de même dans le récit que fait Orgon lui-même de sa première rencontre avec Tartuffe. Nul doute que Molière ne veuille rire et nous faire rire de la crédulité d'Orgon qu'impressionne la piété ostentatoire de Tartuffe. Mais toute la piété de la Contre-Réformation est marquée de ce caractère ostentatoire et théâtral ; tableaux et statues nous fourniraient par milliers des exemples de saints extatiques et gesticulants, les bras étendus, les yeux au ciel. Telle était depuis un siècle la forme acceptée et la manifestation (parfaitement sincère) de la dévotion. Et même s'il n'était pas naturel de penser que l'art et la vie ont influé l'un sur l'autre, les textes ne manquent pas pour le confirmer : le biographe de M. Olier nous raconte qu'un jour « il fut saisi par un de ces transports soudains qui le jeta par terre et lui fit pousser ce cri : 'Amour, Amour'... »[4], et Olier nous dit lui-même comment se promenant seul dans un jardin « les yeux levés au ciel... et tout baigné de larmes, je disais 'Vie divine ! Vie divine !'... »[5]. Molière appartenait à une génération dans laquelle ce type de piété était encore largement répandu ; mais avec la transformation profonde des mœurs qui se manifeste dans la plus grande dignité des manières aussi bien que dans la sobriété classique, ou, en ce qui concerne le domaine religieux, dans la piété plus austère et plus intérieure du jansénisme, il commençait à créer une certaine gêne. Dans ce moment de transition, Molière pouvait railler Orgon de s'être laissé prendre à des simagrées, sans pourtant le rendre invraisemblable de naïveté. Lorsqu'on riait d'Orgon, ce n'est pas d'Orgon seulement que l'on riait, et nous comprenons l'irritation de l'archevêque Péréfixe lorsqu'il se plaignait de ce que la comédie de Molière « sous prétexte de condamner l'hypocrisie ou la fausse dévotion... donne lieu d'en accuser indifféremment tous ceux qui font profession de la plus solide piété ».

Mais l'aspect le plus manifeste des rapports de Tartuffe et d'Orgon, c'est le rapport du directeur au dirigé. C'est celui qui frappait tout d'abord le premier et le plus violent des critiques de Molière, le curé Pierre Roulès qui accusait Molière de ruiner la religion « en blâmant et jouant sa plus sainte pratique, qui est la conduite et la direction des âmes et des familles par de sages guides et conducteurs pieux »[6] et Dorine nous dit clairement que Tartuffe « est de ses actions le directeur prudent ». La direction a dans le catholicisme de la Contre-Réforme une importance extraordinaire : Saint François de Sales déjà insiste sur ce qu'elle a d'indispensable pour tous ceux qui s'engagent dans la voie de la dévotion et s'inquiètent sérieusement de faire leur salut[7] ; et Louis Tronson, directeur, puis supérieur de Saint-Sulpice, y voyait l'innovation la plus significative de son siècle. Dieu, sans doute, ajoutait-il, aurait pu, s'il l'avait voulu, nous guider lui-même, ou nous envoyer l'un de ses anges, mais en fait il a voulu « que l'homme ait un autre homme pour sa conduite ». La direction n'est pas réservée à ceux qui visent aux sommets de la perfection chrétienne : elle est « nécessaire à toutes sortes de personnes, à chaque personne, nécessaire pour toute sorte de temps, pour chaque temps... Nécessaire pour ceux qui commencent, pour ceux qui avancent, pour ceux qui sont parfaits »[8]. Le premier acte de Don Juan après sa conversion est de demander à son père de lui choisir un directeur. Il est donc naturel qu'Orgon, « honnête, bon et crédule », comme l'appelle La Harpe, Orgon veuf et bourgeois sur le retour, et songeant plus sérieusement aux choses de la religion, se choisisse un directeur. L'évidente ferveur de Tartuffe, son humilité chrétienne, sa charité (Orgon ne l'a-t-il pas *vu* distribuer aux pauvres ses aumônes ?) lui paraissent des garanties suffisantes dans un choix d'une importance aussi capitale. S'il avait eu les moindres doutes, le caractère parfaitement orthodoxe de la direction de Tartuffe les aurait certainement dissipés : Tartuffe désapprouve la vie mondaine, les papotages mondains, « les propos oisifs » ; il souligne — car ici Mme Pernelle est certainement un écho fidèle — les dangers que représentent pour la vie spirituelle « ces visites, ces bals, ces conversations » ; il déplore le luxe et l'ostentation, les riches vêtements, les splendides équipages et les chevaux qui piaffent à la porte de l'hôtel d'Orgon... Et que disent d'autre Saint François de Sales, et M. Olier, et Tronson, et tous les auteurs de manuels de direction, et sans doute tous les directeurs obscurs et inconnus qui se règlent sur d'aussi illustres modèles ? C'est la présentation de Molière (Mme Pernelle, aussi bornée que le Sganarelle du *Don Juan,* et *seule* contre toute la famille en armes), c'est l'éclairage, c'est l'art de Molière, cet art « diabolique », qui mettait hors de lui le curé Roulès, qui réussissent à faire passer pour des austérités inouïes, pour des restrictions d'un autre âge, pour une véritable tyrannie les exigences de Tartuffe, alors qu'elles ne sont en réalité que le minimum qu'attend tout directeur de son dirigé et le commun dénominateur de tous les manuels de dévotion contemporains. « Oui vraiment, Madame », écrit Saint François, « il faut aller tout bellement à retrancher de notre vie les superfluités et mondanités »[9], et toute une partie de l'*Introduction à la vie dévote* développe la même idée ; c'est un lieu commun à l'époque. Pourquoi Orgon se méfierait-il ? quelles raisons aurait-il de modérer le zèle de son directeur ? S'il est faible ou sot de s'y soumettre, cette sottise est en son temps fort répandue. Ici encore il n'y a dans le personnage rien d'extravagant ou même d'exceptionnel.

Parfaitement orthodoxe aussi la doctrine du détachement que Tartuffe apparemment s'efforce d'enseigner à Orgon. Orgon, il est vrai, n'est pas l'homme des nuances, et il résume la doctrine de son maître avec une rare brutalité :

> Et je verrais mourir frère, enfants, mère et femme,
> Que je m'en soucierais autant que de cela. (278)

Mais s'il manque d'onction en vérité, et de tact, et de charité, peut-on dire qu'Orgon divague ? ou que Tartuffe l'égare ? Le détachement non seulement des biens mais des affections terrestres est un des points sur lesquels la sévère École française du XVIIe siècle revient avec insistance. « J'ai su à mon très grand regret que vous étiez dans une extrême désolation pour le départ de notre chère nièce... Quoi donc ! ma chère Fille », s'exclame M. Olier, « vous vous aimez encore jusqu'au point de pleurer le départ de ce qui vous console ! Et l'amour de la Croix vous apprend qu'il faut se réjouir de l'absence des objets qui nous donnent du plaisir... Mais vous direz : Ne suis-je pas obligée d'aimer une personne qui m'aime tant ? Et je vous dis que vous devez aimer encore plus ce Dieu, lequel vous aime davantage... Foulez vos passions et leur mettez le pied dessus la gorge »[10]. Et à une religieuse qui vient de perdre sa mère : « ... Si Dieu vous a ôté... ce doux et innocent objet de vos inclinations, avec cela faut-il pas se séparer de toutes choses ?... Contentons-nous de Dieu seul... Bien est avare à qui Dieu ne suffit »[11]. « S'il y a un Dieu, il ne faut aimer que lui, et non les créatures », dira Pascal. Orgon fait de son mieux pour s'élever à ces hauteurs. Non sans difficulté, qu'on le regrette ou qu'on lui en sache gré. Il s'exhorte à rester insensible aux larmes de Mariane : « Allons, ferme, mon cœur, point de faiblesse humaine », et le conseil qu'il donne à sa fille (« Mortifiez votre chair avec ce mariage ») est strictement conforme aux conseils des directeurs : « Prenez donc garde de ne point vivre selon la chair et de ne souffrir jamais qu'elle soit principe de vos entreprises et de votre conduite. Soyez soigneuse de renoncer à tout ce qui est d'elle en ce que vous entreprendrez, soit en particulier soit en public. Que tout soit mort en vous, ou bien mortifié aussitôt que vous y verrez quelque marque de vie... La chair est tout ce qui est de propre en nous et que l'on nomme nature, et ne peut être que principe de mort »[12]. La belle maxime d'Orgon, est, il est vrai, un peu gâtée par l'accès de mauvaise humeur qui suit : « Et ne me rompez pas la tête davantage... ». Car le pauvre Orgon n'est pas fait pour ces grands sentiments ; ils sont pour lui comme des armes trop lourdes qu'il brandit avec quel effort, avec quelle gaucherie ! Mais cela n'enlève rien à sa vraisemblance : ce n'est pas un héros ou un saint que Molière a voulu peindre, et ne voit-on pas que les Orgon ont dû être autrement plus fréquents que les Saints François ? Orgon est bien en effet ce « little man » dont le comique est dans la disproportion entre ses forces et ses efforts, non dans je ne sais quelle invraisemblable, phénoménale sottise. Comme Alceste partant en guerre contre la société, comme Arnolphe affrontant les forces conjuguées de la jeunesse et de l'amour, le bourgeois Orgon, tentant la noble aventure de la dévotion (« L'âme dévote est celle dans laquelle Dieu ne rencontre plus aucune résistance ») est voué au même échec et au même ridicule.

Cependant, la principale critique dirigée contre Orgon vise son incroyable aveuglement à l'égard de Tartuffe, cet entêtement « inepte », comme dit Veuillot, dont Molière a dû le douer pour que la pièce existe, et dont l'artifice est, dit-il, trop visible pour être convaincant. Une pareille critique témoigne d'une ignorance totale de ce que l'on entendait par conduite et direction au XVIIe siècle et de ce qu'étaient les rapports véritables du direc-

teur et du dirigé. L'Église de la Contre-Réforme, obsédée par les conséquences désastreuses de la « désobéissance » de Luther, avait porté l'essentiel
de son effort à réaffirmer son autorité et à la faire prévaloir. Il ne suffisait
pas pour cela que les papes et les conciles promulguassent leurs décrets ;
il fallait qu'ils fussent appliqués et suivis. La direction est, après la réorga-
nisation de l'enseignement, l'instrument principal du rétablissement de son
ascendant spirituel ; les directeurs travaillent à la base, comme nous dirions
aujourd'hui, en contact quasi-permanent avec les fidèles, et toute une littérature naît pour définir leurs droits et leurs fonctions, et surtout les devoirs
et les égards qui leur sont dûs. Et le premier devoir du dirigé envers son
directeur, c'est une obéissance absolue. « Quand vous l'aurez trouvé », écrit
Saint François de Sales, « ne le considérez pas comme un simple homme,
et ne vous confiez pas en son savoir humain, mais en Dieu, lequel vous favo-
risera par l'entremise de cet homme, mettant dedans le cœur et dedans la
bouche d'icelui ce qui sera requis pour votre bonheur ; si que vous le devez
écouter comme un ange qui descend du ciel pour vous y mener »[13]. Les directeurs, dit Tronson, sont « les coadjuteurs de Dieu », et la nécessité de se
soumettre à eux est « si grande qu'il y va du salut »[14]. Lorsque Dorine avec
gaieté, Damis avec colère, se plaignent de ce que Tartuffe « vient usurper
ici un pouvoir tyrannique », de ce qu'il « contrôle tout », et que « c'est une
chose aussi qui scandalise/De voir qu'un inconnu céans s'impatronise,/En
vienne jusque là…/De contrarier tout et de faire le maître », ils ne font que
décrire à leur façon une situation qui est celle que tous les auteurs qui ont
écrit de la direction présentent comme désirable et nécessaire. « Sans cette
facilité à se laisser gouverner », dit le jésuite Surin, « il n'est point de direction utile »[15]. « Jusqu'où doit s'étendre la soumission ? » se demande le
Révérend Père, toujours à propos de la « Conduite des âmes » ; et il répond :
« Elle ne doit point avoir de bornes… Nous devons obéir à ceux que Dieu
nous a donnés comme supérieurs ou que nous avons choisis nous-mêmes,
comme nous obéirions à Dieu »[16].

   Lorsque Dorine s'amuse de l'admiration éperdue d'Orgon pour son
« héros » :

> Il l'admire à tous coups, le cite à tous propos,
> Ses moindres actions lui semblent des miracles,
> Et tous les mots qu'il dit sont pour lui des oracles. (196)

elle-même ne croit peut-être pas si bien dire, et les expressions qu'elle emploie
sont à peine des hyperboles. Telle est bien en effet, vis-à-vis de Tartuffe,
l'attitude qu'Orgon s'efforce d'adopter, car telle est celle que la tradition
et l'autorité lui présentent comme souhaitable et louable. Car, dit Tronson,
paraphrasant Saint Jean Climaque, « n'est-ce pas Dieu qui parle, quand le
directeur parle, et n'est-ce pas Dieu même que nous écoutons en l'écoutant ?… Car de même que le Père était en son Fils… ainsi J.-C. a voulu
être dans les prêtres et dans les directeurs »[17]. Quoi ! ce curé souffreteux,
borné ou colère, faut-il que je voie en lui Jésus-Christ ? Oui, sans aucun

doute, car, dit Saint Ignace, « Gardons-nous de considérer dans la personne du Supérieur un homme, sujet aux erreurs et aux faiblesses, mais le Christ lui-même »[18]. Quoi ! ce Tartuffe pansu, « gros et gras, le teint frais et la bouche vermeille » et qui rote quand il a fini de dîner, faut-il que je révère en lui Dieu le Père ? Oui, très certainement, car il ne faut pas « nous arrêter aux apparences du directeur, mais s'en approcher comme d'un sacrement ». Les disciples n'ont-ils pas su reconnaître le Fils de Dieu sous le « faible extérieur » de Jésus ?[19]

Tout ceci, nous l'avons vu, s'applique fort bien aux rapports de Tartuffe et d'Orgon avant que commence la pièce. Mais dans la comédie elle-même, ce que nous voyons, c'est Orgon s'obstinant à prendre Tartuffe pour son gendre, refusant d'écouter contre lui et son fils et sa femme et les aveux, fort astucieux d'ailleurs, de Tartuffe lui-même, enfin lui faisant donation de tout son bien, après avoir déjà mis entre ses mains les papiers compromettants de la fameuse cassette. N'y a-t-il là qu'une extrapolation fantaisiste de Molière, même si l'on admet une réalité contemporaine, difficile à imaginer, mais indubitable ? Aucun manuel de direction n'enjoint au dirigé de marier sa fille à son directeur. Et quel besoin Orgon avait-il de confier à Tartuffe sa cassette, de faire même la moindre mention d'un secret qui ne lui appartenait pas ? Cette indiscrétion gratuite n'est-elle pas un autre signe de cette sottise effusive et bavarde qui fait du personnage un grotesque et donne à l'intrigue son caractère artificiel ? Le directeur de Saint-Sulpice va nous répondre : « Avec le directeur, ouverture de cœur et confiance... Intégrité : Il faut tout dire... Épanchez votre cœur comme de l'eau... ne retenez rien, pour petit qu'il puisse être »[20]. Le directeur doit être en état de faire « l'anatomie de votre cœur et la dissection de votre vie »[21]. Il faut lui dire toutes nos actions passées, mauvaises, bonnes, indifférentes, lui révéler nos tentations, même si on y a résisté, nos inclinations et passions, les dispositions du cœur et du corps, les maladies où on est sujet, aussi bien que les emplois « que nous avons eus, que nous espérons, que nous aurions voulu avoir »[22]. En révélant à Tartuffe l'intrigue compliquée que nous soupçonnons derrière l'histoire de la cassette, Orgon n'a fait que se conformer à la règle : il aurait péché gravement en dissimulant cette histoire à celui qui a droit à une sincérité totale : « Ne pas user de déguisements, ou parler à demi-mot »[23], tel est l'avertissement sévère de Tronson. C'est à une stricte discipline que l'honnête Orgon se soumet, non une sotte démangeaison de parler qui l'a fait s'ouvrir à Tartuffe. Imprudence que de lui confier la cassette ? Si la pensée a effleuré l'esprit d'Orgon, il l'a aussitôt écartée ou se l'est reprochée comme une offense à Dieu même. Ne doit-il pas à son directeur une confiance absolue ? Le directeur n'est-il pas par définition « le médecin le plus charitable,... l'ami le plus fidèle »... Et si le procédé suggéré par Tartuffe nous paraît excessivement adroit, « ... N'est-ce pas Dieu qui parle quand le directeur parle ? »[24] Déjà Saint François de Sales affirmait : « Ce doit toujours être un ange pour vous »[25]. Qui est le pauvre Orgon pour discuter les conseils des anges de Dieu ?

Et pourtant il n'est pas, par nature, si aveugle que cela. Lorsque Damis, au troisième acte, accuse ouvertement Tartuffe de le tromper, Orgon est troublé et le doute entre dans son âme ; Molière ne lui a pas donné la rigidité d'une marionette : « Ce que je viens d'entendre, ô ciel, est-il croyable ? » Son fils l'assure, sa femme le confirme, Tartuffe ne le nie pas. Ne serait-il pas normal, conforme à la « nature », qu'avec tout le respect possible, avec tous les égards dûs à un saint personnage, Orgon, s'il n'est pas totalement dépourvu d'intelligence, privé de jugement au point de ne plus être humain, s'enquière, pose des questions ? Tartuffe, cela va sans dire, joue son rôle d'une façon admirable, mais c'est d'Orgon non de Tartuffe que nous nous occupons ici, et ce dont il faut nous rendre compte, sous peine de nous méprendre entièrement sur le personnage, c'est qu'en lui demandant d'examiner, même avec toute l'impartialité et toute la bienveillance possibles, la conduite ou les motifs de Tartuffe, de les considérer objectivement, de s'ériger en juge, nous lui demandons exactement et littéralement l'impossible : c'est un sacrilège que nous exigeons qu'il commette. Orgon ne peut pas juger Tartuffe sans renier des engagements solennels, car la nature même des rapports du dirigé avec son directeur consiste en ce que le dirigé se remette pour toutes choses entre les mains du directeur, qu'il renonce une fois pour toutes au droit d'examiner sa conduite ou de peser librement ses avis, acceptant les uns, refusant les autres, qu'il accepte une fois pour toutes de soumettre son jugement propre au jugement du directeur. Toute autre attitude relève du libre examen des hérétiques. Je pourrais sur ce point remplir des pages de citations, des Pères orientaux à Saint Ignace, de Saint François de Sales à M. Olier. Car de même que l'obéissance dûe au supérieur est « un véritable abandon de la volonté et du jugement », un acquiescement total « non seulement dans l'exécution effective mais dans l'accord affectif »[26], de même l'obéissance que le P. Surin réclame du dirigé doit être accompagnée « d'humilité, pour s'estimer en effet comme des enfants qui n'ont rien de meilleur à faire que de se laisser conduire... de simplicité pour s'aveugler saintement, renonçant à tout examen, à toute réflexion, et à toute vue contraire aux avis du directeur »[27]. La soumission que réclame Tronson est aussi, comme on peut s'y attendre, une soumission « aveugle, pour ne point examiner, raisonner, disputer, chicaner sur ce qu'on nous dit ; soumettant notre jugement aussi bien que notre volonté, et faisant un sacrifice de l'un aussi bien que de l'autre entre les mains de la personne qui nous conduit ; par conséquent louer ce qu'il loue, approuver ce qu'il approuve, estimer, craindre ce qu'il redoute, blâmer ce qu'il blâme, condamner ce qu'il condamne, *sans vouloir en juger par nos propres lumières* »[28]. La pratique de la direction correspond rigoureusement à la théorie. « Il me semble », dit M. Olier parlant d'une religieuse, « qu'elle doit passer par-dessus ses sentiments, qui ne lui doivent pas servir de règle... La soumission et l'obéissance n'ont jamais rien gâté. Il n'y a point d'obéissance en enfer, dit notre bienheureux Père [Saint François de Sales]... *Une âme stablement humble n'est pas capable de retour et jugement sur son supérieur et directeur* »[29]. Et s'adressant direc-

tement à une autre : « Vous me dites que vous n'avez pas acquiescé au conseil de M. Basseline [son directeur], à cause que vous n'étiez inspirée de le
faire. Ma très chère Fille, au nom de Dieu, regardez toute inspiration comme
fausse quand elle contrarie au conseil d'un supérieur »... car Dieu « nous
a voulu donner la voie claire et sensible des directeurs pour notre assurance
et pour notre repos »[30]. « Notre assurance et notre repos » : mots signifi-
catifs et qui éclairent en partie le sacrifice démesuré qui semble attendu du
dirigé. Car l'abandon de tout jugement et de toute volonté personnels, l'abandon explicite et volontaire du libre examen lui assure non seulement le salut
éternel mais dans ce monde même la tranquillité de l'esprit et des joies inef-
fables. « Car rien n'est d'un plus grand profit pour l'homme que d'extirper
sa volonté particulière... Celui qui se soumet aux Pères (directeurs) est déli-
vré de tout souci et vit dans le repos »[31]. Ou comme le dit Orgon : « Qui
suit bien ses leçons goûte une paix profonde ». Lorsque, au troisième comme
au quatrième acte, Orgon refuse de porter un regard critique et sacrilège
sur les actions de Tartuffe, ange descendu sur la terre et porte-parole de
Dieu, ce n'est pas seulement son salut mais son bonheur qu'il défend, c'est
l'enthousiasme et l'ivresse de marcher sur les pas d'un saint, c'est aussi
l'immense soulagement d'avoir renoncé à toute « volonté particulière » et
à toute responsabilité personnelle : « Il n'y a pas de plus grand malheur que
d'être sans directeur », disait Saint Dorothée. Ne l'a-t-on pas averti d'ailleurs que, parce que le directeur est son plus puissant défenseur contre les
embûches de Satan, c'est contre lui que le monde s'acharne avec le plus de
furie ? « Entre toutes les grandes et importantes vérités de la morale chrétienne, je n'en trouve point que le démon attaque avec plus de violence et
aussi avec plus d'artifices que celle de la direction. Comme ces instructions
sont de la dernière importance, il n'est pas imaginable combien il emploie
de moyens différents pour en arracher la créance et pour empêcher qu'on
ne s'y soumette... Il sait... qu'une âme à l'abri de son directeur et retranchée sous sa conduite est en assurance contre ses attaques et qu'il ne peut
l'ébranler par ses efforts ni la surprendre par ses ruses »[32]. D'où le caractère à la fois violent et concerté de la défense ou plutôt de la contre-attaque
d'Orgon :

> Vous le haïssez tous ; et je vois aujourd'hui
> Femme, enfants et valets déchaînés contre lui :
> On met impudemment toute chose en usage
> Pour ôter de chez moi ce dévot personnage. (1129)

Au quatrième acte, après avoir fermé la bouche à Dorine, il se débarrasse
avec esprit de l'homélie attendue de Cléante. Et lorsqu'Elmire entre en lice,
qu'il ne peut récuser si facilement, il imagine tout un roman qui doit enlever à son témoignage sa valeur : Elmire, jeune et belle, a un faible pour
le jeune et séduisant Damis. Prévoyant la colère d'Orgon, elle cherche à pro-
téger son fils et se garde de le démentir ouvertement. Mais son calme n'est
pas celui d'une honnête femme qui vient de recevoir des propositions scan-
daleuses de la part d'un abominable hypocrite. Pour nous qui savons à quoi

nous en tenir, la scène est comique parce qu'il est évident qu'Orgon a d'avance décidé ce qu'il veut croire et que rien ni personne ne prévaudra sur cette décision. Mais cet entêtement buté, s'il est aussi ridicule que le sera celui de Mme Pernelle, n'est nullement incroyable ou artificiel, comme se l'imaginait Veuillot ; il a la valeur d'un acte de foi : Orgon refuse de douter de Tartuffe comme il refuserait de douter de Dieu, quelques arguments ou « faits » qu'on prétendît lui apporter, parce que dans un cas comme dans l'autre le doute lui-même, qui est à la base de tout véritable examen, lui apparaît comme un péché mortel. Le mécanisme psychologique d'un pareil personnage peut bien nous paraître extravagant et, dans l'occurrence, comique, mais il suffit de le rattacher au rigoureux conditionnement de l'époque pour qu'éclatent sa logique et sa vraisemblance.

Au cours de la longue période durant laquelle l'idée de direction s'était élaborée, les problèmes qu'elle pose s'étaient naturellement présentés à ceux qui l'avaient énoncée. Il était évident que le directeur, étant humain, ne pouvait éviter l'erreur et la faiblesse ; n'était-il pas dangereux de lui conférer une autorité divine, une infaillibilité qu'il démentirait peut-être de façon trop manifeste ? Saint Ignace se bornait à poser l'autorité inconditionnelle du directeur : « Même s'il manquait de prudence ou de sagesse, on ne doit pas pour cela lui être moins obéissant »[33]. D'autres, plus subtilement, répondaient que le directeur, non le dirigé, devenait responsable des conséquences d'une erreur, et que d'autre part l'obéissance à un ordre de direction, même erroné, avait aux yeux de Dieu plus de valeur qu'une confiance arrogante en son propre jugement : « En obéissant au directeur... nous devenons en quelque sorte impeccables, jusque là que, quand même le directeur se tromperait dans les avis qu'il nous donne... nous ne nous tromperions jamais dans la soumission que nous lui rendons, dit Saint Vincent Ferrier ; car c'est le privilège de l'obéissance : elle porte avec elle sa justification et nous excuse toujours devant Dieu »[34] : Orgon donc risque moins à croire Tartuffe qu'Elmire. Dans des textes traduits et connus au XVIIe siècle, même si on préfère ne pas les citer, les Pères orientaux vont plus loin encore. Même si le « Père » abusait de son autorité absolue sur le « disciple », même s'il était inhumain et brutal, le disciple pouvait, à force de soumission et d'obéissance, faire de cette brutalité l'instrument de son perfectionnement et de sa sanctification. Il ne s'est trouvé personne au XVIIe siècle pour suggérer qu'Orgon aurait dû accepter avec humilité l'épreuve sanctifiante du cocuage. Coupable timidité. Au temps héroïques on n'avait pas de ces médiocres scrupules : même un manquement grave de la part du directeur, n'autorisait pas le dirigé à manquer lui-même à son devoir d'obéissance et de respect : « Même si tu le surprenais dans l'acte de fornication », dit Saint Jean Climaque, « reste-lui fidèle »[35]. Elmire ne savait pas à quoi elle s'exposait en poussant son mari sous la table, et Molière est ici resté en deçà de ses modèles.

Sur bien des points donc, Orgon ne fait que suivre docilement les enseignements de ses maîtres. On ne saurait lui reprocher de manquer d'intelligence ou de lucidité alors qu'ils exigent de lui le sacrifice délibéré de la

« volonté particulière » et du jugement personnel. Ni M. Olier ni M. Tronson cependant n'eussent été satisfaits d'Orgon. S'ils demandent inlassablement du dirigé le détachement des affections terrestres, ils se montrent particulièrement vigilants à l'égard des sentiments du dirigé envers son directeur. Le danger était réel, particulièrement pour les femmes peut-être, mais dirigés aussi bien que dirigées, privés de toute relation passionnelle ou émotive même avec leurs proches risquaient de déverser sur le directeur le trop-plein d'un cœur sans objet. Pour ceux qui, au prix d'un long effort avaient arraché de leur âme l'amour des créatures, c'était l'ultime tentation, d'autant plus puissante que la nature particulièrement intime de leurs aveux, le secours spirituel même qu'ils avaient reçu de lui favorisaient un « transfert » familier aux psychanalystes modernes. Les directeurs dénoncent de pareilles complaisances avec une sévérité particulière : « Je ne crois pas que vous deviez vous arrêter, comme vous faites, à vouloir toujours entendre la messe de votre confesseur[36] et à ne communier que de sa main. C'est une attache qui ôtera beaucoup à votre âme et qui diminuera de l'opération de Dieu et de sa complaisance en vous ; car il est impossible que cela ne vous expose, aussi bien que votre Directeur, s'il est également porté d'affection pour vous, à avoir quelque inclination, complaisance et satisfaction intérieure qui ira à vous reposer, à vous appuyer, à vous complaire en quelque chose de créé, et non pas en Dieu seul... »[37]. Frère, enfants, mère et femme, Orgon peut bien s'en soucier autant que de cela, son attachement pour Tartuffe crève les yeux. Il y a même dans son affection quelque chose d'attendri, presque de féminin, qui apparaît clairement dans la scène ridicule du « pauvre homme », et Dorine l'exprime sans ambages à son ordinaire :

> Il le choie, il l'embrasse, et pour une maîtresse
> On ne saurait, je pense, avoir plus de tendresse. (189)

Orgon constamment parle de Tartuffe comme de son « frère » ; l'idée bizarre de le faire entrer dans sa famille ne lui a certainement pas été suggérée par Tartuffe, qui ne marque jamais le moindre intérêt pour Mariane ; elle n'a pu naître que du désir de voir en Tartuffe son fils. Si l'on ajoute à ce double rapport celui que Dorine fait plus que suggérer, on se fera une idée de la violence et de la confusion des sentiments d'Orgon pour Tartuffe. Et certes nous sortons ici de l'orthodoxie. Mais ce qu'il y a de significatif, c'est que la faute dans laquelle tombe Orgon est celle-là même contre laquelle les théoriciens de la direction mettent en garde les dirigés et les directeurs, celle, en d'autres termes, dans laquelle on risquait le plus de tomber. Ce trait complète le personnage de Molière : Orgon n'est certes pas le modèle idéal du dirigé, mais il offre un admirable portrait d'un dirigé tel qu'on pouvait le rencontrer vers 1660.

Si la situation d'Orgon écoutant Tartuffe séduire sa femme est unique dans le théâtre de Molière et n'est pas sans rappeler Boccace, le comique que le poète extrait de la scène est de nature semblable à celui que nous trouvons dans les *Précieuses* ou l'*École des femmes*. Car, logique jusqu'au bout,

Orgon n'a nullement accepté de soumettre son héros à une épreuve : Molière sait qu'Orgon ne le peut sans cesser d'être lui-même. C'est à son corps défendant, ou plutôt sans comprendre ce qu'Elmire a dans l'esprit, qu'il se laisse pousser dans sa cachette :

> — Approchons cette table et vous mettez dessous.
> — Comment ? — Vous bien cacher est un point nécessaire.
> — Pourquoi sous cette table ? — Ah, mon Dieu ! laissez faire :
>   J'ai mon dessein en tête, etc... (1360)

Car Orgon ne nourrit pas le moindre doute sur Tartuffe ; il n'attend que la déconfiture d'Elmire ; c'est elle en fait, non Tartuffe, qu'il met à l'épreuve. « De votre entreprise il vous faut voir sortir », commente-t-il ironiquement. Il entre dans son jeu en parfaite sécurité, et c'est de cette monumentale sécurité que Molière aime à faire choir ses héros. C'est au moment où le marquis de Mascarille est à son plus raffiné, où les précieuses sont au comble de la vanité satisfaite qu'entrent La Grange et Du Croisy, qui administrent à leurs valets une magistrale correction. C'est alors qu'il se croit triomphant qu'Arnolphe voit s'écrouler en quelques minutes le résultat de ses longs et patients desseins. Orgon tombe lui aussi de son haut. Mais est-il purement comique ? Il est clair qu'avec toute sa naïveté et ses erreurs de jugement, le comportement d'Orgon dépasse le cas d'une sottise individuelle ; dans une large mesure, son malheur vient de plus loin. Molière ne le jetterait pas dans d'aussi grands dangers s'il ne voulait pas que nous lui accordions quelque sympathie. Dupé et ridicule presque d'un bout de la pièce à l'autre, comme Arnolphe, Orgon est cependant victime non seulement de Tartuffe, mais, comme Alceste, d'un ordre de choses que nous ne pouvons approuver[38]. Risible mais pitoyable, aveugle mais non insensible, crédule mais non inepte, absurde mais non abject, Orgon est loin d'un quelconque Sganarelle. Il appartient non à la farce mais à la comédie de mœurs et à la haute comédie.

NOTES

1. *Lettres de M. Olier,* édit. Levesque, Paris, 1935, I, p. 88.

2. Saint François de Sales, *Lettres de direction et de spiritualité,* édit. Le Couturier, Lyon, 1952, p. 166.

3. *Id.,* p. 343.

4. P. Pourrat, *J.J. Olier...* Paris, 1932, p. 197.

5. *Ibid.*

6. P. Roulès, *Le Roy glorieux au monde...* 1664. Voir Molière, Coll. des Grands Écrivains, vol. 6, *Tartuffe,* Notice préliminaire.

7. Saint François de Sales, *Introduction à la vie dévote,* Ire Partie, chap. IV.

8. *Œuvres complètes de M. Tronson,* Migne, Paris, 1857, p. 241.

9. Saint François, *Lettres...* I, p. 164.

10. Olier, *op. cit.,* I, p. 53.

11. *Id.,* p. 47.

12. *Id.,* I, pp. 200-201.

13. *Introduction...* Ire Partie, chap. IV.

14. Tronson, *op. cit.,* p. 240.

15. J.J. Surin, *Catéchisme spirituel de perfection chrétienne* (1657 ?), IV, I ; Migne, Paris, 1842, T. II, p. 1239.

16. *Id.,* p. 1247.

17. Tronson, *op. cit.,* pp. 263, 257.

18. S. Ignatii Lojolae *Epistolae...* Bononiae, 1837, p. 485 (*Lettre sur l'obéissance*).

19. Tronson, *op. cit.,* p. 257.

20. *Id.,* p. 258.

21. *Id.,* p. 259.

22. *Id.,* pp 260-262.

23. *Id.,* p. 262.

24. *Id.,* p. 263.

25. *Introduction...* Ire Partie, chap. IV.

26. S. Ignatii, *op. cit.,* pp. 477, 479.

27. Surin, *op. cit.,* p. 1240.

28. Tronson, *op. cit.,* p. 264.

29. Olier, *op. cit.,* I, p. 133.

30. *Id.,* I, pp. 135, 136.

31. S. Dorothei *Expositiones...* pp. 1636, 1640.

32. Tronson, *op. cit.,* p. 266.

33. S. Ignatii, *op. cit.,* p. 478.

34. Tronson, *op. cit.,* p. 245.

35. S. Johannis Scholastici *Scala Paradisi,* p. 724.

36. Exceptionnellement, le confesseur et le directeur sont ici une seule et même personne.

37. Olier, *op. cit.,* I, p. 272.

38. L'Église catholique moderne exige du dirigé non plus *l'obéissance* mais simplement la *docilité.*

L'HUMANITÉ DU *DOM JUAN* DE MOLIÈRE

par

James DOOLITTLE

Ici nous allons étudier la possibilité que Molière ait écrite *Dom Juan* avec l'intention mûrie et délibérée de faire cette pièce, et de la faire rester, ce qu'elle est ; qu'il ait pu chercher — avec un total succès — à créer une œuvre d'art, c'est-à-dire une forme répondant à une logique et à une cohésion parfaite des personnages, des idées, des événements et du style, une forme dans laquelle les êtres humains, leurs aspirations et leur monde particulier soient faits pour vivre avec une intégrité, une autonomie et une vitalité auxquelles, puisque de telles créations ne meurent pas, nous pourrions, de nos jours, prendre part, si nous le voulons...

Nous allons essayer de montrer comment *Dom Juan* est vraiment une œuvre d'art, comment on peut considérer que chaque mot, chaque idée du texte, chaque événement et chaque personnage de l'action, en intention et en fait, dépend artistiquement de l'élucidation dramatique d'un thème unique, bien défini, extraordinairement moliéresque.

Rappelons que le Don Juan de Molière est un gentilhomme un peu trop marié (« épouseur à toutes mains ») qui, au cours de la pièce, repousse Elvire, sa dernière épouse, essaie sans succès d'enlever une jeune fille à son fiancé, de séduire deux jeunes paysannes, de faire jurer un pieux hermite, de persuader Elvire de renoncer à sa piété, de se transformer en hypocrite et de survivre à un rendez-vous infernal avec une statue. Il réussit à faire l'aumône à l'hermite, à délivrer Carlos, le frère d'Elvire, des voleurs qui l'avaient attaqué, à escroquer un marchand ; peu sans faut qu'il dupe son père par son hypocrisie et, du début à la fin, il scandalise son valet, Sganarelle. Il a aussi beaucoup à dire pour révéler son attitude vraiment très peu conventionnelle envers les institutions sociales, scientifiques et religieuses. Comme il ne veut pas se repentir de ses paroles ni de ses actes, la statue l'entraîne dans les feux de l'enfer, et tous ceux, gens et institutions, auxquels il a fait du tort, sont enfin satisfaits.

Tous sauf un : Sganarelle. Sganarelle met fin à la pièce en réclamant ses gages :

> Ah ! mes gages, mes gages ! Voilà par sa mort un chacun satisfait : Ciel offensé, lois violées, filles séduites, familles déshonorées, parents outragés, femmes mises à mal, maris poussés à bout, tout le monde est content. Il n'y a que moi seul malheureux. Mes gages, mes gages, mes gages !.

Et la comédie est finie.

Ce résumé nous présente Don Juan justement puni pour des actions considérées comme criminelles, parce que violant délibérément les lois ou les conventions. Dans la religion chrétienne, qu'elle soit catholique ou protestante, le corps des lois positives est élaboré par les hommes sur des bases établies par Dieu. Toutes les violations perpétrées par Don Juan sont donc, en fin de compte, des offenses faites au Ciel. Selon Sganarelle, Don Juan a péché contre la société en étant, et en entraînant les autres à être, licencieux, insouciants de l'honneur de la famille et de l'amour filial, irrespectueux des liens du mariage ; de plus il a omis de payer ses dettes. Il a péché contre la législation des hommes sur la nature, sur la science, dans ses rapports avec les femmes et avec sa propre famille et celle d'autrui, tout comme dans son scepticisme à l'égard de la médecine. Il a péché contre la religion en raillant jusqu'au blasphème certains de ses dogmes, en profanant le couvent d'Elvire et en la poussant à violer ses vœux, ainsi que dans toutes les autres actions citées. Dans son résumé, Sganarelle présente ainsi les trois institutions dont les sanctions sont constamment mêlées pour produire le tissu moral de la pièce.

Ce thème apparaît pour la première fois là où nous nous attendons à voir annoncer la structure idéologique de l'œuvre, au début de l'Acte I. Sganarelle, tenant une tabatière, parle ainsi :

> Quoi que puisse dire Aristote et toute la Philosophie, il n'est rien d'égal au tabac : c'est la passion des honnêtes gens, et qui vit sans tabac n'est pas digne de vivre. Non seulement il réjouit et purge les cerveaux humains (*science*), mais encore il instruit les âmes à la vertu (*religion*) et l'on apprend avec lui à devenir honnête homme (*société*).

Et, à l'appui de ses déclarations, il poursuit en décrivant les actions des priseurs de tabac.

Sganarelle parle d'une substance matérielle, d'une drogue, à laquelle, une fois qu'elle a été raffinée par les hommes, assujettie aux lois, et utilisée selon l'usage, il attribue des effets psychologiques et métaphysiques. « Qui vit sans tabac n'est pas digne de vivre ». Comme qui dirait : « Celui qui n'est pas poussé par une substance médicinale à la vertu et à l'honnêteté n'est pas digne d'être un homme ». Si nous en croyons Sganarelle, les fonctions pratiques essentielles des institutions religieuses et sociales sont remplies par une simple drogue, une réalité tangible, qui en 1665 n'était pas même d'un usage très convenable. Et ceci, dit-il, est vrai en dépit d'Aristote et de toute la philosophie, c'est-à-dire en dépit de ceux qui définiraient les rapports des hommes entre eux, avec la nature, avec le divin, selon les formules de systèmes dont l'autorité repose sur la tradition ou les conventions logiques, plutôt que sur les réalités de la vie humaine, si illogiques que celles-ci puissent être.

La tirade sur le tabac à priser est communément considérée comme une entrée en matière, une remarque accessoire introduite pour capter l'intérêt et la bienveillance du public. Certes elle remplit bien cette fonction, mais elle n'est assurément pas étrangère à la pièce. Si nous la rapprochons de la tirade finale de Sganarelle (que l'on ne considère généralement pas comme gratuite) nous trouvons, en plus des trois sanctions institutionnelles, une forte analogie entre le tabac à priser et les gages.

Les gages sont très importants pour Sganarelle. Bien qu'il n'énonce pas le fait et ne le réalise probablement pas, leur importance pour lui ne réside pas seulement dans leur nature, mais aussi dans la fonction dont l'état a, légalement, doté leur nature. Dans le cas présent, ils sont la seule récompense réclamée par le valet pour des années de service fidèle à un maître « abominable », service qui, Sganarelle a toutes les raisons de le croire, a sérieusement compromis son salut éternel. Dans le texte de la tirade finale de l'édition *non cartonnée* de 1682, nous voyons que ses gages ne lui ont jamais été payés. C'est donc une somme relativement importante qui lui est due ; et vu ses prétentions à l'honnêteté et à l'instruction, et sa sympathie facilement éveillée pour ceux qu'il suppose moins fortunés que lui, cette somme pourrait grandement l'aider à se procurer le bien-être matériel dont il a besoin pour devenir honnête, instruit, respectueux des lois, vertueux, charitable, et par conséquent pour se racheter. Manquant de l'indépendance matérielle, tout au long de la pièce il manifeste son désir d'être tout cela, mais ses agissements le poussent dans la direction opposée, et c'est précisément quand il réclame ses gages à grands cris que la situation atteint son apogée.

L'argent et le tabac à priser sont deux substances matérielles. Tous les deux raffinés par rapport à leur état naturel. La façon de les utiliser tous les deux est prescrite par la loi et les conventions. Tous les deux (l'argent étant représenté par les gages) sont plus appropriés au valet qu'à ses maîtres. Les avantages présumés des deux, sociaux et métaphysiques autant que physiques, sont mis en évidence par des gestes conventionnels. Et aucun des deux, à la fin, ne fournira à Sganarelle les satisfactions qu'il en attend. Nous pensons que Molière utilise le tabac comme un moyen, un peu comme un symbole, pour introduire les trois sanctions dans les limites desquelles l'action se déroule, et pour établir immédiatement, par rapport à elles, la position de Sganarelle. Nous pensons que les gages lui servent à préciser et à confirmer une fois pour toutes la position de Sganarelle.

Cette position n'est pas simple à définir. Dès le début, Molière a été critiqué par les dévots et leurs partisans pour avoir confié la défense de la

religion au langage désordonné de Sganarelle. Nombre de ces critiques ont
observé que Sganarelle est très près du ridicule quand il professe une foi
qui est un embrouillamini de doctrine mal digérée (le Ciel, l'enfer, le diable, les sacrements, le salut), de philosophie scolastique (l'argument des causes finales) et de superstition grossière (le loup-garou et le « moine bourru ») ;
que l'offense de Molière est aggravée par l'échec de Sganarelle à agir con-
formément aux croyances qu'il professe ; et que la raison de cet échec, et
le comble de l'ironie dans la comédie, est le fait qu'il est beaucoup plus matérialiste que son maître, qu'il n'a pas de véritable foi, sauf dans les choses
dont ses sens lui disent qu'elles sont réelles. Ses déclarations dogmatiques
sont autant une question de routine que le cathéchisme dans la bouche d'un
enfant ; ses actions, comme ses paroles, sont motivées par deux impulsions
tout à fait tangibles : la faim et la peur. Il déplore les déclarations et les
actions de son maître parce qu'on lui a enseigné qu'il doit les déplorer, tout
juste comme il craint que la colère du Ciel, en s'abattant sur le maître, pourrait bien frapper aussi le serviteur. Mais le maître est plus proche, plus visible, et donc plus craint que le Ciel ; et le maître peut fournir ou bien refuser
des choses concrètes, aussi indispensables que l'argent, la nourriture, les vêtements et la protection.

Sganarelle sert donc, car il craint à la fois Don Juan et la faim ; il mau-
dit sa complaisance, car il craint le Ciel aussi ; il échappe à l'absurdité et
devient vraiment vivant dans les moments où sa dignité d'homme transcende
ses craintes quant, par exemple, il intercède pour Pierrot, ou pour Elvire,
ou quand, par pitié, il presse le Pauvre de jurer. Et il a un instant de noblesse
desespérée quand, outré par l'hypocrisie de Don Juan, il risque une volée
de coups de bâton pour le blâmer, dans son discours sans queue ni tête (V, 2).
Mais son humanité, pour authentique qu'elle soit, est pathétique et plutôt
misérable ; elle est animale, car Sganarelle ne la nourrit que de pain.

Sur les choses concrètes, il n'y a pas de doute dans l'esprit de Sganarelle ; pour lui, le fond est identique à la forme. Et pour les matières moins
évidentes, comme les croyances religieuses, les croyances sociales, il ne comprend que l'aspect concret, les systèmes gestuels, les images qui les représentent. Il ne peut pénétrer plus profondément. Comme celles de la païenne
Pauline de Corneille, des païens Néron et Athalie de Racine, les opinions
de Sganarelle sont dictées presque exclusivement par ce qu'il voit ou par
ce que d'autres, dit-on, ont vu. C'est lui, et non pas son maître, qui le premier voit le signe de tête de la statue et le spectre. Il s'occupe des déguisements du troisième acte, il n'est pas loin de croire que son habit de médecin
lui a donné la connaissance de la médecine et, mieux encore, l'esprit pour
disputer contre Don Juan. Sa preuve de l'existence de Dieu est l'argument
des causes finales. Dans la tombe du Commandeur, il ne sait que s'exclamer : « Que cela est beau ! Les belles statues ! le beau marbre ! les beaux
piliers ! » Pour autant qu'il connaisse Don Juan, Sganarelle est surpris que
sa conversion soit feinte, d'autant plus que Don Juan, refuse d'ajouter foi
à ce qu'il a vu de ses propres yeux. Sganarelle, convaincu que la statue est

l'envoyé du Ciel, n'en essaye pas moins de se cacher d'elle. Il apprend par l'exemple comment se débarrasser d'un créancier. Profondément embarrassé d'avoir reçu l'ordre de renvoyer Elvire, il ne peut lui parler qu'en utilisant les métaphores de Don Juan : « Madame, les conquérants, Alexandre et les autres mondes sont causes de notre départ ». A son moment suprême, celui de la tirade sans queue ni tête, son indignation déborde dans un déluge de proverbes et de figures de rhétorique populaires. Il croit ce qu'il voit ou les dictons populaires et traditionnels qui expriment pour lui la sagesse simplement parce qu'ils sont populaires et traditionnels. Il taxe Don Juan d'athéisme autant parce que son maître refuse d'accomplir les gestes demandés à un croyant qu'à cause de ce qu'il dit et fait. Il pense que le tabac instruit les âmes dans la vertu et l'honnêteté à travers les gestes qu'il impose. A la fin de la pièce, il est prêt à croire que les exigences de la religion et de la société ont été satisfaites par le geste le plus définitif de tous, l'acte de la statue ; en même temps, il a péniblement pris conscience du fait que ce geste, au lieu de lui remplir le ventre et la bourse, a en réalité supprimé ses moyens de subsistance. La tirade du début sur le tabac affirme la foi de Sganarelle dans les gestes ; son cri final : « Mes gages », déplore l'inefficacité des gestes.

Le thème de *Dom Juan* est un composé des thèmes de la plupart des grandes pièces de Molière : l'acceptation de la forme pour le fond, de la convention pour la réalité, et les conséquences de cette acceptation. *Tartuffe* traite de la dévotion, *le Misanthrope* de l'honnêteté, *les Femmes Savantes* des arts, *l'Avare* de l'argent, *le Médecin malgré lui* et *le Malade imaginaire* de la médecine, *l'École des femmes* du mariage, *le Bourgeois gentilhomme* de l'arrivisme. *Dom Juan* les réunit tous. Le thème de *Dom Juan* est l'acceptation des gestes à la place des significations qu'ils sous-tendent dans les domaines des rapports de l'homme avec Dieu, avec la nature et avec ses semblables, en même temps que la conséquence fatale, fatale non pour ceux qui opèrent la substitution, mais pour celui qui la découvre.

La substitution est exposée de la façon la plus évidente et la plus variée dans la nature, les actions et les paroles de Sganarelle, dont le personnage, à en juger par la violence des réactions des contemporains de Molière, ne peut être simplement classé comme une caricature. Si Sganarelle était le seul représentant de la notion de substitution, nous serions en droit d'attribuer l'opposition qu'il a suscitée à la malveillance, ou à une façon de voir les choses différente de la nôtre. Mais il n'est qu'un des personnages, soumis, tous d'une façon et à un degré différents, aux mêmes autorités.

Le premier d'entre eux à apparaître est Gusman qui, par sa position et sa personnalité, et surtout par sa façon de parler, introduit l'un des univers de la pièce. C'est un univers dont l'existence présente est une fiction ; pourtant les personnages représentent le beau monde, la noblesse, aspirent à cet univers : Elvire, ses frères, Don Louis. Les principes sont connus et absolus. Dans le domaine de la religion, ils sont englobés dans un culte qui prescrit en détail les croyances et les comportements. La Société est organisée selon un système de rangs déterminés par la naissance, chacun ayant ses privilèges, ses devoirs et ses attitudes propres. La nature est un domaine essentiellement matériel, à raffiner dans toute la mesure du possible pour l'éloigner de son état premier, à discipliner en conformité avec les doctrines du culte et les croyances et attitudes de la société. Dans ces trois domaines le particulier est minimisé en faveur du général, le concret en faveur de l'abstrait. Et le langage de ce monde suit inévitablement les tendances de ceux qui le parlent ; le fond est sacrifié à la forme, la précision à la bienséance, l'énoncé direct à la métaphore, les expressions personnelles aux impersonnelles, le vocabulaire courant à un vocabulaire aristocratique. Le propos d'un individu, comme ses opinions et sa conduite, n'est admissible que dans la mesure où il se conforme en général et en détail aux lois positives dérivées des principes établis.

Le discours de Gusman est composé presque entièrement de formules et d'abstractions. Son rôle se fonde sur sa totale acceptation de l'ensemble d'absolus que nous venons de citer. Sa phraséologie est conventionnellement métaphorique. En qualifiant de « chastes » les « feux » d'Elvire, il se base sur des considérations techniques parfaitement légales qui ne tiennent pas compte de la complicité supposée d'Elvire dans son enlèvement. Connaissant le rang de Don Juan, Gusman hésite à croire à sa conduite où à la comprendre. Même en supposant que Don Juan ait manqué à son rang, « les saints nœuds du mariage le tiennent engagé » ; et le doute et l'étonnement de Gusman persistent tandis qu'il décrit Don Juan avançant le long d'une *carte du tendre,* dans une tirade qu'il est pratiquement impossible de lire à haute voix :

> *Je ne sais pas, de vrai, quel homme il peut être, s'il faut qu'il nous ait fait cette perfidie ; et je ne comprends point comme, après tant d'amour et tant d'impatience témoignée, tant d'hommages pressants, de vœux, de soupirs et de larmes, tant de lettres passionnées, de protestations ardentes et de serments réitérés, tant de transports enfin et tant d'emportements qu'il a fait paroître, jusqu'à forcer, dans sa passion, l'obstacle sacré d'un convent, pour mettre Done Elvire en sa puissance, je ne comprends pas, dis-je, comme, après tout cela, il auroit le cœur de pouvoir manquer à sa parole.*

Pour qu'il n'y ait pas d'équivoque sur le style de Gusman, il est en opposition violente avec l'expression familière et aisée de Sganarelle. Sganarelle a vu Don Juan et, comme nous l'avons dit, il croit ce qu'il voit. Il répond aux abstractions ampoulées de Gusman dans le langage de tous les jours. Le dialogue met ici en jeu le monde de Gusman contre celui de Sganarelle, chacun relevant les mots de l'autre et les interprétant dans sa propre perspective. Sganarelle dit de Don Juan, par exemple, « Il n'a pas le courage... » probablement le courage moral de confesser son indifférence à Elvire ; Gusman prend « courage » dans l'acception cornélienne de « noblesse », ici le respect de sa parole, considéré comme allant de soi chez un seigneur. Il continue en nous montrant Don Juan comme le soupirant idéal, l'homme que son amour entraîne à faire des promesses ; Sganarelle risposte par le « pélerin », piège pratique sous une apparence spirituelle, pour mieux peindre Don Juan dans une suite d'épithètes populaires et pseudo-savantes désignant tout le contraire de l'homme croyant, raisonnable, noble. Gusman est surtout choqué à l'idée que Don Juan puisse manquer à sa parole : Sganarelle répond que tenir parole fait partie d'un ensemble d'attitudes étrangères à la nature de Don Juan.

Don Juan s'est conduit comme un héros de Scudéry pour vaincre la résistance d'Elvire. Elvire s'est donnée non pas à Don Juan, mais à un amant qui n'existe que dans une imagination formée selon les idéaux d'une aimable fiction. Malgré les faits visibles, malgré son bon sens, Elvire a lutté pour entretenir son illusion ; elle ne l'abandonnera pas sans la preuve définitive des mots et de l'aspect de Don Juan. Désabusée, outragée, convaincue de la trahison, elle exprime son amertume dans un regret sarcastique : Don Juan refuse de reconstruire la marionnette, ne lui permet pas de recréer la forme de son illusion enfuis :

> Que vous savez mal vous défendre pour un homme de cour, et qui doit être accoutumé à ces sortes de choses !... Que ne vous armez-vous le front d'une noble effronterie ? Que ne me jurez-vous... que vous m'aimez toujours avec une ardeur sans égale ?... Que ne me dites-vous que des affaires de la dernière conséquence vous ont obligé à partir sans m'en donner avis... et qu'éloigné de moi, vous souffrez ce que souffre un corps qui est séparé de son âme ? Voilà comme il faut vous défendre, et non pas être interdit comme vous êtes (I, 3).

Elvire essaie d'humilier Don Juan non pour son infidélité, mais pour son apparente incapacité à la dissimuler ; non pour une action qu'évidemment elle trouve assez courante chez les hommes de sa condition, mais pour son silence (« interdit »), pour son échec à couvrir son action d'un masque de phrases conventionnelles. Placée devant l'évidence que Don Juan n'est pas héros, elle aimerait conserver son rêve à tout prix.

Don Juan, avec tout autant de ténacité, persiste à détruire ses illusions. Ne s'étant pas plié au geste social il allègue un geste religieux pour justifier sa conduite :

> un pur motif de conscience... j'ai ouvert les yeux de l'âme sur ce que je faisois

— sans vouloir la tromper, mais sachant qu'il l'empêchera ainsi de recourir à des arguments religieux. Elvire, le recours à ces institutions lui étant interdit, ne peut plus se rabattre que sur elle-même :

> C'est une lâcheté que de se faire expliquer trop sa honte ; et sur de tels sujets, un noble cœur, au premier mot, doit prendre son parti... Le Ciel te punira, perfide, de l'outrage que tu me fais ; et si le Ciel n'a rien que tu puisses appréhender, appréhende au moins la colère d'une femme offensée

— elle se voit à la troisième personne ; incapable d'en appeler à d'autres institutions, elle arrive finalement à elle-même, mais, pour ainsi dire, à elle-même institutionalisée. Devant une réalité qui serait insupportable, elle s'enveloppe d'un voile d'impersonnalité et d'abstraction.

Quand elle revient sur scène (IV, 6), elle porte réellement un voile, peut-être pour cacher son identité en public, ou pour suggérer sa retraite prochaine, ou pour symboliser sa fuite hors du réel, ou peut-être pour les trois raisons à la fois. Elle n'est plus la noble épouse dont le sens de l'harmonie des choses a été outragé, elle est à présent l'émissaire de la religion. Son amour n'est plus « terrestre » ; c'est une flamme purifiée de tous les commerces des sens, une sainte tendresse, un amour détaché de tout. Il est pur et parfait, complètement abstrait. C'est du moins ce qu'elle dit.

Le début de cette scène, en d'autres termes, la présente toujours comme une abstraction, mais servant à présent une illusion différente. Il place dans sa bouche le langage d'un directeur de conscience, le forçant à souligner la distinction entre la passion qui l'a fait consentir à son enlèvement et l'amour céleste qui s'est substitué à cette passion. Comme ce dernier amour est pur par définition, il n'est nul besoin pour en parler d'employer des circonlocutions. Dans l'acte I, scène 3, Elvire n'a parlé de l'amour que trois fois, l'appelant d'abord « tendresse », puis « sentiments », enfin « ardeur ». Dans l'acte IV, scène 6, la variété terrestre est « indignes ardeurs », « transports tumultueux d'un attachement criminel », enfin le mot lui-même est prononcé : « amour terrestre et grossier ». Cet amour devient immédiatement « détaché de tout... ce parfait et pur amour ». Protégée par cette pureté surnaturelle, Elvire peut maintenant parler d'amour terrestre aussi bien que d'amour céleste sans craindre la corruption, et c'est ce qu'elle fait avec une satisfaction croissante :

> mes folles pensées... la faute que j'ai faite... les transports d'une passion condamnable... une personne que j'ai chérie tendrement.

Tandis qu'elle réaffirme son amour pour Don Juan, le rythme de ses paroles s'accélère, le ton s'intensifie ; l'amour terrestre risque d'être confondu avec l'amour céleste :

> je vous ai aimé avec une tendresse extrême, rien au monde ne m'a été si cher que vous ; j'ai oublié mon devoir pour vous, j'ai fait toutes choses pour vous... Sauvez-vous, je vous prie, ou pour l'amour de vous ou pour l'amour de *moi*... Si ce n'est pas assez des larmes d'une personne que vous avez aimée, je vous en conjure par tout ce qui est le plus capable de vous toucher (italique de l'auteur).

Vu les opinions connues de Don Juan et son état d'esprit, ce discours s'achève donc par une éclatante équivoque. Sganarelle s'en rend compte et se rend également compte que le silence perfide de Don Juan n'a pas eu d'autre objectif que de ramener Elvire à sa première passion (d'où l'exclamation de Sganarelle « Cœur de tigre » ! — bête à l'affût). Elvire, consternée, en est consciente, et ne pense plus qu'à s'enfuir : « Je m'en vais, après ce discours, et voilà tout ce que j'avois à vous dire ». Don Juan comprend la situation et va tenter tranquillement l'échec et mat : « Madame, il est tard, demeurez ici ». Elvire, effrayée par lui, mais encore plus par ce qu'elle pourrait faire si elle hésite : « Non, Don Juan, ne me retenez pas davantage ».

Don Juan tente une nouvelle attaque. Elvire est à présent tout à fait troublée par la passion que sa présence ravive en elle ; les rôles sont complètement renversés ; un contact prolongé anéantira sa résolution ; elle se hâte de s'éloigner de lui : « Non, vous dis-je, ne perdons point de temps en discours superflus. Laissez-moi *vite* aller, ne faites aucune instance pour me conduire, et songez seulement à profiter de mon avis ». Et elle s'enfuit.

Du moment où Elvire voit la punition éternelle qui menace Don Juan, le vocabulaire des institutions disparaît de son langage ; ce qui était impersonnel devient personnel, le zèle devient passion, la charité devient amour, la sérénité angélique se transforme en agitation féminine. Sa passion a produit en elle la trahison d'une forme religieuse en faveur d'une forme sociale ; les deux formes ayant été détruites, la passion, ironiquement, subsiste, mais devient criminelle à ses yeux. Ayant cherché en vain à lui rendre sa légitimité, elle a voulu y renoncer et se réfugier à nouveau dans les formes, d'abord sociales, en criant vengeance, puis religieuses, en décidant de se faire nonne. Elle a, inconsciemment, certes, mais néanmoins volontairement fait retour à sa passion, pour s'y appuyer avec une fausse impression, presque catastrophique, de sécurité. Refusant enfin de choisir la passion au lieu de la forme, dépouillée de sa foi dans l'efficacité de la forme, terriblement consciente de la force persistante de sa passion, elle a comme dernier recours la solution animale de la fuite : expédient inutile, car elle emportera sa passion avec elle.

Dans cette scène, Elvire se révèle femme pour la première fois, tourmentée par l'éternel problème féminin d'avoir à exprimer une émotion irrésistible sans transgresser les strictes limites de la bienséance conventionnelle. Elle y parvient, offrant l'espace d'un instant la beauté passionnée, pleinement humaine, qui manque aux nobles gesticulations du reste de son rôle. Elvire, à cet instant, accomplit encore des gestes, mais le côté institutionnel abstrait de ces gestes doit lutter désespérément contre la richesse d'une humanité vibrante. D'une manière tacite, il est vrai mais d'autant plus dramatique, la femme a reconnu et montré sa féminité.

Le monde d'Elvire est encore rendu plus dramatique par ses frères Carlos et Alonse. Comme elle, ils se soumettent aux contraintes imposées de l'extérieur par la société et la religion. Carlos le fait en toute conscience, volontairement ; Alonse sans y penser ni se poser de questions. Si nous en croyons ses paroles, Alonse est guidé par la lettre des idéaux qu'il professe. De ses sept tirades, deux seulement sont visiblement personnelles, et dans l'une d'elles, celle du début, il doit expliquer son arrivée. Les cinq autres sont le plus souvent à la troisième personne ; elles prennent la forme d'aphorismes provoqués, évidemment, par des circonstances particulières, mais également applicables à n'importe quelle situation :

> Tous les services que nous rend une main ennemie ne sont d'aucun mérite pour engager notre âme... Comme l'honneur est infiniment plus précieux que la vie, c'est ne devoir rien que d'être redevable de la vie à qui nous a ôté l'hon-

> neur... Lorsque l'honneur est blessé mortellement, on ne doit point songer
> à garder aucunes mesures,

et ainsi de suite.

Mais en résistant à ces arguments, Carlos force enfin Alonse à parler
de façon personnelle :

> Quoi ? vous prenez le parti de notre ennemi contre moi ; et loin d'être
> saisi à son aspect des mêmes transports que je sens, vous faites voir pour lui
> des sentiments pleins de douceur ?

Nous voyons là, et dans la réponse de Carlos, qu'Alonse, certainement sans
le savoir, n'emploie ses aphorismes que pour justifier les impulsions d'une
nature brutale. « Ayons du cœur » dit Carlos,

> dont nous soyons les maîtres, une valeur... qui se porte aux choses par une
> pure délibération de notre raison, et non point par le mouvement d'une aveu-
> gle colère.

Alonse, se « sentant » « saisi de transports », accusant Carlos de succom-
ber aux « sentiments », se trahit alors lui-même. On ne succombe pas aux
« sentiments » dans le monde exalté par Alonse ; on domine ses « transports », au moins s'ils ne sont pas calculés comme ceux de Don Juan lorsqu'il
fait la cour à Elvire. Les motivations sont fournies par la raison, le principe
d'autorité extérieure, comme Carlos a soin d'affirmer dans le langage
d'Alonse : ce faisant, il replace ce jargon dans le rapport théoriquement convenable pour ses utilisateurs qu'Alonse a subverti.

Mais personne ne réalise plus clairement que Carlos les défauts pratiques de cette convenance théorique. L'acceptant sans rébellion, il l'accepte
cependant à regret. Quels que soient les avantages de la « condition d'un
gentilhomme », elle ne donne pas nécessairement le bien-être à ceux qui la
partagent ; dans le cas présent, elle cause bien des inconvénients et bien des
chagrins — ce fait n'échappe pas à Don Juan ; il dit en effet que, si un gentilhomme est rendu malheureux par l'accomplissement de son devoir, il peut
se consoler en rendant également les autres malheureux. Belle satisfaction,
en vérité !

Le principal grief de Carlos, c'est le fait que des éléments essentiels à
la réalisation des aspirations de l'individu — propriété, paix de l'âme, la
vie même — dépendent des côtés superficiels, des gestes, de la conduite,
si motivée soit-elle, de tierces personnes sur lesquelles l'individu ne peut exercer aucun contrôle. Carlos est donc, dans ses opinions, un Don Juan potentiel, car il n'admet pas que sa vie soit réglée par des agents extérieurs, il
refuse la soumission de l'individuel au général, de l'essentiel au superficiel,
la limitation des aspirations de l'homme, pliées à des conventions qui sont
artificielles, abstraites, et donc inhumaines. Mais là où Don Juan tente
d'affirmer son humanité en défiant les conventions, Carlos s'efforce de les
humaniser. Tandis qu'elles-mêmes tendent à le déshumaniser, forçant cet
homme noble et généreux à tenir des propos de comptable à ajuster ses cal-

culs de façon mesquine pour concilier son respect humain avec le respect des conventions :

> Je sais à quoi [notre honneur] nous oblige, et cette suspension d'un jour, que ma reconnoissance lui demande, ne fera qu'augmenter l'ardeur que j'ai de le satisfaire. Don Juan, vous voyez que j'ai soin de vous rendre le bien que j'ai reçu de vous, et vous devez par là juger du reste, croire que je m'acquitte avec même chaleur de ce que je vous dois, et que je ne serai pas moins exact à vous payer l'injure que le bienfait (III, iv).

Cette honnêteté, exprimée en termes conventionnels, avait donné loisir à Don Juan, auparavant, dans une parodie cynique du même style, de ridiculiser le ton solennel de Carlos. Carlos, ignorant qu'il parle à Don Juan lui-même, se lance dans une description peu flatteuse de l'homme qu'il cherche ; Don Juan alors l'interrompt, affirmant que son honneur ne lui permet pas d'entendre médire d'un ami, et il poursuit :

> Il ne sauroit se battre que je ne me batte aussi ; mais enfin j'en réponds comme de moi-même, et vous n'avez qu'à dire quand vous voulez qu'il paroisse.

Carlos proteste contre un « destin cruel » :

> Faut-il que je vous doive la vie et que Don Juan soit de vos amis ? (III, 3).

Pour remplir son devoir envers sa famille, il doit offenser l'homme auquel il doit la vie. Il est pris entre deux obligations : une envers ce qui est le plus personnel, littéralement le plus vital pour lui en tant qu'individu, l'autre envers un code traditionnel, impersonnel, finalement basé sur — et en fin de compte exprimable comme — une force physique brutale. Don Juan l'a sauvé par sa force, certes, mais cet usage de la force était motivé, aux yeux de Carlos, en tout cas, par l'opposé de la force, qui est ici la générosité. Carlos doit reconnaître d'une part une dette envers une noblesse individuelle, illogique, humaine, et d'autre part un devoir envers une noblesse codifiée, impersonnelle, inhumaine. La conclusion prévisible est qu'il s'inclinera devant de dernier devoir, trop heureux de s'en tirer par des astuces de comptable dans l'acte III, scène 4.

La situation de Carlos résume le dilemme dans lequel se trouvent tous les nobles personnages de cette pièce. Ils sont forcés de vivre selon une loi sociale et religieuse extérieure et sans pitié. Comble d'ironie, la loi tire sa force de leur acceptation, une force telle que celui qui s'y oppose en perd la vie, tandis que ceux qui lui obéissent perdent la dignité humaine essentielle dont elle est supposée être le soutien.

Mais parmi ces derniers, tous nous semblent ridicules, sauf un seul, et l'évidence nous amène à conclure que c'est ce que Molière voulait. Sinon, pourquoi, entre autres fait-il parler Carlos, Alonse, Elvire, et Gusman, comme ils le font ? Arnavon, se faisant l'écho d'à peu près toute la tradition critique, déplore ce langage, qu'il attribue tantôt à une inspiration déclinante, tantôt à une déférence opportuniste envers les goûts du public. Il

trouve, par exemple, qu'il gâte l'acte III, scène 4, « à maints égards cornélienne ». Ni lui, ni personne d'autre, à notre connaissance, ne considère que
la situation et le dialogue cornéliens de l'acte III scène 4 puisse frôler la caricature pour la raison précise que Molière écrit une comédie. *Dom Juan* est
une comédie, non parce que la pièce est en prose et contient disséminés çà
et là des morceaux de farce, mais parce que, comme doit le faire une comédie du XVIIᵉ siècle, elle critique sévèrement certain usages et coutumes, en
montrant le ridicule de leurs effets. L'acte III, scène 4, expose la futilité des
concepts cornéliens et l'absurdité du langage cornélien dans le contexte d'une
société « en chair et en os » dont les propos et les comportements réels n'ont
que faire du fond de la tradition cornélienne.

Il ne fait pas de doute qu'à l'origine, la loi qui domine le héros cornélien était humaine, était une expression valable d'un fait humain. Il est également certain qu'au cours des siècles, elle a perdu son caractère humain.
La lettre est préservée et observée : le fait vivant a été altéré, de sorte que
la lettre ne l'exprime plus. Ainsi, Carlos déplore son « destin », il est très
conscient de la séparation entre le forme et le fond. Elvire, dans l'angoisse
de son désarroi, s'en rend compte aussi. Cette déchirure, Don Louis l'exprime
de façon explicite dans sa tirade de la scène 4, acte IV, réunissant la loi religieuse et la loi sociale dans une synthèse fort éloquente.

Si Don Louis représente le même ensemble de conventions qu'Elvire
et ses frères, il parle un langage bien différent du leur ; le *style élevé*, majes-
tueux, ample. Il a eu la présomption de manœuvrer la volonté du Ciel, en
se plaçant, par l'acte formel de la prière, au-dessus de son destin humain.
Il a fait les gestes prescrits, qu'il rappelle en adoptant presque pour la seule
fois le langage des gestes :

> J'ai souhaité un fils avec des ardeurs nompareilles ; je l'ai demandé sans
> relâche avec des transports incroyables... en fatiguant le Ciel de vœux.

Et la sottise de sa présomption a été bel et bien prouvée par l'événement :

> Ce fils... est le chagrin et le supplice de cette vie même dont je croyois
> qu'il devoit être la joie et la consolation.

Il a donc pris conscience de la douloureuse futilité du geste sans substance ;
et ses « souhaits » étaient « aveugles », ses « demandes » étaient « incon-
sidérées », et il a souffert en conséquence — justement pour avoir affirmé
son individualité limitée contre une généralité infinie.

Il souffre encore, car la conduite de Don Juan le force encore à agir
comme individu « à lasser les bontés du Souverain... [à épuiser] auprès de
lui le mérite de mes services et le crédit de mes amis ». Il sait que tôt ou
tard son crédit sera épuisé, et qu'il sera à même de cesser d'agir individuel-
lement, pour retomber sous l'empire de la loi générale. Et il pense avec nos-
talgie à l'époque où la loi fut établie pour exprimer la somme du mérite individuel, réel ; il oppose cette époque aux temps présents, dans lesquels le fond
est négligé au profit de la forme, et où le lignage d'un Don Juan peut être
utilisé pour jeter sur ses crimes un voile d'impunité.

> Ne rougissez-vous point de mériter si peu votre naissance ? ;... Vous des-
> cendez en vain des aïeux dont vous êtes né... tout ce qu'ils ont fait d'illustre
> ne vous donne aucun avantage ; au contraire, l'éclat n'en rejaillit sur vous
> qu'à votre déshonneur... Apprenez enfin qu'un gentilhomme qui vit mal est
> un monstre dans la nature, que la vertu est le premier titre de noblesse, que
> je regarde bien moins au nom qu'on signe qu'aux actions qu'on fait, et que
> je ferois plus d'état du fils d'un crocheteur qui seroit honnête homme, que
> du fils d'un monarque qui vivroit comme vous.

Sachant que le conformisme est tout à fait impuissant à exprimer la
réalité humaine, Don Louis, comme Alceste, déplore amèrement son manque de fond, mais il ne lui vient pas à l'idée, non plus qu'à Alceste, de pré-
coniser la modification ou l'élimination du geste pour se conformer au fait.
Au contraire, les deux hommes voudraient modifier le fait pour se conformer au geste. La déception que Don Juan cause à Don Louis convainc ce
dernier, comme Elvire a été convaincue dans l'acte I, que la réalité de Don
Juan, du moins ne sera pas modifié. Comme Elvire, Don Louis menace de
forcer l'issue en punissant Don Juan ; une fois encore le défenseur du conformisme est amené à placer sa confiance, en fin de compte, pour une punition certaine, en lui-même, plutôt que dans les institutions qu'il a préconisées.

> Je saurai... prévenir sur toi le courroux du Ciel, et laver par ta punition la
> honte de t'avoir fait naître.

C'est lui et non pas le Ciel, qui punira son fils, lavant ainsi sa honte aux
yeux des hommes. Don Louis, comme tous les autres personnages, à l'exception du Pauvre et de Don Juan, est soucieux de préserver les apparences.
Cette préoccupation est un trait permanent et évident dans les pièces de Corneille, et dans les ouvrages *précieux* en général. On doit toujours faire preuve
non seulement de vertu, mais aussi d'une scrupuleuse bienséance. S'étant
châtié lui-même pour avoir souhaité être plus avisé » que le Ciel, il n'en place
pas moins sa dernière confiance en lui-même ; et si pendant un instant (V, 1)
il est prêt à voir la conversion prétendue de Don Juan comme un moyen
tout à fait inattendu. Pour valider les conventions sur les institutions, il reconnaît au même moment qu'il est entraîné par sa « tendresse » paternelle et,
au beau milieu de sa joie incrédule, il a bien soin de ne pas prendre le désir
proclamé par Don Juan pour la réalité Il n'assoira pas sa conviction définitive sur les paroles de Don Juan, mais sur des actions ultérieures qui devraient
se conformer à ces paroles.

Don Louis dans sa douleur de devoir agir en tant qu'individu, et dans
sa thèse selon laquelle le rang devrait être déterminé par le mérite, exprime
un désir de fuir le présent, ou de le bannir au profit du passé. Il représente
une génération moribonde ; et Don Juan, coupable d'irrespect filial, exprime
aussi le vœu le plus profond de toutes les générations montantes quand il
apostrophe son père :

> Eh, mourez le plus tôt que vous pourrez, c'est le mieux que vous puissiez

faire. Il faut que chacun ait son tour, et j'enrage de voir des pères qui vivent autant que leurs fils (IV, 5).

Les reproches de Don Louis à la vie sont à l'opposé de ceux de Don Carlos, car ils ont pour objet la nécessité d'enfreindre la forme, tandis que Carlos, dans son individualité, aimerait briser la forme pour s'affirmer de la manière la plus vraie possible. Las griefs d'Elvire sont moins directement exprimés, plus primitifs, plus confus, plus poignants. Sa foi religieuse et sa foi sociale se sont évanouies ; rien ne lui reste que sa passion et sa volonté personnelle et elle utilise sa volonté pour sacrifier la dernière possibilité de reconnaître la réalité, de réaliser sa passion, aux articles d'une foi dans laquelle elle ne peut plus croire.

Que l'illusion des formes n'est pas particulière aux gens bien nés, c'est ce qui est amplement démontré dans le second acte. La même vénération pour la lettre des conventions, la même incapacité de la lettre à exprimer vraiment les aspirations des individus, les mêmes efforts de certains pour sacrifier les conventions à l'individualité, d'autres pour sacrifier l'individualité aux conventions, tout cela apparaît dans une succession de scènes brillantes. Ces scènes sont considérées généralement comme les inévitables concessions à la farce, exigées d'un comédien ; elles ont cependant la fonction d'un matériau indispensable dans l'élaboration du dessin global de l'auteur. Comme dans le reste de la pièce, le langage de cet acte varie d'un rôle à l'autre, et à l'intérieur même d'un rôle ; il fournit un riche ensemble d'indications sur le caractère des personnages et la nature de leurs croyances et de leurs intentions.

La plus riche peinture de caractères de cet acte est sans nul doute celle de Pierrot. Comme Sganarelle, pour ses notions et dans ses actions, il se fie presque entièrement à sa vue, une précision qui est donnée, à travers le style, très tôt dans son rôle :

> Je les ai le premier avisés, avisés le premier je les ai... j'ai aparçu de tout loin queuque chose... je voyois cela fixiblement, et pis... je voyois que je ne voyois plus rien... T'as la vue trouble... t'as la barlue. — Veux-tu gager, ç'ai-je fait, que je n'ai point la barlue ?... Enfin donc... j'avons vu les deux hommes tout à plain, qui nous faisiant signe (II, 1).

Pierrot juge la classe sociale de Don Juan à ses vêtements ; il poursuit en déclarant qu'il est mécontent de Charlotte : bien qu'il soit son fiancé, malgré ses cadeaux et les protestations de Charlotte, celle-ci ne lui donne pas de témoignages vraiment visibles de son amour :

> Quand ça est, ça se voit, et l'en fait mille petites singeries...

Comme ses opinions dépendent de ses yeux, lorsque Pierrot est appelé à formuler des jugements dans le domaine essentiellement invisible des rapports sociaux et de la morale, il souscrit naturellement aux gestes et aux formes généralement acceptées. Une partie de sa lâcheté, dans sa scène avec Don Juan, est sans doute due à son respect pour le rang. Mais sa confiance totale dans la forme est plus frappante dans ses rapports avec ses égaux. Comme son mariage avec Charlotte a été décidé (probablement sans qu'elle ait été consultée), il pense qu'elle devrait se conduire selon les formes sans égard pour ses propres goûts en la matière :

> Ignia himeur qui quienne. Quand en a de l'amiquié pour les personnes, l'an en baille toujou queuque petite signifiance.

Il ne lui vient pas à l'esprit de s'occuper de ce que représentent les gestes et il est irrité que Charlotte prétende de lui un tel effort. Comme elle refuse de faire les gestes tant que ses sentiments ne l'y poussent pas, il insiste encore sur un témoignage, quel qu'il soit (« Touche donc là »), et aussi sur une promesse (« que tu tâcheras de m'aimer davantage »). Rassuré par la formalité de leurs fiançailles et par la formalité supplémentaire des gestes et des promesses de Charlotte, ignorant la qualité particulière qu'elle leur attache, Pierrot sort pour aller boire, sans hésiter, au moment où Don Juan entre en scène. Et à la fin (II,3), quand Pierrot est enfin persuadé que Charlotte rompra ses fiançailles, il s'en va invoquer l'autorité sous laquelle l'engagement a été pris : « Je vas dire à sa tante tout ce ménage-ci ».

Comme il a une telle confiance dans les gestes des autres, nous ne sommes pas surpris de le voir, au moyen de gestes, essayer de créer son propre personnage. Son récit du sauvetage de Don Juan et de Sganarelle, et en fait le sauvetage lui-même, font partie intégrante de cette intention. La promptitude de ses réactions, nous assure-t-il, lui a d'abord permis de remarquer les hommes appelant à l'aide ; son sentiment du devoir a persuadé Lucas d'aider au sauvetage ; sa modestie lui fait décrire le sauvetage à la première personne du pluriel ; sa perspicacité lui a fait voir que le maître est un homme de haut rang ; son courage a sauvé l'homme de qualité de la mort. Il a, semble-t-il, vraiment accompli un acte courageux et généreux, qu'il rapporte avec la modestie voulue.

Là où le bât blesse, c'est que le Pierrot du sauvetage est très différent du Pierrot que nous avons devant les yeux. Ce dernier est enclin à insister fortement sur sa masculinité et sur ses droits. Il jure souvent, utilisant de préférence les jurons grossiers, teintés de blasphème : « parquenne... palsanquienne... morquenne... jerniguenne... testiguienne... ventequenne », et leurs variantes. Il jure avec enthousiasme et d'abondance (dans 17 des 38 tirades de son rôle). Aucun autre personnage de la pièce ne montre son impiété de façon si cohérente, et n'utilise autre chose que les jurons les plus anodins. Il est quelque peu embarrassé d'avoir à dire qu'il « batifolait » avec Lucas ; il souligne constamment que Lucas a tort et que lui-même a raison ; et se vante d'abord de son audace et de la désinvolture avec laquelle il parie de gros enjeux, puis de sa prudence à parier sur quelque chose de certain. On en conclut qu'il entreprend le sauvetage en partie pour donner publiquement une preuve de son courage et en partie par joie de gagner son pari. Il insiste sur le rang élevé de la personne qu'il a sauvée, et sur la situation désespérée des rescapés, exaltant par là même sa propre stature et mini-

misant la leur. Comme au cours de son récit, il utilise abondamment la première personne du pluriel, il a précisé auparavant que le projet avait été conçu
par lui seul et n'aurait pu être exécuté sans lui. En un mot, son histoire révèle
une tendance très poussée à exagérer son importance.

On pourrait attribuer ce trait à la simplicité d'esprit du rustre, si ce n'était
que le reste du rôle n'a sûrement pas de but plus important que d'ajouter
à la futilité égoïste de Pierrot. En reprochant à Charlotte son manque d'affection, il manifeste à la fois sa notion des prérogatives masculines et sa timidité physique. Pierrot n'est pas l'homme de la manière forte ; il critique
Charlotte non parce qu'elle ne répond pas à ses avances amoureuses, mais
parce qu'elle ne lui fait pas elle-même des avances. Les manifestations amoureuses de Pierrot ressemblent moins à une cour assidue qu'à une corruption
condescendante ; il souhaite être courtisé, comme « le jeune Robain » est
poursuivi par « la grosse Thomasse » ; il en appelle aux devoirs de Charlotte envers sa qualité de fiancée pour justifier une passivité motivée plutôt
par la pusillanimité que par la délicatesse. A la fin de la scène (II, 1), il cède,
comme il le fait tout au long de son rôle, mais ne manque pas d'insister
sur ses prouesses récentes (« la fatigue que j'ais eue »).

Dans sa scène avec Don Juan, Pierrot est parfaitement lamentable. Il
est écrasé par le rang et par l'autorité physique ; son torrent de jurons sert
simplement à souligner son impuissance. Il repousse, parce qu'incompati-
ble avec sa masculinité, la suggestion de Charlotte de tirer profit de sa nouvelle position, et l'instant d'après, il lance un défi impie à Don Juan en s'abri-
tant derrière sa fiancée. Poussé une fois de plus à prouver son courage par
l'intervention de Sganarelle, il fait en sorte que la punition qui lui était destinée frappe son protecteur, et va chercher dans l'autorité formelle la force
morale que son caractère ne lui a pas procurée.

Ce rustre naturel et sincère s'appuie ainsi sur la forme pour masquer
et compenser ses carences en tant qu'homme. Il emploie les mots et les gestes pour composer et projeter une image héroïque de lui-même, très éloignée de la réalité de son caractère peu viril. Ce n'est pas un hasard, comme
nous allons le voir, si dans ce *Festin de Pierre* il est appelé Pierrot.

Charlotte s'oppose nettement à son fiancé. Là où il utilise les formes
pour cacher sa timidité, elle les utilise pour dissimuler son cynisme et pour
servir ses ambitions matérielles. Provoquée sans aucun doute par le fait que
Pierrot mentionne Mathurine, « à qui l'en a fait les doux yeux », elle ne
s'intéresse qu'à la tournure de Don Juan, vêtu et dévêtu :

> Est-il encore cheux toi tout nu ?... Il faut que j'aille voir un peu ça.

Par comparaison, les lamentations amoureuses de Pierrot sont ennuyeuses
et sans importance : « Ah ! ah ! n'est-ce que ça ? ». Elle est immédiatement attirée par l'aspect de Don Juan (« qu'il est genti, et que ç'auroit été
dommage qu'il eût esté nayé ! », et elle se soumet à l'examen insolent de
ses charmes physiques avec une complaisance qui devient vite un franc plai-

sir ; si elle avait su qu'il voudrait baiser ses mains, « je n'aurois pas man-qué de les laver avec du son ». En un mot, ils ont tous les deux, dès le début, une base de compréhension mutuelle. Ils s'admirent l'un l'autre physique-ment ; aucun d'eux n'est trompé par l'autre ; chacun traite de faits, mais dans le langage des formes. Leur dialogue est un tissu de double entente. Charlotte annonce son prix : conserver son honneur, c'est-à-dire se marier. Don Juan lui donne la ferme assurance qu'il paiera le prix. Il voit qu'il ne peut pas l'avoir autrement, car elle n'est pas « une personne qu'on abuse », et même au cas où il la paierait en monnaie de singe, de toute façon, elle ne sera pas perdante tant que sa beauté durera. Ils concluent un marché déli-béré, dans un langage qui respecte scrupuleusement les convenances.

Mathurine comprend leur entente :

> Charlotte, ça n'est pas bien de courir sur le marché des autres... C'est moi que Monsieur a vue la première.... CH. S'il vous a vue la première, il m'a vue la seconde, et m'a promis de m'épouser... M. Il est question de juger ça.

Les deux filles en appellent à l'autorité de Don Juan pour trancher la ques-tion. Celui-ci, ayant résumé le litige, rend son verdict, déclarant en effet que les arguments basés sur les droits sont sans valeur ; pour découvrir la vérité, les jeunes filles ne doivent pas considérer l'antériorité de l'engage-ment, en d'autres termes, l'autorité de la forme, mais celle de la connais-sance, qui est à l'intérieur d'elles-mêmes, et finalement l'autorité du fait :

> Celle à qui j'ai promis effectivement n'a-t-elle pas en elle-même de quoi se moquer des discours de l'autre ?... Il faut faire et non pas dire, et les effets décident mieux que les paroles.

Comme il se doit, c'est Sganarelle qui fournit l'épilogue à l'acte II. Ayant d'abord parlé en sage protecteur d'une innocence qui n'existe que dans son imagination, lors du retour imprévu de Don Juan (II, 4), il parle ensuite comme un pourvoyeur du vice ; ayant sacrifié, en paroles, à la morale conventionnelle, il la dément dans son zèle à servir les conventions du rang et l'intérêt de son bien-être personnel. Sganarelle est favorable à une con-duite conformiste pour autant qu'elle ne le dérange pas ; il accueillera les atours de la « promotion » sociale à condition de pouvoir le faire impuné-ment. Dans l'acte III, il porte l'habit de médecin avec la fatuité qui lui vient de son respect pour les apparences ; à la fin de l'acte II, il est épouvanté de devoir réellement agir pour l'unique fois de toute pièce (en procurant les costumes de l'acte III) quand Don Juan a l'idée d'échanger avec lui ses vêtements. Don Juan, connaissant son respect des formes et aussi sa vacuité, utilise ironiquement le respect pour souligner la vacuité :

> C'est trop d'honneur que je *vous* fait, et bien heureux est le valet qui peut avoir la gloire de mourir pour son maître (italiques de l'auteur).

Sganarelle reconnaît, pour une fois l'importance du fond :

> O Ciel, puisqu'il s'agit de mort, fais-moi la grâce de n'être point pris pour un autre !

Mais dans cette situation, il a recours aux costumes de l'acte III, un autre ensemble de formes. Dans l'acte II, la forme n'est acceptée à sa valeur nominale que par Pierrot et Sganarelle. On ne peut nier que leur déception les rend en quelque sorte pathétiques. Il est tout aussi indéniable, à notre avis, qu'elle les rend ridicules.

Le rôle de M. Dimanche (IV, 3) est également ridicule et pour la même raison. Ce M. Jourdain en herbe, pourrait-on dire, a été élevé en apparence au rang de Don Juan. Selon les paroles de ce dernier, il est « meilleur de mes amis ». Non seulement on le fait asseoir en présence du gentilhomme, mais le siège est un *fauteuil* ; Don Juan s'enquiert diligemment de sa famille ; le servir est le plus cher désir de Don Juan ; sa compagnie est ce que souhaite Don Juan ; Don Juan se préoccupe qu'il soit sain et sauf ; son amitié, sur un pied d'égalité, est sous-entendue dans l'accolade de Don Juan. Mais M. Dimanche manque — et sait qu'il manque — du fond (la naissance et le mérite) pour garantir la forme. Le fond qui lui est propre, son argent, il en est tout aussi dépouillé à sa sortie qu'à son entrée. Il en est conscient, et il sait aussi que la seule raison en est son respect de la forme ; Don Juan

> me fait tant de civilités et tant de compliments, que je ne saurois jamais lui demander de l'argent.

Et Sganarelle, modelant sa conduite sur celle de Don Juan, emploie d'autres gestes pour discuter sa propre dette envers le marchand :

> Je voudrois qu'il arrivât quelque chose, que quelqu'un s'avisât de vous donner des coups de bâton : vous verriez de quelle manière... ;

en usant de cette menace, Sganarelle peut presque littéralement le pousser hors de scène.

M. Dimanche n'a pas le courage physique d'insister sur ses créances personnelles auprès de Sganarelle. Il n'a pas le courage moral de les affirmer contre Don Juan, en dépit des convenances. Le respectant comme il le fait, il est également incapable d'une véritable rancœur quand ses créances, en même temps que ses droits, sont raillés par un valet.

M. Dimanche, comme Pierrot et Sganarelle, cherche vainement dans les conventions le refuge contre son manque d'audace. Charlotte et Mathurine sont placées devant la vacuité des engagements. Don Louis, sachant que les conventions actuelles ne sont pas une expression valable de la réalité actuelle, s'accroche amèrement aux conventions. Don Carlos, moins averti, plus idéaliste, tient à regret ses engagements envers un code qui tend, il s'en rend compte, à annuler ses mérites. Don Alonse utilise le même code pour légitimer sa brutalité. Done Elvire essaie d'échapper à une réalité presque accablante en se pliant à des conventions qui, elle le sait, ne sont qu'une illusion. Chacun d'eux finit par reconnaître, à sa façon qu'il est forcé par quelque chose d'extérieur à renier sa vérité intérieure.

Tel est l'effet de la présence corrosive de Don Juan sur ses interlocuteurs : elle débarrasse du pur métal de leur caractère intime le tartre défigurant apporté de l'extérieur. Elle arrache les uniformes des conventions qu'ils professent, révélant leur nudité à eux-mêmes et à nous, dans sa force et dans sa honte. Pendant un moment, leur dignité n'est plus adultérée par la soumission ; leur ignominie n'est plus diluée dans la respectabilité. L'un après l'autre, chacun finit par réaliser, en présence de Don Juan, l'entière vérité de son individualité.

Qui est donc ce Don Juan, capable d'un tel accomplissement ? Il est avant tout dépouillé de tout conformisme. Il enfreint les règles de comportement consacrées et vénérées, établies par des institutions qui se réclament de la divinité, pour justifier leur origine et leur autorité sur les actions des hommes. Quoi qu'il pense de leur origine, il sait que les institutions elles-mêmes sont les seuls garants de leur propre autorité divine. Comme son père, il « regarde bien moins au nom qu'on signe qu'aux actions qu'on fait » ; il sait par expérience que si la conformité aux gestes institutionnels peut refréner des activités jugées mauvaises, elle est aussi utilisée pour déguiser puis pour favoriser ces activités ; il sait que, si les gestes peuvent manifester la dignité intrinsèque d'un homme, ils servent aussi efficacement à cacher et corrompre cette dignité. Don Juan est totalement impie à l'égard des institutions humaines, religieuses, sociales ou scientifiques.

On justifie les conventions instituées par le fait qu'elles permettent aux hommes de réaliser pleinement leurs aspirations d'êtres humains en les distinguant des animaux et ne leur donnant conscience de leur empire sur le reste de la nature et de leurs responsabilités les uns envers les autres et envers Dieu. On observera que Don Juan ne met jamais en question la valeur théorique de ces justifications. L'ignominie de ses personnages ne réside pas dans leur fidélité aux conventions, mais dans la mesure où, pliant leur volonté pour limiter, déformer et corrompre leur dignité d'individus, ils s'assujettissent volontairement aux autorités qu'ils ont eux-mêmes créées.

Ainsi la grande *scène du Pauvre* est la clé la plus importante de la pièce. Le Pauvre s'est retiré du monde, tout en gardant la courtoisie qui lui vient de la société. Il supplée à ses nécessités physiques par les aumônes, en échange desquelles il prie le Ciel pour ses généreux bienfaiteurs. Il réconcilie ainsi le Ciel et la terre : en se soumettant à l'autorité du code religieux il peut satisfaire l'autorité de la chair. Ses paroles et ses actes jaillissent sans déformation des profondeurs de son être. Il sait ce qu'il croit, et il en parle et agit en plein accord avec sa croyance. Son langage, bien que respectueux et poli, n'est pas entaché de formules. Il n'est le serviteur ni de la religion, ni de la société : au contraire, ce sont elles qui le servent en donnant forme à sa conception de la vie. Doué d'une intégrité totale comme individu, il respecte l'intégrité d'autrui. Il ne permet pas à Don Juan de le dominer, ni ne le cherche, par des reproches ou par d'autres moyens, à dominer Don Juan. Il est le seul personnage de la pièce qui soit complétement en paix avec lui-même, avec les trois autorités instituées, et avec son prochain. Et

Don Juan, ayant essayé en vain à plusieurs reprises de détruire son intégrité, le salue « pour de l'humanité », pour cet exploit d'être admirablement et pleinement homme.

Si nous lisons la pièce en pensant à cette scène, nous découvrons une unité idéologique cohérente dans le personnage de Don Juan. Nous voyons qu'il serait faux de conclure que Don Juan est impie simplement pour le plaisir de l'impiété. Don Juan n'est pas un monomane, comme sont censés l'être Argan, ou M. Jourdain, ou Harpagon ; ce n'est pas un *raisonneur,* ni un libertin comme Cléante ou Philinte. Sa moralité est indéfendable dans le cadre pratique de toute société civilisée ; il nous paraît inconcevable que Molière, ou qui que ce soit d'autre, en juge autrement. Pourtant Don Juan, comme cet autre hérétique déclaré du siècle suivant, le Neveu de Rameau, a une fonction positive aussi bien que destructive.

Don Juan dit dans l'acte I, scène 2 :

la beauté me ravit partout où je la trouve.

Il parle ici de la beauté des femmes, à laquelle il désire rendre

les hommages et les tributs où la nature nous oblige ;

pour lui, évidemment, la beauté d'une femme est purement physique ; c'est une beauté dont l'apparence ne peut être justement appréciée que si la femme est nue, dépouillée de toutes les illusions possibles dont la parent les vêtements et les usages. Toutefois, il n'évalue pas la beauté de l'apparence en soi, mais comme une forme naturelle, matérielle, dont la domination est une activité particulièrement et essentiellement humaine. L'intention de Don Juan à l'égard d'une femme n'est pas de l'installer, nue, sur un piédestal et de l'admirer pour la beauté de sa forme, mais de la prendre dans son lit pour pouvoir la dominer comme amant. Pour lui le seul critère valable de la beauté est la perfection fonctionnelle du bel objet. Ainsi, il tient à voir la tombe du Commandeur (III, 5), mais les beautés de la facture ne lui prouvent que la gloriole de son occupant et l'absurdité élégante du costume de Romain de la statue provoque tout simplement son hilarité. Derrière la beauté objective, derrière les ornements conventionnels il cherche toujours l'individu. Et cet individu est vraiment un être humain dans la mesure où sa volonté force les formes et les créations de l'homme et de la nature à le servir. Les idéaux représentés par les conventions — aspiration au divin, générosité, maîtrise de la nature physique — sont de belles choses parce que la poursuite de ces idéaux exige d'un homme qu'il traduise en actes sa supériorité potentielle sur le reste de la nature. Cette supériorité réside en partie dans sa raison, dans son adresse à créer ses idéaux, et en partie dans sa volonté, la faculté qui lui permet d'agir et de diriger ses activités vers un but spécifique envers et contre toutes les forces adverses.

En bref, pour Don Juan, la perfection de l'humanité consiste pour un homme à réaliser sa condition d'homme en agissant pleinement comme un homme, non comme un ange, non comme une bête, non pas par une potentialité passive, mais dans l'action concrète. Il doit avoir l'inspiration, la volonté, la connaissance, et le courage de se montrer, par l'action, supérieur au reste de la nature, de même qu'à toute opposition conventionnelle qu'il peut rencontrer. C'est ce que fait le Pauvre, et Don Juan souhaite agir de la même façon. La clé de son caractère est l'affirmation de sa volonté, comme le précise Sganarelle peu après la première entrée en scène de Don Juan (I, 2) :

> Assurément que vous avez raison, si vous le voulez... Mais si vous ne le vouliez pas, ce seroit peut-être une autre affaire.

En enlevant Elvire, il a dû vaincre non seulement sa pudeur féminine, mais aussi les restrictions religieuses d'un couvent et probablement les restrictions sociales d'une autre promesse de mariage. En la repoussant, il rejette les prétentions des conventions religieuses et sociales. Il s'est porté avec enthousiasme au secours de Carlos, en se mesurant à une force physiquement supérieure. En se jouant de son père, Don Juan se joue des obligations filiales et de la protection physique. En tenant sa promesse à la statue, il répudie ses propres peurs physiques :

> Allons voir, et montrons que rien ne me sauroit ébranler (IV, 8).

En donnant l'aumône, il salue le seul personnage de la pièce que sa volonté porte malgré les obstacles à parler et à agir exactement comme il pense, et qui, par conséquent, est exemplaire de la perfection humaine selon Don Juan. Don Juan nous dit, de bien des façons (I, 2),, que son plaisir n'est pas dans la réussite mais dans l'exécution ; autrement dit la réalisation est moins importante pour lui que la fonction. De ce point de vue, il n'y a pas d'incohérence entre la façon dont il traite Elvire, les paysans, M. Dimanche, Don Louis, et les autres, et son apparente générosité lorsqu'il fait l'aumône ou sauve la vie de Carlos. Toutes ces actions font partie intégrante d'un homme sincère, s'efforçant d'incarner ce qu'il considère comme la perfection de l'humanité.

Il en est de même pour son hypocrisie. Don Juan suit une *carte du tendre* en courtisant Elvire, et prétexte des scrupules religieux pour la repousser. Il promet le mariage à Mathurine et à Charlotte. Il déclare sa foi religieuse à Sganarelle en termes arithmétiques, et utilise des arguments arithmétiques ou économiques quand il essaie de corrompre le Pauvre. Il explique sa décision de sauver Carlos en fonction des conventions sociales. Son défi à la statue revêt l'aspect d'une invitation formelle. Il se débarrasse de M. Dimanche par des formalités. Il se débarrasse de son père et fait taire Elvire en faisant montre de son hospitalité, tout insolente et cynique qu'elle soit. Son rôle dans l'acte V, la façon dont il persuade Don Louis de sa conversion, son rendez-vous avec Carlos, sont l'expression de conventions religieuses. En certaines occasions il précise clairement qu'il utilise les conventions sur le mode ironique ; dans d'autres il voudrait faire croire à son interlocuteur qu'il les prend au sérieux. Dans tous les cas, il adopte les conventions comme une sorte de couche protectrice ou de camouflage lorsqu'elles seraient un obstacle insurmontable à la poursuite directe de ses objectifs.

On peut à bon droit voir dans cette pièce, comme de nombreux critiques, un exposé sur la formation du personnage de l'hypocrite, le produit fini étant illustré dans *Tartuffe.* Dans *Don Juan,* il semble indéniable que le héros soit poussé à se résoudre à l'hypocrisie comme à la seule façon de se réaliser comme être humain et individu, vu la société particulière dans laquelle il vit. Il semble certain que Don Juan n'ait pas l'entière approbation de Molière, mais il semble encore plus certain que Molière ne le désapprouve pas absolument. De tous les personnages de cette comédie, seuls le Pauvre et Don Juan ne sont jamais ridicules ; leur dignité demeure intacte du début à la fin.

Nous en concluons que la raison d'être de Don Juan est de s'opposer à la domination des conventions, de percer et de cautériser l'ulcère honteux qu'est la soumission de l'individu à des monstres qu'il a lui-même créés, alors qu'il contraint Sganarelle à rendre la nourriture volée (IV, 7) ; de démontrer l'irréalité des apparences, tandis qu'il passe son épée à travers le spectre (V, 5). Et l'observation la plus amère de toutes est l'écrasement de Don Juan par l'insulte la plus monstrueuse à l'humanité que l'on puisse trouver dans le théâtre de Molière : ce simulacre inhumain d'un homme (un homme vaniteux et vaincu), une simple image façonnée selon les règles et la mode dans une pierre froide, rigide, dure, morte. Ce n'est pas par hasard, et ce n'est surtout pas par imitation aveugle d'un titre absurde, encore que réussi, que cette pièce est appelée *Le Festin de Pierre,* la fête ou, pourrions-nous dire, le triomphe de la pierre.

Si l'objet de la lutte de Don Juan était différent, nous pourrions voir ses multiples actions à travers les yeux d'un Pascal et les appeler *divertissement.* Mais à sa façon, Don Juan cherche la même chose que Pascal : la réalisation des plus hautes potentialités de la nature humaine. Il n'adhère pas au système de croyances de Pascal, et ses moyens sont totalement différents. Il est persuadé de la grandeur potentielle de l'homme, avec ou sans Dieu, nous n'en savons rien, mais certainement sans l'action des hommes qui, se réclamant d'une autorité divine, insistent pour que l'individu renonce à son individualité. Don Juan est conscient des différences infinies entre les êtres, et ces différences le fascinent ; mais il croit que derrière la variété existe un principe unique, la maîtrise des formes par l'homme, selon lequel il est joyeusement déterminé à agir en dépit de la force de dissuasion des institutions qui l'acculent à un subterfuge après l'autre, pour finalement le détruire.

La croyance obstinée en un principe unifiant caché derrière les apparences multiformes de la nature humaine est évidemment l'une des préoccupations les plus profondément enracinées dans la pensée et l'art du siècle de Molière. Nous pensons que dans *Dom Juan* Molière a créé son expression artistique la plus fine sur ce thème, et que ce faisant il a porté son jugement d'ensemble le plus profond sur ce qui, selon lui, devrait constituer la perfection humaine. Puisqu'il est artiste, sa tâche n'est pas de définir mais de représenter.

Au dix-septième siècle, les définitions globales de l'homme sont rares. Le mystère essentiel de *Dom Juan* est magnifiquement défini dans la fameuse « chimère » de Pascal. Moins magnifique, peut-être, mais plus vaste, et, si l'on peut dire, plus humaine, et sûrement plus applicable à Don Juan et à ses actions, est la définition donnée à une époque plus reculée par le Cardinal de Bérulle :

> *L'homme est composé de pièces toutes différentes. Il est miracle d'une part, et de l'autre un néant. Il est céleste d'une part et corporel de l'autre. C'est un ange, c'est un animal, c'est un néant, c'est un miracle, c'est un centre, c'est un monde, c'est un Dieu, c'est un néant environné de Dieu, indigent de Dieu, capable de Dieu et rempli de Dieu s'il veut... Nous devons regarder notre être comme un être manqué, imparfait ; comme un vide qui a besoin d'être rempli... Notre nature qui sent ce qui lui manque, soupire sans cesse après son accomplissement.*

« Rempli de Dieu s'il *veut* » : un homme, pour réaliser son potentiel d'être humain, pour être un homme, désire agir, mais il doit *vouloir* agir. La volonté d'un homme est, de toutes ses facultés, la plus proprement sienne. Bérulle et, croyons-nous, Molière, pensent que l'affirmation de la volonté de l'être humain en tant qu'individu est un premier principe, un élément indispensable, dans la réalisation de son humanité. Et ils trouvent seulement dans l'activité volontaire autonome de l'homme tout entier, corps, esprit et âme, l'exemple de la perfection de l'humanité.

« Un vide qui a besoin d'être rempli » ; « notre nature... soupire sans cesse après son accomplissement » : ici, peut-être, est l'explication de l'agitation perpétuelle de Don Juan : « comme Alexandre, je souhaiterois qu'il y eût d'autres mondes ». S'il est humain de chercher satisfaction, il est tout aussi humain de ne jamais la trouver. L'incessante activité de Don Juan est née d'une insatisfaction constante de ce qui a été accompli, en même temps que de la conscience que sa nature exigera toujours plus que ce que les événements peuvent lui offrir.

Nous avons essayé de montrer comment *Dom Juan* donne l'exemple d'une conception de la perfection humaine, ainsi que des obstacles qui entravent son incarnation. Nous avons essayé de montrer comment les détails de la pièce sont agencés poétiquement pour représenter, dans un texte de critique comique profondément cohérente, la nature et la force des obstacles et les conséquences dénaturantes de leur pouvoir sur les hommes. Nous croyons que tel est le thème de *Dom Juan* et même, après *Dom Juan,* de tout le théâtre de Molière.

DOM JUAN ET *LE MISANTHROPE* OU L'ESTHÉTIQUE DE L'INDIVIDUALISME CHEZ MOLIÈRE

par

Jules BRODY

> *Le comique naît au moment précis où la société et la personne, délivrées du souci de leur conservation, commencent à se traiter elles-mêmes comme des œuvres d'art.*
>
> BERGSON, *Le Rire* (Paris : Presses Universitaires, 1947), p. 16.

I

« La comédie sociale », écrit Ramon Fernandez, « est toujours une critique de l'individualisme, et le personnage comique est toujours un individu ; mais c'est un individu dérisoire incapable de tenir un instant sur ses pieds »[1]. Des personnages tels qu'Arnolphe, Alceste et Argan illustrent à l'évidence cette proposition. Il y a toutefois d'autres fortes personnalités chez Molière qui parviennent d'une manière ou d'une autre à affirmer leur individualité sans être jamais égratignées par le comique, comme si leur existence se déroulait à l'abri des lois qui gouvernent la destinée du commun des mortels. Dom Juan et Célimène, par exemple, réussissent, dans les situations mêmes où leurs adversaires échouent, à s'imposer au monde. Bien que ces deux personnages cherchent à se distinguer avec autant d'agressivité que leurs pendants comiques, ils n'auront jamais à payer la rançon du ridicule qui, dans le monde rigidement conformiste de Molière, frappe régulièrement ceux qui prétendent à une gratification démesurée de leur moi. Dom Juan et Célimène, qui plus est, partagent cette invulnérabilité avec un certain nombre d'individualistes tout aussi privilégiés, encore que moins pittoresques : Valère dans *L'École des maris,* Clitandre et Angélique dans *George Dandin,* Dorante dans *Le Bourgeois Gentilhomme,* pour n'en citer que quelques-uns. Ils peuvent être impliqués dans des situations délicates ; ils peuvent être exposés aux mêmes périls que les personnages que nous avons coutume d'appeler « comiques », mais les Angélique et les Dorante du monde de Molière demeurent néanmoins préservés comme par essence de tout embarras et de toute humiliation. Bien qu'ils soient moralement dans leur tort, quel que soit le critère selon lequel on les juge, ils s'avèrent en pratique être esthétiquement dans leur droit. Les rieurs sont toujours de leur côté[2].

Dans les pages qui suivent, je vais tâcher de dire pourquoi il doit en être ainsi. Alors que la plupart des écrits sur Molière portent, et cela se comprend, sur la psychologie du personnage comique et sur la dynamique de la situation comique, cet essai se propose de pénétrer dans l'univers de Molière par un chemin détourné et selon une stratégie différente, par la porte de service en quelque sorte : en demandant pourquoi et comment il est possible à deux des personnages-clé non comiques de Molière de se préserver du sort qui tombe en partage à leurs adversaires comiques.

II

Dom Juan cristallise en lui-même les traits de caractère innés et les motivations propres à ces aristocrates de Molière qui, par la grâce d'une cohérence intérieure et d'un art de vivre qui font défaut à ceux qui leur sont inférieurs dans la hiérarchie sociale, parviennent à réaliser des desseins égoïstes et grandioses au mépris de la loi, de la morale et des valeurs les plus fondamentales de la civilisation. Selon Fernandez, Dom Juan pousse l'impunité aristocratique si loin qu'il pose à la comédie un problème insoluble. Et il a raison en effet sur un point fondamental : nous n'expliquerons jamais cette pièce de façon satisfaisante si nous la considérons comme une illustration de plus du thème comique que Fernandez appelle « l'impunité punie ». Alors que les intentions des personnages comiques typiques de Molière sont minées par « une identité entre l'erreur et le vice », dans *Dom Juan,* exceptionnellement, le vice et l'erreur sont dissociés[3]. S'il est vrai que Dom Juan incarne le vice, il est tout aussi vrai que Sganarelle monopolise l'erreur. L'erreur et le vice vont de pair dans cette pièce dans la seule mesure où le serviteur, malgré toutes ses protestations, maintient volontairement une association paradoxale avec son maître — association que Bénichou a définie avec une extrême précision : en dépit de son opposition systématique à Dom Juan, Sganarelle demeure le « double inférieur et grossier » d'un maître qui se considère comme un « héros souverain, dont les désirs se prétendent au-dessus du blâme et de la contrainte ». Sous la désapprobation et la haine de Sganarelle, « perce à plusieurs reprises une sorte de respect impuissant, qui fait du valet, malgré qu'il en ait, l'écho de son maître[4].

C'est de la confrontation entre Sganarelle et le héros en titre que surgissent les contrastes, imitations et complicités sur quoi se fonde l'intrigue
de *Dom Juan*. Jacques Guicharnaud voit à juste titre le rapport serviteur-
maître comme la clé de voûte de la pièce. Dom Juan occupe la scène pendant vingt-trois des vingt-sept scènes — Sganarelle pendant vingt-six. Au
cours des rares absences de Dom Juan, Sganarelle parle de lui et l'imite ;
Dom Juan lui manque et il suscite son image et évoque sa présence comme
s'il en était obsédé et hanté, comme si son attachement était inspiré par quelque chose de beaucoup plus pressant que les gages qu'il ne verra jamais[5].

Le fondement de ce rapport complexe est implicite dans les tout premiers mots de la pièce. La tirade d'introduction de Sganarelle, sur les vertus du tabac à priser, a pour thème l'attitude combative que Mozart devait
immortaliser dans l'ouverture de son opéra : « Voglio far il gentiluomo, e
non voglio più servir ». Voici, pour Sganarelle, les propriétés du tabac : « Il
instruit les âmes à la vertu, et les apprend avec lui à demeurer honnête
homme »[6]. Le priseur, dit-il à Gusman, aspire avec le tabac une sociabilité
enviable qu'il traduit par les attitudes les plus aimables et les plus gracieuses :

> Ne voyez-vous pas bien, dès qu'on en prend, de quelle manière obligeante
> on en use avec tout le monde, et comme on est ravi d'en donner à droite et
> à gauche, partout où l'on se trouve ? on n'attend pas même qu'on en demande,
> et l'on court au-devant du souhait des gens : tant il est vrai que le tabac ins-
> pire des sentiments d'honneur et de vertu à tous ceux qui en prennent.

En accompagnant ces propos des gestes qu'ils appellent, Sganarelle trahit
pour la première fois ce qui sera chez lui une attirance permanente pour
les formes et les grâces extérieures, la splendeur superficielle de la vie
aristocratique[7].

La posture imitative de Sganarelle, avec la tabatière, inaugure toute une
série d'efforts pour transcender son rôle dans la vie, pour s'identifier à son
maître. Et, comme Dom Juan, il est plus volontiers attiré par les privilèges
de l'aristocratie que par les valeurs qui en sont le fondement supposé. Alors
que le langage stylisé, abstrait, de Gusman révèle une foi aveugle dans l'invio-
labilité des obligations morales qui incombent à la noblesse[8], Sganarelle affiche une conscience aiguë et cynique de ses prérogatives ; il a appris au service de Dom Juan que les atours extérieurs de la vie aristocratique peuvent
cacher un vide moral. La connaissance avertie des usages du monde avec
laquelle il répond à l'indignation de Gusman, ainsi que le ton condescen-
dant qu'il adopte avec lui — « mon pauvre Gusman, mon ami » — et dont
il usera avec Pierrot et d'autres encore[9], sont les indices, chez Sganarelle,
de la supériorité d'un homme affranchi, peut-être même d'une complicité
avec les vues et les intérêts de son maître, qui auront pour effet d'atténuer
l'impact de ses critiques futures à l'endroit de Dom Juan.

Mais lorsqu'il a l'occasion de *jouer* effectivement le gentilhomme dans
le « stratagème » de Dom Juan, la lâcheté naturelle de Sganarelle ne lui permettra pas d'assumer le rôle : « Monsieur, vous vous moquez », proteste-
t-il. « M'exposer à être tué sous vos habits... ! » (II. v). Mais les velléités

combatives de Sganarelle trouveront bientôt un moyen d'expression moins
dangereux. L'habit de médecin, « l'attirail ridicule » (III, i) qu'il portera
pendant tout le troisième acte, réveille en Sganarelle la même attirance pour
la supériorité sociale que celle qui a motivé son discours sur le tabac à priser :

> Savez-vous, Monsieur, que cet habit me met déjà en considération, que
> je suis salué des gens que je rencontre et que l'on vient me consulter ainsi
> qu'un habile homme ?

Son habit de médecin, les ordonnances qu'il tend aux passants, la reconnaissance respectueuse de ses patients plongent Sganarelle dans un univers
séduisant de fantaisie où les destins se modèlent au gré du désir, où il peut
exercer son autorité et son pouvoir sur autrui, où, sans encourir ni danger
ni responsabilités, il peut ressembler à Dom Juan dans ses attitudes les plus
enviables.

A mesure que sa fantaisie s'envole, ce guérisseur des corps devient bientôt le guérisseur des âmes, le prêcheur, l'intellectuel : « car cet habit me donne
de l'esprit », explique-t-il à Dom Juan impie en médecine, « et je me sens
en humeur de disputer contre vous » (III, i)[10]. Bien que Sganarelle, comme
le montre Guicharnaud, ne croit pas, au début, à l'efficacité de son déguisement, le masque commence bientôt à lui coller au visage ; à mesure que
la scène se déroule, la contagion se fait jour. Au moment de prononcer son
sermon sur la Providence et les causes finales, Sganarelle sera sincèrement
convaincu d'être un éloquent docteur-prêcheur, directement en prise sur les
mystères cosmiques et habité par l'art d'émouvoir les âmes[11]. Tout aussi
évident est le lien qui unit la teneur de ce discours exalté et le rêve de grandeur qui lui a donné naissance. Car il y a une cohérence, à la fois logique
et dramatique, dans le fait que le déguisement qui ennoblit Sganarelle, et
le place si haut dans l'échelle sociale, lui inspire en fin de compte une tirade
couronnée par un éloge dithyrambique de la situation de l'homme sur
l'échelle naturelle :

> Mon raisonnement est qu'il y a quelque chose d'admirable dans l'homme,
> quoi que vous puissiez dire, que tous les savants ne sauraient expliquer.

Dans le péan que Sganarelle dédie à la noblesse de l'homme celui-ci apparaît comme une merveille ambulante, dont la principale et plus admirable
propriété est le libre-arbitre :

> Cela n'est-il pas merveilleux que me voilà ici, et que j'aie quelque chose
> dans la tête qui pense cent choses différentes en un moment, et fait de mon
> corps tout ce qu'elle veut ? Je veux frapper des mains, hausser le bras, lever
> les yeux au Ciel, baisser la tête, remuer les pieds, aller à droite, à gauche, en
> avant, en arrière, tourner...

A ce moment critique, les indications scéniques de Molière — *Il se laisse
tomber en se tournant* — annoncent le commentaire laconique de Dom Juan
sur la rhétorique de Sganarelle ainsi que son accompagnement chorégraphique : « Bon ! voilà ton raisonnement qui a le nez cassé ». Finie la masca-

rade. Il faut davantage qu'un habit pour à jamais insuffler à ce que Sganarelle appelle « la machine de l'homme » l'esprit, la liberté dominée, l'harmonie et la grâce qui maintiennent un homme d'aplomb et distinguent un
homo erectus de son supérieur.

On peut toutefois se demander si Molière a vraiment voulu présenter
le raisonnement de Sganarelle comme absurde en soi. Car il repose, après
tout, sur certains lieux communs de la métaphysique chrétienne traditionnelle que seul le libertin le plus militant aurait osé nier. Si le raisonnement
de Sganarelle tourne court, et s'il tombe, c'est la manière plutôt que la matière
qu'il faut accuser. Le procédé comique qui fait dégringoler Sganarelle des
cimes de l'exaltation philosophique devrait être considéré à juste titre comme
ni plus ni moins que l'expression spectaculaire, à un niveau physique élé-
mentaire, de l'irrémédiable bassesse de ce valet. Dans cette scène, Sganarelle, comme tant d'autres personnages comiques de Molière, est moralement dans son droit, mais esthétiquement dans son tort. Son élan vers les
distinctions mondaines, la puissance intellectuelle et l'élévation spirituelle,
est sapé par un matérialisme inné, un asservissement aux objets et aux
mécanismes[12]. En usant d'accessoires aussi dénués de vie que la tabatière
et la robe de médecin pour échapper à sa condition, Sganarelle, loin de faire
le poids face à son maître, se prépare une défaite humiliante. C'est d'ailleurs Sganarelle lui-même qui fournit le commentaire le plus éloquent sur
les vertus de son déguisement de docteur. Dom Juan, dans un mouvement
de vaillance inattendu, vient de sauver Dom Carlos ; Sganarelle, exerçant
son libre-arbitre, avait choisi de se cacher durant la lutte :

DOM JUAN :   Comment, coquin, tu fuis quand on m'attaques ?

SGANARELLE : Pardonnez-moi, Monsieur ; je viens seulement d'ici près. Je crois
                que cet habit est purgatif, et que c'est prendre médecine que de
                le porter (III, 5).

Le sermon sur la Providence prend une signification plus profonde,
rétrospective, si on l'étudie en le confrontant aux fameuses remontrances
du *coq-à-l'âne* (V, 2), qui, dans plusieurs détails essentiels, s'avèrent en être
la contre-partie et le prolongement. Dans les deux cas, Sganarelle, inspiré
par l'esprit de rivalité, s'identifie au cours d'une harangue philosophico-
religieuse passionnée, à un principe d'ordre cosmique qu'il oppose à la liberté
effrénée de Dom Juan. C'est le comble de l'ironie qu'un discours qui décrit
la liberté humaine comme gouvernée par une loi divine inhérente à son origine finisse par illustrer, à son apogée, la soumission totale de Sganarelle
à une loi physique aussi primordiale et inexorable que l'arithmétique inhumaine de la théologie de Dom Juan. En fin de compte, la diatribe sublime
de Sganarelle, régie, pour ainsi dire, par la loi de la « chute des corps »,
s'effondre tout aussi sûrement que « deux et deux sont quatre ». En se
retrouvant le nez par terre, il entraîne avec lui tout l'édifice métaphysique
qu'il a construit.

Le *coq-à-l'âne* reprend exactement là où le discours de Sganarelle sur la liberté s'était interrompu — sur la notion de rupture : « Tant va la cruche à l'eau qu'enfin elle s'y brise ». On ne saurait songer à un début plus à propos, poétiquement juste, ou prophétique que ce proverbe d'introduction. Comme Henri Gouhier l'a finement observé : « Sganarelle raisonne comme une cruche et lui-même nous dit le destin des cruches »[13]. De même que dans le sermon sur la Providence les mouvements corporels de Sganarelle avaient échappé à son contrôle, de même dans le *coq-à-l'âne* ses mots s'embrouillent, ses phrases et ses propositions perdent toute cohérence. Et pourtant, on y décèle une ébauche de motif et de structure. Bien que manquant de liaison syntactique ou logique, les divagations de Sganarelle se regroupent bel et bien autour de deux thèmes : la dépendance hiérarchique et l'indépendance effrénée. Comme les branches sont reliées aux arbres, les bons préceptes attachent les hommes à la vie morale ; comme Dieu gouverne la terre, les navigateurs pilotent leurs bateaux, les vieux guident les jeunes, les pauvres vivent soumis à la nécessité ; seule la nécessité elle-même, représentation terrestre de la volonté et de la puissance divines, n'obéit à aucune loi supérieure. Côte-à-côte avec ce réseau de notions, où s'esquisse un principe d'ordre cosmique, il s'en développe un autre qui avance l'idée d'une liberté débridée : la cour, la mode comme créature de la fantaisie, les tempêtes violentes en mer, la jeunesse insouciante, les bêtes sauvages. Bien que le juste rapport entre ces deux forces antithétiques soit perceptible, bien que la subordination de l'une à l'autre soit sous-entendue comme une vérité morale suprême, la forme de ce discours remarquable dément en tout point son fond à mesure que l'ordre moral et cosmique que prêche Sganarelle sombre dans un chaos linguistique. Et l'épilogue laconique de Dom Juan — « O beau raisonnement » ! — met en évidence la disparité comique entre l'ordre splendide évoqué dans la vision de Sganarelle et le désordre grotesque de sa médiation. Si le « raisonnement » précédent sur la Providence s'est cassé le nez, celui-ci souffre de fractures multiples. Le mécanisme physique qui, auparavant, a précipité le raisonnement de Sganarelle du haut des cimes métaphysiques, fait place ici à des mécanismes verbaux et syntactiques qui, contrairement à leur fonction cohésive normale, disloquent son édifice intellectuel. Ce qui avait été avancé comme une démonstration rigoureuse apparaît tout au plus comme un simple chapelet d'associations libres ; par leur manque total de cohérence et de discipline, les mots de Sganarelle le désignent comme l'exemple incarné du chaos que son discours prétend condamner chez Dom Juan et réfuter dans le monde.

L'effort de rivalité intellectuelle de Sganarelle avec son maître n'éclaire qu'un seul aspect du conflit plus général dans cette pièce entre les idées conventionnelles sur le monde et l'iconoclasme de Dom Juan, entre l'ordre et la liberté, l'obligation et l'indépendance, la société et l'individu. Sganarelle se distingue des autres adversaires de Dom Juan, toutefois, en ce qu'il est aussi un complice ; bien que, peut-être, ce soit parfois contre son gré, il est néanmoins si profondément impliqué dans les activités et les intérêts de son maître qu'il nous est difficile d'ajouter totalement foi à ses protestations.

Son empressement à imiter les attitudes les moins édifiantes de Dom Juan semble, en fait, parfois plus fort que son besoin de les corriger.

La scène où Dom Juan reçoit Monsieur Dimanche fournit à cet égard un exemple frappant. Nous y voyons le grand seigneur dans une attitude typique : Il s'emploie à esquiver une obligation. Le fait que la dette à Dimanche soit une dette d'argent ne doit pas masquer l'analogie qu'elle présente avec les obligations de Dom Juan envers d'autres personnages de la pièce. Car il doit, ou a promis, quelque chose à chacun. Il a promis le mariage à Done Elvire ainsi qu'aux paysannes ; il a une dette d'honneur envers Dom Carlos et Dom Alonse, il doit l'obéissance et le respect à son père, des gages à Sganarelle et sa vie à Pierrot. Et au-delà de ces dettes terrestres, il doit son repentir à Dieu. De tous ces « créanciers », Dieu seul va recouvrer sa dette et, encore, en partie seulement.

Dimanche est le premier d'un défilé de visiteurs qui viennent au cours de l'Acte IV réclamer leur dû. Tandis que Sganarelle voudrait le renvoyer les mains vides, Dom Juan, au contraire, l'accueille : « C'est une fort mauvaise politique », explique-t-il, « que de se faire celer aux créanciers. Il est bon de les payer de quelque chose ; et j'ai le secret de les renvoyer satisfaits sans leur donner un double » (IV, 2). Et Dimanche sera payé en effet : de mots, de compliments, de gestes, de politesse — la monnaie principale de l'aristocrate consommé, rompu au maniement habile des formules verbales et des formes mondaines. (C'est de la même monnaie, par ailleurs, que Célimène paiera ses soupirants). Par sa sollicitude envers la famille de Dimanche, son offre d'un siège et d'une place à sa table, son étalage « d'amitié », Dom Juan élève un rapport commercial au niveau mondain, tout comme avec Dom Louis, Done Elvire et la statue, il abaissera des liens moraux au niveau mondain. Dans le cas de Dimanche, la tactique de Dom Juan renverse les rôles et impose au créancier une contre-obligation qui efface la dette financière. A la fin, reconnaissant sa dette sur le mode ironique — « Je suis votre serviteur, et de plus votre débiteur… », « il n'y a rien au monde que je ne fasse pour votre service » — Dom Juan, comme par magie, fait dire à ses paroles le contraire de ce qu'il dit en réalité. Son maniement des bons usages est tellement adroit qu'ils parviennent, aux yeux de Dimanche, à supplanter la réalité : « Il me fait tant de civilités et tant de compliments », confesse le marchand à Sganarelle, « que je ne saurais jamais lui demander de l'argent ». Si Dimanche n'a plus le cœur à réclamer son argent, c'est parce qu'il a l'impression d'avoir été payé en fait par le cadeau gratuit de courtoisie de Dom Juan. La dette a été résorbée par une performance artistique, liquidée par un geste esthétique.

S'il est vrai, comme l'assure Howarth, que cette scène soit la seule à n'avoir « aucune contrepartie dans les premières versions » de l'histoire de Dom Juan[14], on peut se demander à juste titre pourquoi Molière l'a inventée et pourquoi il a choisi de la placer là où il l'a placée au commencement de l'Acte IV. Une fois de plus, c'est Sganarelle qui nous met sur la voie. Dimanche n'est que le premier de plusieurs personnages qui viennent voir

Dom Juan au cours de l'Acte IV pour exiger le règlement d'une dette ; il sera suivi par Dom Louis, Done Elvire et la statue. Mais alors que Sgana-relle compatira avec ces derniers visiteurs, et, ainsi qu'il l'a fait systémati-quement jusque-là, soutiendra les positions morales conventionnelles qu'ils représentent, c'est seulement envers Dimanche qu'il assumera l'attitude de son maître et essaiera d'imiter ses expédients. En fait, tout l'épisode de Dimanche semble avoir été conçu comme une illustration supplémentaire du rapport d'antagonisme entre le maître et son valet. Nulle part ailleurs le contraste entre les deux n'est exprimé de façon plus dramatique. Dans ces deux scènes, mises bout à bout, le maître et le serviteur renient tous deux leurs dettes. Mais ce que Dom Juan a accompli avec adresse et art, par la forme, Sganarelle le fera brutalement, par la force. Comme le précisent les indications scéniques de Molière, il tire Dimanche par le bras, le pousse et l'expulse, enfin, physiquement. *Voglio far il gentiluomo*[15].

Face à Dimanche comme face à son maître, Sganarelle se trouve — et c'est révélateur — à court de mots. Lors de leur précédente joute oratoire, Dom Juan avait laissé son serviteur hébété d'admiration pour l'éblouissant exposé de sa philosophie de la séduction :

SGANARELLE : Vertu de ma vie, comme vous débitez ! Il semble que vous ayez appris cela par cœur, et vous parlez tout comme un livre.

DOM JUAN : Qu'as-tu à dire là-dessus ?

SGANARELLE : Ma foi ! j'ai à dire, et je ne sais que dire ; car vous tournez les choses d'une manière, qu'il semble que vous ayez raison ; et cependant il est vrai que vous ne l'avez pas[16]. J'avais les plus belles pensées du monde, et vos discours m'ont brouillé tout cela. Laissez faire : une autre fois je mettrai mes raisonnements par écrit, pour discuter avec vous. (I, 2).

Sganarelle n'est pas le seul à suggérer que la maîtrise du monde repose, chez Dom Juan, sur sa maîtrise préalable du mot[17]. De l'aveu unanime de ceux qui se laissent prendre à sa magie verbale, il n'est rien moins que fabu-leux (au sens étymologique du terme). Créateur d'illusions, il infuse dans chacun de ses discours l'apparence irrésistible de la vérité. Comme Sgana-relle et Dimanche avant elle, Charlotte, malgré tout son bon sens, succombe sous le charme des affabulations de Dom Juan : « Mon Dieu ! je ne sais si vous dites vrai, ou non, mais vous faites que l'on vous croie » (II, 2). Même lorsque l'arrivée inopportune de Mathurine semble menacer sa rhé-torique de la confrontation la plus embarrassante qui soit, Dom Juan par-vient à rapiécer le tissu déchiqueté de ses mensonges au point de se débar-rasser des deux jeunes filles en laissant chacune des deux persuadée d'être le seul et véritable objet de son affection. Guicharnaud a fort justement décrit cette scène (II, 4) comme un « ballet mécanique », dans lequel Charlotte et Mathurine sont réduites au rôle de marionnettes[18]. Cette même métaphore chorégraphique a d'ailleurs guidé la brillante mise en scène de Jean Vilar. La structure symétrique de cette conversation à trois a suggéré à Vilar de mettre l'accent sur la maîtrise de soi et la constance que montre Dom Juan dans une situation où un acteur moins consommé aurait été contraint de trahir sa duplicité. A juger de la signification de cette scène par son résultat, il semble qu'elle ait été calculée pour illustrer la diabolique adresse de Dom Juan à se servir des gens, des circonstances, des mots et des gestes, pour se placer au-dessus des accidents et des tensions provoqués par la démesure de ses désirs.

Nous pouvons supposer, puisque cette scène est en grande partie de son invention[19], que Molière y attachait une importance considérable. Car l'agilité des tergiversations de Dom Juan avec Charlotte et Mathurine révèle son génie particulier d'une façon tout à fait spectaculaire : même et surtout face aux menaces et aux pressions, il montre une souplesse élégante, une rapidité de parade et une aptitude au dégagement qui lui permettent de dominer, au vrai sens du terme, tout ce qui se passe autour de lui.

Sganarelle, par comparaison, joue le rôle du rival inepte, imitateur maladroit qui met en valeur, dans ses délibérations philosophiques, comme dans sa scène avec Dimanche, la souveraine aisance de son talentueux maître. Ajoutons que la cohérence esthétique que souligne ce contraste soutenu soustend également le comportement de Dom Juan pendant tout le reste de l'Acte IV. Comme l'a observé Guicharnaud, cet acte consiste en une suite de sketches apparemment indépendants, que ne relie aucune nécessité dramatique, mais qui sont organisés autour du thème sous-jacent de l'obligation. Bien que les intrus qui troublent la tranquillité de Dom Juan l'obligent à faire face à des dettes d'une importance croissante, il ne déroge pas à son personnage ; renvoyant chacun de ses visiteurs nocturnes avec une égale désinvolture, Dom Juan les réduit tous au rôle comique traditionnel du *fâcheux*[20].

Par une subtile logique interne, la dette matérielle de Dimanche prélude aux obligations morales qu'invoquera Dom Louis au nom de la caste, de la naissance et du souverain. Dom Juan, par réaction, ne voit dans cette requête qu'une entrave insupportable à sa liberté, et se rabat élégamment sur son stratagème habituel — celui d'une courtoisie prenant appui, tout comme son traitement de M. Dimanche, sur une monumentale arrogance de grand seigneur. Sa célèbre réplique parvient à résorber une grave exigence morale dans la vacuité d'un geste mondain : « Monsieur, si vous étiez assis, vous en seriez bien mieux pour parler » (IV, 4). Dom Juan demeure le maître de céans imperturbable qui éconduit et désarme ses adversaires par l'offre laconique de son hospitalité. Après le discours de son père sur l'honneur, l'exhortation au repentir de Done Elvire se trouvera contrée, à son tour, par un poncif du savoir-vivre, subtilement coloré de galanterie : « Madame, il est tard, demeurez ici. On vous y logera le mieux qu'on pourra » (IV, 6). La statue, second envoyé de Dieu, est accueillie de façon identique. Contrairement à Sganarelle terrifié, Dom Juan poursuit nonchalamment l'accomplissement minutieux du rituel mondain. En offrant à son hôte une place à sa table, un toast et un divertissement, il est fidèle à sa stratégie qui consiste à soumettre la moralité, le devoir et l'obligation à l'étiquette du dîner en ville.

Au moment où ses transgressions accumulées menacent enfin de se retourner violemment contre lui, Dom Juan fait rigoureusement ce qu'il avait rigoureusement refusé de faire jusque-là : pour la première fois dans sa carrière de rebelle, il moule sa conduite sur un modèle social conventionnel. Tandis que le crucial quatrième acte progresse vers le moment de la vérité, tandis que ses adversaires dénoncent un à un tous ses faux-fuyants, Dom Juan, par un contraste marqué, délaisse son arrogance coutumière pour une forme encore plus raffinée de *désinvolture,* et dissout les intrusions inopportunes de la moralité dans un bain de politesse. Et pourtant, comme il adopte les gestes les plus conventionnels au moment précis où ils défient toute convention, Dom Juan demeure fidèle, en dernière analyse, à la perversité qui définit sa nature. Pour reprendre les termes de l'antithèse si féconde posée par A.J. Krailsheimer dans un contexte entièrement différent, on pourrait dire en toute justice que « l'esthétique sociale » implicite dans la doctrine de l'honnêteté est devenue chez Dom Juan un « anesthésique moral »[22]. Dom Juan peut bien avoir moralement tort, il aura jusqu'au bout esthétiquement raison.

La série de visites nocturnes fortuites qui compose l'Acte IV est à l'image même du rythme épisodique de l'action dans le monde extraordinaire que Molière a choisi pour situer l'action de cette pièce. Tout se passe comme si les aventures de Dom Juan se déroulaient dans un espace tout spécialement conçu pour lui offrir l'occasion de réaliser à l'infini ses instincts les plus fondamentaux — comme si l'autonomie causale de chaque événement par rapport à celui qui le précède ou le suit avait été programmée pour faire ressortir l'indépendance caractérologique de Dom Juan vis-à-vis de toutes les contraintes.

Pour des raisons qui exigent une explication précise, le monde dépeint par cette pièce est le monde tel qu'il est perçu par Dom Juan. Les vicissitudes fortuites de cette histoire apparaissent, en fait, comme l'équivalent structurel naturel de la *désinvolture* qui anime l'être même du héros. Dom Juan ne cesse de fuir les êtres et les obligations ; ses rencontres ne sont jamais intentionnelles. Et pourtant, ce fugitif, qui semble devoir être si vulnérable, trouve dans les périls et les embûches qui jonchent son chemin autant d'occasions d'affirmer sa supériorité, de prouver son invulnérabilité. Les résistances que Dom Juan rencontre dans la vie, comme celles qu'il recherche chez les femmes, exigent de sa part des efforts de plus en plus considérables, de plus en plus ingénieux, de plus en plus efficaces. Chaque interruption accidentelle dans sa poursuite du bonheur lui permet à nouveau de démontrer sa vaillance et met en valeur toutes les ressources de son imagination ainsi que sa souplesse protéiforme. Il change d'aspect, adapte ses paroles et ses gestes, et renouvelle sa tactique chaque fois que sa sécurité se trouve menacée[23].

On est même en droit de dire que, si la vie est telle que nous la décrit cette pièce, la réponse de Dom Juan est la plus rationnelle qui soit. Dans un monde chaotique où les rencontres sont toujours imprévisibles, où les choses se produisent sans dessein apparent, où la soumission à l'ordre régnant provoque la frustration, Dom Juan, par sa rébellion, l'inconstance de sa personnalité, sa fidélité au principe du changement et son accord avec le rythme désordonné de la vie, fait montre d'une saine acceptation du monde tel qu'il est. Tandis que ses adversaires raisonnent et agissent au nom de leur foi — jamais justifiée ni exaucée — dans la permanence des institutions (mariage, religion, devoir, honneur, noblesse) et des valeurs qui les sous-tendent ; que chacun proclame, selon sa perspective propre, la sainteté de l'ordre moral et social dans lequel il entend enfermer Dom Juan, celui-ci, peut-être plus réaliste qu'eux tous, ne voit dans l'ordre que la forme éphémère où peut venir se couler pour un temps la substance de la vie, mais pour s'en échapper tout aussitôt. Il acceptera de se mesurer avec la vie, il en fixera un instant le cours, imposera momentanément des contours à ses éléments fugaces, tout en sachant fort bien d'avance que son aptitude à fléchir les gens et à infléchir les événements au gré de ses desseins personnels ne saurait être que de faible portée et de courte durée.

Développant les observations si pénétrantes de Doolittle, Guicharnaud propose de voir dans ce rejet par Dom Juan de tous les engagements de la vie une parodie de l'ordre comique traditionnel. Cette lecture enrichissante fait en effet de la pièce non pas un drame psychologique ou philosophique, mais une véritable « comédie sur la comédie humaine », dans laquelle le héros en titre est le « mauvais acteur, celui qui joue autre chose, ou plutôt qui, hors du jeu, gâche le spectacle »[24]. Cette métaphore théâtrale, d'ailleurs, en plus de son efficacité rhétorique a le mérite de mettre à nu le fonctionnement de la pièce comme un organisme vivant. Elle explique le silence tactique qui permet à Dom Juan de se cantonner si souvent dans le rôle de témoin ; elle éclaire la distance qu'il conserve vis-à-vis des autres, son insensibilité à leurs épreuves, son besoin d'indépendance quasi viscéral, son comportement évasif, son refus de justifier ses actions, son sourire imperturbable[25]. Car Dom Juan est le seul personnage, chez Molière, si l'on veut bien excepter Célimène, qui réussisse à garder impunément, devant le spectacle de la comédie humaine, cette posture enviable qu'Arnolphe avait tenté d'assumer face au cocuage universel :

> Enfin, ce sont partout des sujets de satire ;
> Et comme spectateur ne puis-je en rire ?   (v. 43-44)

> C'est un plaisir de prince ; et des tours que je vois
> Je me donne souvent la comédie à moi.   (v. 297-298)[26]

Ce n'est pas seulement Arnolphe, mais aussi Cathos et Madelon, Tartuffe et Alceste, qui poursuivent l'idéal que Dom Juan, en spectateur amusé, parvient à réaliser : se tailler une existence à part, constituer en soi-même une élite se suffisant à soi et invulnérable aux lois et aux pressions du reste de la société. Demeurer spectateur dans le monde de Molière c'est se préserver souverainement libre de tout ridicule.

Bien que Dom Juan semble investir sa liberté dans des objets sans valeur,

en est-elle pour cela moins complète ou moins réelle ? Le contraste apparent entre l'ampleur de ses appétits et la qualité de ses satisfactions fait-il
de lui, comme le suggère Guicharnaud, un personnage comique ?[27]. Est-il
la victime ridicule ou, au contraire, le maître invulnérable de ses désirs insa-
tiables ? Dom Juan, bien sûr, obéit à sa nature, mais d'une façon qui le
distingue très nettement d'Arnolphe, de Tartuffe ou d'Alceste. Car sa nature
est en parfaite harmonie à la fois avec ses objectifs dans la vie et avec l'ordre
chaotique du monde. Sa vision de la vie est peut-être limitée, mais elle
s'accorde effectivement tant avec ses qualités qu'avec la réalité. Alors que
le personnage comique est défait par des éléments en lui-même et dans le
monde qu'il n'avait pas prévus, Dom Juan s'incline devant une force dont
il avait dès le départ reconnu l'existence et le pouvoir.

Il semble impossible de nier la réalité de la liberté de Dom Juan sans,
par la même occasion, dépouiller les mots de leur signification normale. Si
cette liberté est une illusion, la cohérence logique de la vie de Dom Juan,
tout comme la suprême lucidité de sa mort, demeurent inexplicables. Postu-
ler un Dom Juan comique, c'est, en dernière analyse, contester l'unité absolue
de sa démarche et négliger l'absence de combat interne qui lui a permis de
soutenir si brillamment son combat avec le monde.

Par rapport à son aspiration à la liberté totale, le libertinage de Dom
Juan, comme sa sensualité, doit être considéré non pas comme un mobile,
mais comme un symptôme. Son libertinage, plutôt que « la base de son caractère »[28], n'en est que l'une des projections principales. Et, en admettant qu'il
soit un « libre penseur », il est un libre penseur plus intéressé par la liberté
que par la pensée. Même dans les rares moments où Dom Juan daigne énon-
cer une opinion ou une croyance, il le fait avec cette indépendance primordiale qui définit sa conduite comme mari, amant, débiteur, gentilhomme
et chrétien. Vivant, comme il le fait, en désaccord avec un monde qui prétend obéir à un ordre divin, Dom Juan affirme sa liberté comme une impiété
généralisée envers la société et ses institutions, la civilisation et ses contraintes. Lorsque Sganarelle accuse son maître d'être « impie en médecine »
(III, 1), ce n'est qu'une partie infime de l'histoire. Car Dom Juan est tout
aussi impie en amour, en mariage, en honneur, en politique, en finances,
en obligations filiales et en religion.

Cette impiété, de plus, est non seulement systématique, mais perverse.
Il ne suffit pas à Dom Juan de mépriser ou de rejeter le monde qui l'entoure,
il va jusqu'à soumettre au service de sa liberté les institutions mêmes qui
étaient faites pour en discipliner l'excès. Alors que les autres acceptent les
contraintes du mariage en retour de satisfactions érotiques et de bénéfices
socio-économiques, Dom Juan s'en sert de la même façon qu'il se sert de
la courtoisie et de l'hospitalité — comme d'un moyen pour accroître sa liberté
personnelle. Et dans le seul cas où il se plie à un code social pour obéir à
une obligation contractuelle, il s'avère en fin de compte n'avoir servi que
la cause supérieure de sa propre individualité. L'intervention ostensiblement
« héroïque » de Dom Juan en faveur de Dom Carlos fut moins un geste

de solidarité qu'un acte d'autodéfense. Car à cet instant la situation de Dom Carlos reflétait son propre état : seul contre plusieurs, l'individu contre la foule[29]. A en juger par ses effets réels, l'intervention de Dom Juan a servi à accroître sa propre liberté, en s'attachant par une dette de reconnaissance ceux auxquels, précisément, il était lui-même lié par une dette d'honneur. Par une curieuse ironie du sort, cette action en faveur de Dom Carlos aboutit à une contre-obligation tout aussi perverse que la dette imposée par la politesse de Dom Juan au pauvre Monsieur Dimanche[30].

Comment expliquer le fait que, dans une pièce où les valeurs et les institutions les plus sacrées de la société sont si gravement menacées, l'opposition à Dom Juan ne soit pas mieux organisée ? Dans la grande majorité des comédies de Molière, les actions excentriques, subversives, du personnage central — Arnolphe, Tartuffe, Alceste — rencontrent une résistance collective immédiate, presque instinctive. Il se trouve toujours des groupes, si petits soient-ils, de personnes fidèles à un principe implicite ou déclaré de solidarité, pour défendre l'intérêt général au nom de la société, de la nature, du bon sens, de la justice, etc. Dans de pareilles situations, un décor unifié — un salon, un intérieur, l'habitat naturel d'êtres humains dont les destins sont liés — facilite une action concertée contre le trublion[31]. Par contraste avec ce modèle, l'action diffuse, sans suite, de Dom Juan, et ses multiples changements de scène arrêtent immédiatement l'attention. Cette dispersion et ce désordre sont évidemment en grande partie inhérents à l'histoire de Dom Juan, qui, de par sa nature, exige un rythme rapide et des changements fréquents. Mais les sources de Molière révèlent que la trame épisodique de son *Dom Juan,* ainsi que l'absence d'unité de lieu, pourrait bien être symptomatique d'une fragmentation sociale correspondante. Sa version de la légende, après tout, est la première dans laquelle ne figure ni roi, ni suppléant royal, ni autre représentant terrestre de l'autorité et de la justice, qui puisse contrecarrer ou compenser l'attaque du héros contre les institutions sociales[32]. La référence fugace de Dom Louis au « Souverain » mise à part (IV, 4), il n'y a rien dans la pièce pour tempérer l'impression que l'action se déroule dans un vide politique total, dans une société sans structure, dans un monde chaotique et sans défense. Le *Dom Juan* de Molière dépeint une série de rencontres dispersées entre un « moi » incroyablement énergique et vorace et un certain nombre d'individus désunis, vulnérables, complètement abandonnés à eux-mêmes. Les normes sociales et les institutions humaines, bien que constamment évoquées, ont toutes cessé de fonctionner. Et elles demeurent inopérantes même lorsque la crise est terminée. Dans la version de Tirso, au contraire, la punition de Dom Juan marquait un retour à l'ordre et la réaffirmation des intérêts, des droits et des pouvoirs de l'ensemble de la communauté ; en proie aux terribles avertissements de sa punition imminente, ce Dom Juan-ci consomme un ultime et humiliant souper de scorpions, de vipères, de vinaigre et de fiel ; il se voit refuser le temps de confesser ses péchés. Mais le plus important c'est que sa damnation annonce un « heureux » dénouement. Trois mariages sont célébrés ; la vie reprend

son rythme normal, comme si Dom Juan n'avait jamais existé. Alors que
Tirso avait pris ses dispositions pour réparer les torts causés par les aventures de Dom Juan, chez Molière le règlement de comptes final n'a pas de
répercussions publiques et la mort du héros n'entraîne aucune satisfaction
générale. La Justice n'a pas été faite ; les torts n'ont pas été réparés.

Le vie de Dom Juan n'a été qu'une série de rapports individuels avec
des êtres isolés, liés les uns aux autres par leur seule peur et haine envers
lui, par leur impuissance à contrer ses attaques. Ses adversaires, désespé-
rant d'obtenir satisfaction d'homme à homme, sont tous contraints, dans
leur frustration, d'invoquer comme dernier recours la menace de la rétribu-
tion divine[33]. Cette confiance unanime dans l'intervention surnaturelle pour
régler des dettes terrestres ne témoigne pas seulement de l'extrême pauvreté
des ressources humaines ; elle sert aussi, rétrospectivement, à confirmer et
à généraliser l'explication donnée par Dom Juan de son attitude cavalière
vis-à-vis du sacrement du mariage ; « C'est une affaire entre le Ciel et moi,
et nous la démêlerons bien ensemble » (I, 2). A la lumière de ce dénouement, cette boutade apparente prend les proportions d'une prophétie. Car,
en fin de compte, Dieu s'avère être le seul adversaire digne de Dom Juan.
De toute façon, il est le seul à pouvoir relever le défi de ce grand seigneur
méchant homme.

C'est ce qui confirme à la fois la grandeur colossale de Dom Juan et
la situation lamentable du monde dans lequel il agit. « Dans cette pièce »,
observe Guicharnaud, « Don Juan est un criminel, mais tous les autres ont
tort »[34]. Les autres ont tort, en ce sens qu'ils ont subi un tort permanent
et irrémédiable. Dettes, devoirs, obligations de toutes sortes sont contrac-
tés, sans jamais être acquittés. Dieu touche son dû, mais c'est là une piètre
consolation, car aucune des victimes de Dom Juan ne profite en quoi que
ce soit de ce règlement essentiellement privé. En l'absence d'un roi de droit
divin qui puisse restaurer l'ordre, en l'absence de mariages sanctionnés par
Dieu qui suggèrent la participation des hommes à la victoire divine, la punition et la mort de Dom Juan sont chargées d'ironie. Tandis qu'il s'ache-
mine vers une défaite apparente, il demeure le *grand seigneur*. Il parvient,
même foudroyé, à se jouer d'une institution humaine fondamentale : le rapport économique entre les hommes et leurs semblables. La plainte finale de
Sganarelle — « Mes gages, mes gages » — est susceptible d'une application
universelle[35]. Il ne recevra pas ses gages. La piété de Done Elvire ne provoquera aucun repentir de la part de Dom Juan, et ses frères n'obtiendront
jamais la rédemption de leur honneur. Au tomber du rideau, les adversaires de Dom Juan partagent le sort de Monsieur Dimanche. Ils ont été payés
pour la forme, non dans le fond. Les dettes morales et financières ont été
réglées en monnaie de singe. L'opposition à Dom Juan demeure empêtrée
dans sa *misère,* tandis que la destruction physique même ne diminue en rien
la *grandeur* de Dom Juan. Tout compte fait, le pouvoir de ce roseau libre
penseur est tel que le Ciel seul est capable de l'anéantir. *Il faut que l'univers
entier s'arme pour l'écraser.*

Au risque d'un paradoxe, on pourrait bien affirmer que la défaite finale de Dom Juan est en réalité son triomphe le plus éclatant ; la grandeur transcendantale de son Vainqueur donne la véritable mesure d'une liberté et d'une puissance qui, ainsi que la pièce dans son entier semble vouloir le suggérer, tournent en dérision toutes les contraintes humaines et terrestres. En ce sens, Dom Juan, dans sa marche à l'Enfer, apparaît comme une sorte de héros cornélien *en mal*. Comme Nelson l'a observé, « Don Juan utilise la mort comme un instrument d'auto-affirmation. En se mesurant avec le pouvoir suprême, le *généreux* se révèle sans limites, transcendant la tragédie non par la résignation, mais par l'affirmation »[36].

La conclusion de la pièce doit être interrogée dans une autre perspective encore. Dans les premières versions, le châtiment spectaculaire de Dom Juan était bien près de convenir à ses crimes. Les prédécesseurs de Molière sont unanimes à rendre Dom Juan responsable de la mort du Commandeur ; et, chez Villier, il est coupable de deux assassinats. Bien que différentes dans les détails, les versions successives de la légende de Dom Juan utilisent toutes l'intervention surnaturelle finale pour ratifier les jugements de la justice et de la morale qui ont été prononcés auparavant dans le cadre des institutions humaines[37]. Chez Molière, au contraire, Dieu entre en scène après que les institutions humaines ont échoué.

A en juger strictement selon les données de la pièce, les choses auraient pu s'arranger si Dom Juan avait accepté de remplir ses obligations en payant le juste prix. Son seul crime, après tout, consiste non pas à avoir attiré Done Elvire hors de son couvent, mais à l'avoir épousée et abandonnée. Comme il n'est pas coupable de bigamie, il serait facile de réparer le tort. Afin de faire la paix avec le monde, il aurait dû simplement consentir à la requête des frères de Done Elvire, en vivant avec elle comme mari et femme. Il y aurait donc, comme le souligne Howarth, « une certaine disproportion entre le caractère peu spectaculaire de ses infamies et celui, très spectaculaire, de son anéantissement »[38].

La transgression de Dom Juan n'est de nature ni légale ni théologique. Il ne renie jamais l'existence ou la puissance de Dieu ; il s'étonne seulement que le Seigneur aille jusqu'à parader en statue de marbre. Thierry Maulnier nous rappelle à juste titre que, si Dom Juan était effectivement athée, sa révolte n'aurait servi à rien ; car la soif de toute-puissance dans un monde sans Dieu ne demande aucun héroïsme et ne confère aucune gloire. Le geste de Dom Juan est un geste de croyant ; la lutte dans laquelle il engage la Divinité est « la lutte de l'ange rebelle »[39].

« C'est une affaire entre le Ciel et moi ». Cette déclaration, si on la prend à la lettre, définit le crime de Dom Juan de manière à l'accorder avec sa punition. Elle suggère aussi que les institutions humaines n'ont pas réussi à faire condamner Dom Juan pour la simple raison que sa transgression dépasse leur juridiction. Car sa véritable offense n'était pas juridique mais métaphysique : ce n'était pas le refus de telle ou telle obligation, mais le rejet du principe même de l'obligation. Dom Juan aspirait, non pas au plaisir ou au pouvoir, mais à l'illimité. Son besoin irrépressible était d'exercer une liberté indéfinie, la liberté d'un dieu, inaccessible au jugement et invulnérable à la sanction des hommes.

Le miracle de la onzième heure qui interrompt la carrière de Dom Juan peut nous rassurer pour un temps, mais il demeure essentiellement troublant. La question morale qu'il soulève s'avère beaucoup plus grave que le problème dramatique qu'il résout. Après le baisser du rideau, nous sommes amenés à nous demander quelle idée se faisait Molière d'un monde où seule une intervention divine pouvait rétablir les valeurs les plus communes et les rapports les plus fondamentaux de la civilisation. Quel monde est-ce donc que celui où les principes et les institutions dépendent pour leur défense des divagations sans queue ni tête d'un bouffon pleutre, des récriminations de gentilshommes floués, des larmes et prières d'une femme hystérique ? Quel ordre comique gouverne un monde dans lequel le ridicule enveloppe chacun des adversaires de Dom Juan sans même faire un seul pli à l'élégance de son maintien ?

Le monde qui a dû faire surgir un *deus ex machina* pour enrayer les déprédations de Dom Juan est identique à celui qui a dû être sauvé des desseins d'Arnolphe par un *pater ex machina* ; c'est le même monde, en outre, que celui dans lequel Tartuffe aurait régné en maître sans l'apparition opportune d'un *rex ex machina*[40]. C'est le même monde, enfin, que celui dans lequel d'autres formes de « miracle » — l'art, la musique, la danse — doivent être invoquées pour préserver la tranquillité et le bonheur humains de l'incorrigible folie de Jourdain et Argan. Les dénouements des *comédies-ballets* font office de rideaux de fumée esthétiques, derrière lesquels s'estompent et s'effacent les singeries antisociales de leurs héros, exactement de la même façon que les feux de Bengale dévorent Dom Juan.

A en juger d'après son aptitude à résister au mal, le monde d'où Dom Juan a été chassé de force ressemble curieusement à celui qu'Alceste voulait abandonner de son plein gré : un monde pourri, en voie de désagrégation, gouverné par la vanité, les intérêts privés, l'hypocrisie et l'indifférence ; un monde en déclin, où l'amour et l'amitié ne sont plus ce qu'ils devraient être ou ce qu'ils étaient jadis, où les juges sont achetés et vendus, où les êtres humains vivent comme des meutes de loups, où les honnêtes gens passent inaperçus quand ils ne sont pas ridiculisés ou condamnés. Dans *Le Misanthrope,* nul roi ni dieu n'interviendra pour empêcher le triomphe de la dextérité sur la droiture ; les rieurs seront du côté de cette contrepartie féminine de Dom Juan qu'est Célimène ; l'éthique noble aura définitivement fait place à une esthétique.

III

Bien que les sujets de *Dom Juan* et du *Misanthrope* soient radicalement différents, les deux pièces ont au moins un point commun : chacune dépeint une attaque violente contre les exigences et les valeurs de la société civilisée ; chacune soulève les problèmes causés par l'affirmation d'une individualité puissante face à la volonté collective. Là où un ensemble de conventions suscite le mépris de Dom Juan, un autre ensemble provoque, chez Alceste, un torrent d'indignation morale. Tous les deux sont acharnés à satisfaire les besoins d'un « moi » démesuré : Dom Juan au nom d'une glorification hédoniste de sa propre personne, Alceste sous la bannière d'une auto-justification moralisatrice. Au-delà des divergences de ton et d'objet, leur conduite à chacun frappe leur entourage comme une intrusion intolérable dans la vie d'une société qui, pour être satisfaite, ne demande guère plus que la liberté de s'adonner à ses hypocrisies et ses illusions mesquines dans une tranquillité médiocre et sans nuage.

Dans la perspective des personnages créés par Molière, les revendications passionnées de la vertu peuvent apparaître tout aussi menaçantes que les expressions les plus agressives du vice. Quelles que soient les différences qui séparent les mobiles et les tactiques de leurs adversaires, Dom Carlos et Dom Louis partagent avec Philinte et Célimène un intérêt commun : ils souhaitent tous préserver ce minimum de cohérence et d'ordre nécessaire pour garantir les petites satisfactions et gratifications que l'on peut tirer de la vie. L'opposition à Alceste, comme l'opposition à Dom Juan, provient d'un besoin et d'une volonté de sauvegarder les bénéfices de la civilisation malgré le malaise qui lui est inhérent. Que les critiques de la civilisation soient motivés par la sensualité ou par la philosophie, ils stimulent une résistance enracinée dans la peur de la fragmentation sociale, animée par la foi dans les beautés de la solidarité.

Dans le monde disloqué de *Dom Juan,* tout est possible n'importe où et à tout moment. La société, qui n'est plus une entité concrète, est devenue un idéal abstrait, un système généralement inefficace de valeurs reçues, qui sont défendues au coup par coup, au gré des hasards de la vie, par des individus isolés spatialement et physiquement. La puissance de Dom Juan tient à l'impuissance du reste du monde à lui tenir tête. Son succès est dû à l'absence de toute coalition qui puisse lui faire obstacle. Ses rapports aux autres étant fragmentés en une série de tête-à-tête, il peut librement vagabonder de par le vaste monde, divisant pour régner à son gré.

Dans *Le Misanthrope,* la société est mieux armée. Le défi est lancé sur son propre terrain, un terrain beaucoup plus favorable à son auto-défense que l'espace indéfini des aventures de Dom Juan. Grâce à cette étroite topographie, une humanité grégaire, partout présente, malgré ses inévitables divisions internes, retrouvera son unité face aux incursions d'Alceste. Tout ce dont cette société peut manquer sous le rapport de l'intégrité morale, de la diversité et de l'agrément, elle le compense par sa clarté et sa permanence. Bien qu'il ne soit peut-être ni beau ni enrichissant d'y vivre, l'assemblée qui entoure Célimène dans son salon est, sans aucun doute, une force avec laquelle il faut compter.

Que nous croyions avec Alceste en sa corruption, avec Philinte en sa nécessité, ou avec Célimène en sa commodité, c'est sur la toile de fond de cette société précisément que Molière a choisi de projeter une série de pro-

blèmes liés entre eux : ceux qui portent sur les remèdes possibles à la triste
situation du monde ; sur les rôles respectifs de la liberté et de la contrainte
dans les relations humaines ; sur la manière de concilier les objectifs privés
avec le bien public dans une société d'égaux. Mais la question essentielle soulevée par *Le Misanthrope* n'est ni sociale ni altruiste ; elle est profondément
personnelle : comment affirmer son individualité sans encourir le ridicule ou
le reproche de la collectivité ? Car dans un monde où on n'est quasiment
jamais seul, où la sociabilité définit l'existence, l'ignominie de l'échec peut
facilement s'avérer plus paralysante et douloureuse que la monotonie de la
conformité.

La véritable complexité du *Misanthrope* risque d'être voilée par la précision même avec laquelle, dès le début, semblent être établies les lignes de
conflit entre individu et société. Dans la riche et puissante scène d'ouverture,
Alceste, le rebelle, et Philinte, le conservateur, représentent, en effet, deux
modes distincts de comportement dans la société : la franchise brutale et la
dissimulation délicate, la sincérité et l'« honnêteté ». La netteté de cet antagonisme ne devrait toutefois pas masquer le fait qu'il ne s'agit ici que de la
première de toute une série de scènes qui, sous une étincelante variété d'angles,
posent toutes le même problème : celui du rôle de la vérité et de la place du
franc-parler dans les relations humaines. Remarquons que, même dans sa
défense de l'hypocrisie, Philinte réussit, en toute bonhomie, à dire à Alceste
ses quatre vérités (voir les vers 97-108, 157-158, 202-203, 205-224). Son âme-
sœur, Eliante, fera de même[41]. Et, à la moindre provocation, Célimène, quoique menteuse invétérée, en fera autant, détaillant à Alceste ses défauts, tout
aussi librement que, dans la scène du portrait (II, 4), elle critiquera les autres
en leur absence. Même la sournoise Arsinoé se montre capable, à l'occasion,
de formuler ses critiques au grand jour. Si l'on songe à la brutale confrontation entre Arsinoé et Célimène (III, 4), on est en droit de se demander si Alceste
est réellement, comme il le prétend, le champion solitaire de la vérité dans
un monde de dissimulation, et si sa description du monde et de ses rapports
avec lui n'est pas, en fait, d'une extravagante inexactitude.

Les questions soulevées dans *Le Misanthrope* sont ou bien d'une simplicité ingénue ou alors d'une complexité désespérante. Si nous nous bornions
à voir les choses du point de vue d'Alceste — et c'est ce qu'il demande —
la situation semblerait se réduire à un simple conflit entre la sincérité solitaire
et le mensonge universel. Philinte, Eliante, Arsinoé et Célimène sont là pour
suggérer, toutefois, que le problème de la pièce pourrait bien être plus général et plus fondamental : la question n'est pas de savoir si la vérité peut ou
doit être dite, mais bien plutôt par qui elle doit être dite, à qui, quand, où
et — par-dessus tout — comment elle doit l'être. Car chacun des personnages importants se montre disposé à jeter le masque et à oublier les lois de
l'étiquette assez longtemps pour parler franc à quelqu'un, quelque part, à
un moment quelconque de l'action. Et ces accès de franchise n'ont rien pour
nous surprendre dans une pièce où chacun s'accorde à reconnaître que le
monde est bien ce lieu de méchanceté, de laideur et de corruption que nous

dépeint la philosophie d'Alceste. Philinte n'a pas besoin d'un misanthrope pour lui dire que la vie est une jungle (cf. vv. 177-178, 1523). Alceste peut s'en prendre à l'esprit des « portraits » de Célimène, mais personne ne songerait à en réfuter le fond. Bien qu'il ne soit pas du tout certain qu'Alceste soit plus misanthrope que Philinte, Célimène ou Arsinoé, les lecteurs, depuis Rousseau, ne se montrent que trop enclins à faire le jeu d'Alceste, en lui réservant une place à part face au reste de l'humanité. Lui octroyer si facilement la distinction qu'il réclame, c'est pourtant se rendre naïvement complice d'une prétention d'autant plus suspecte qu'à y regarder de plus près les autres personnages de la pièce refusent obstinément d'y faire droit.

Aucune autre comédie de Molière ne met en scène une société aussi parfaitement homogène. La distribution des richesses, des loisirs et du rang social y est une donnée première et permanente. Dans aucune autre de ses pièces les objectifs et les occupations des personnages ne sont si similaires, ni le mode des rapports humains si démocratique. Alceste ressemble certes plus qu'aucun autre à l'intrus grotesque, typique des comédies de Molière, qui voudrait imposer son idée fixe et sa vision du monde personnelle à une majorité réticente. Mais même lui ne diffère pas des autres dans sa préoccupation essentielle : son exigence de distinction. En ce sens, il est à classer parmi tant d'autres créatures qui, dans une société fermée, gouvernée par la contrainte et le respect des formes, essaient d'affirmer leur personnalité, de laisser libre cours à leur vitalité interne face au déni visiblement général que la société oppose à la glorification du moi. Car seuls Philinte et Eliante permettent à l'esprit de conformité d'influencer leur conduite. Les autres, bien qu'ils soient d'accord en paroles avec la préséance et les conventions, font preuve dans leur style de vie du même égoïsme agressif que celui qu'ils sont les premiers à condamner chez leur prochain. Le *Je veux qu'on me distingue* d'Alceste devrait être interprété non pas comme le cri de frustration d'un excentrique ridicule, mais comme la devise tacite de la société dans laquelle il évolue. Car la prétention d'Alceste à être traité avec déférence ne diffère en rien, quant à sa motivation, de la poursuite de la distinction par Arsinoé au nom de sa piété et de son influence à la cour. Et l'amour-propre de ces deux personnages ne dépasse en rien par sa voracité ceux d'Oronte, de Clitandre ou d'Acaste. Quant à Célimène, sa soif d'admiration universelle ne fait que refléter très exactement les mœurs et les aspirations de ses nombreux « amis » égoïstes. La communauté d'intérêt qui lie Alceste à ceux qu'il voudrait impressionner par sa « distinction » semble sur bien des points plus frappante que sa misanthropie. Son principal problème, en fait, tient à la concurrence intense qu'il doit affronter dans sa recherche de la distinction. Car chacun s'y livre — certains un peu mieux ou, au moins, un peu moins ouvertement que d'autres.

Dans un essai pénétrant, que Molière lui-même a peut-être eu l'occasion d'approuver, Donneau de Visé semble indiquer que la misanthropie d'Alceste était conçue, non pas comme une attitude morale isolée, mais comme partie intégrante d'une comédie de mœurs bien plus générale et com-

plexe. Alors que la plupart des lecteurs, suivant l'exemple de Philinte
(vv. 205 sq.), ont tendance à s'attacher aux contradictions des rapports entre
Alceste et Célimène, Donneau néglige leur prétendu antagonisme et conçoit
le *misanthrope* et la *médisante* comme des personnages complémentaires,
et même apparentés :

> Je vous laisse à penser si ces deux personnes ne peuvent pas naturelle-
> ment parler contre toute la terre, puisque l'un hait les hommes, et que l'autre
> se plaît à en dire tout le mal qu'elle en sait. En vérité, l'adresse de cet auteur
> est admirable : ce sont là de ces choses que tout le monde ne remarque pas,
> et qui sont faites avec beaucoup de jugement. Le Misanthrope seul n'aurait
> pu parler contre tous les hommes ; mais en trouvant le moyen de le faire aider
> d'une médisante, c'est avoir trouvé, en même temps, celui de mettre, dans
> une seule pièce, la dernière main au portrait du siècle. Il y est tout entier, puis-
> que nous voyons encore une femme qui veut paraître prude opposée à une
> coquette, et des marquis qui représentent la cour : tellement qu'on peut assu-
> rer que, dans cette comédie, l'on voit tout ce qu'on peut dire contre les mœurs
> du siècle[42].

Selon ce commentaire, *Le Misanthrope* serait une comédie sociale plutôt qu'une comédie de caractère ou de personnalité. L'analyse de Donneau
suggère aussi que la vision du monde d'Alceste lui est peut-être moins particulière qu'il ne veut faire paraître — ou, à tout le moins, que son exigence
de distinction peut avoir une explication plus subtile que celle qu'il avance
lui-même. Quelle que soit, en fin de compte, son utilité, la façon dont Donneau juge les intentions de Molière a la vertu insigne de faire passer la discussion de la pièce du niveau moral et philosophique au niveau concret. Car
sa remarque soulève inévitablement cette importante question pratique : à
quel objet dramatique ou comique répond l'idée de confier la critique des
mœurs du temps à deux personnages en apparence aussi différents qu'Alceste
et Célimène ?

Est-ce seulement par une ironie fortuite que la toute première affirmation de ses principes par Alceste aboutit à un mensonge diplomatique ?
Oronte réclame la vérité toute nue au sujet de son sonnet ; Alceste réplique
par une fiction évidente :

ORONTE : Parlez-moi, je vous prie, avec sincérité.
ALCESTE : Monsieur, cette manière est toujours délicate,
    Et sur le bel esprit nous aimons qu'on nous flatte.
    Mais un jour, à quelqu'un dont je tairai le nom,
    Je disais, en voyant des vers de sa façon...   (vv. 340-344)

Alceste est non seulement poussé, d'une manière presque instinctive,
à s'exprimer avec toute l'habile circonspection d'un courtisan consommé,
mais il va s'accrocher avec entêtement à son subterfuge rhétorique même
lorsque la manœuvre a été complètement déjouée :

ORONTE :   Est-ce que vous voulez me déclarer par là
      Que j'ai tort de vouloir...
ALCESTE :   Je ne dis pas cela ;

Mais je lui disais, moi, qu'un froid écrit assomme... (vv. 351-353)

A mesure que chaque *Je ne dis pas cela* accentue la frustration croissante d'Alceste, il devient évident qu'en ce moment de vérité il est bien moins
intéressé par le fond que par la *forme* de sa réponse. « Ce n'est pas *comme
cela* que je veux le dire » est au moins une partie de ce qu'il entend. A mesure
que sa colère monte, Alceste abandonne de plus en plus le sonnet ; ses démen-
tis répétés indiquent avant tout sa colère contre l'auteur du sonnet, dont les
interruptions insistantes l'empêchent d'exposer sa critique sous la forme
voulue.

Les interprétations littérales d'Oronte, sa concentration obstinée sur
le contenu du message privent la tirade d'Alceste d'un élément esthétique
auquel il attache une grande importance. Et, sous cet angle, le « Je ne dis
pas cela » d'Alceste n'est qu'une variation sur un thème connu : « Je veux
qu'on me distingue ». Car ce serait là, après tout, la plus haute sorte de
distinction : savoir habiller une insulte de toute l'élégance et de toute la grâce
que les courtisans qu'il condamne mettent dans leurs compliments les plus
fades. Oronte, en refusant la fiction d'Alceste, fait d'un triomphe potentiel
un misérable échec. Avec chacune de ses brèves paraphrases, Oronte
dépouille peu à peu la tirade d'Alceste de ses atours formels et, à la fin,
réduit à une explosion brutale et maladroite un discours qu'Alceste voulait
présenter avec toute la délicatesse et la mesure à sa portée. Ce qui avait commencé comme la critique adroite d'un poème dégénère à la fin en une attaque furieuse contre le poète qui l'oblige à cracher brutalement ce qu'il avait
voulu habilement insinuer par le biais d'un expédient rhétorique élégant.
Alceste se trouve pris ici dans un cruel dilemme : il veut à la fois dire la
vérité sans fard et en même temps embellir son discours de tous les ornements de la courtoisie mondaine. Et à la fin, lorsqu'il échoue dans cette dangereuse stratégie, il devient le personnage central d'une comédie sur la division du moi[43]. Le poème d'Oronte, selon les critères du temps ou selon les
nôtres, peut être bon ou peut être mauvais. Là n'est pas la question. Car
en fin de compte la scène du sonnet ne nous dit clairement qu'une chose :
qu'il soit ou non souhaitable d'exprimer sa pensée librement, il est diable-
ment difficile de le faire avec grâce.

La conduite d'Alceste dans son entretien avec Oronte constitue un exemple classique de la *difformité* que Jaucourt voyait comme premier ingrédient
du *ridicule*[44]. Cette scène illustre le même thème comique que celui que déga-
geait le spectacle des sermons de Sganarelle et du menuet de Jourdain : celui
de la disparité entre contenu et contenant, entre les mots, les actions, les
gestes d'une part, et de l'autre la forme qu'on s'attend par convention à
les voir revêtir. La conduite d'Alceste, comme celle de Sganarelle et de Jourdain, manque de toutes les qualités qui distinguent l'art de ses approxima-
tions inadéquates : harmonie, élégance, subtilité, unité, grâce. Et, dans le
contexte du *Misanthrope,* l'échec esthétique d'Alceste est frappé au coin
d'une ironie particulière. En disant la vérité pure et simple sur un sonnet,
il en est venu à révéler, inconsciemment, une vérité fondamentale sur lui-

même. Car l'explosion d'Alceste contre Oronte fait soupçonner que le rejet du code de politesse est pour lui moins lié à des principes moraux abstraits qu'à une incapacité personnelle, constitutionnelle, à en accomplir les rites.

Les problèmes des relations sociales décrits au premier acte du point de vue du *misanthrope* sont examinés dans le second et dans le troisième acte dans l'optique de la *médisante*. La qualité de la discussion n'a pas plus changé que son sujet ; l'inventaire des défauts humains dressé par Célimène n'est pas moins complet que celui d'Alceste, ou, d'ailleurs, celui de Philinte. Ami et maîtresse s'unissent à présent pour lui rappeler qu'il ne peut pas, sans se déjuger, s'en prendre à la critique qu'elle donne de la société dans laquelle ils vivent (vv. 667-686). Comme le déclare Alceste lui-même, la véritable différence entre sa position et celle de Célimène réside dans l'usage que celle-ci est capable de faire de ses défauts à lui ainsi que de ceux des autres : « Les rieurs sont pour vous, Madame, c'est tout dire » (v. 681).

Ce rire, d'ailleurs, sera la mesure du succès de Célimène, à ses propres yeux comme aux nôtres. Bien que le jugement sur l'humanité qui sous-tend ses idées sur la vie ne soit pas plus flatteur que celui d'Alceste, elle parvient comme par miracle à réaliser les objectifs que lui n'atteindra jamais : l'exaltation de soi, l'admiration, la distinction. Et le succès de Célimène reflète en quelque sorte le succès de son créateur, dont le talent et la mission, comme ceux de la coquette, consistent à utiliser la critique de la société pour amuser. Dans ses portraits, nous retrouvons, la violence nihiliste en moins, tous les éléments de la condamnation de la société par Alceste, mais réfractés à présent par le prisme de l'art. Ces portraits, tout comme les comédies de Molière, remportent un triomphe esthétique sur les défauts mêmes qui en ont fourni le prétexte.

Célimène fait d'Arsinoé un portrait — le plus brillant, de loin, et le plus dévastateur de tous — qu'elle brosse sous les yeux mêmes de son modèle dans une scène qui, du début jusqu'à la fin, n'est qu'un long moment de vérité. Qu'une telle scène puisse se produire dans un salon, et dans un monde où, à en croire Alceste, le mensonge est roi — voilà qui donne à réfléchir. Mieux encore : cette scène est jouée par une prude hypocrite et une coquette dissimulatrice — c'est-à-dire par les deux personnages de la pièce à qui leur nature, leurs habitudes et leur style de vie font fuir la franchise à l'égal d'une maladie. Et pourtant, en plein milieu d'une pièce dont le thème apparent est le conflit entre la sincérité et la dissimulation — au 873e de ses 1808 vers — voici que de brutales vérités personnelles sont échangées par les deux personnages les plus déloyaux entre tous. Commentant cette stupéfiante confrontation comme s'il s'agissait de la chose la plus naturelle au monde, Donneau de Visé ne lui accorde en tout et pour tout que cette remarque terre-à-terre : « Ces deux femmes, après s'être parlé à cœur ouvert touchant leurs vies, se séparent »[45]. Ainsi donc, il semble bien, malgré ce qu'en dit Alceste, que la franchise puisse avoir sa place même dans un monde corrompu — et même entre ceux qui contribuent le plus à le corrompre.

Mais la dynamique de cette rencontre fait plus qu'infirmer les idées d'Alceste sur le monde ; du mouvement interne, de la forme propre de cette scène se dégagent de nouveaux critères pour évaluer la conduite du personnage central. Tout d'abord, la stratégie d'Arsinoé dans son attaque contre Célimène ressemble de façon frappante à la technique qu'avait employée Alceste lui-même dans sa critique d'Oronte. La prude, comme le misanthrope, tend presque instinctivement à revêtir ses opinions d'une fiction conventionnelle. Alceste, rappelons-le, lança son attaque par ces mots :

> ... Un jour, à quelqu'un dont je tairai le nom,
> Je disais, en voyant des vers de sa façon   (vv. 343-344).

Arsinoé adopte la même tactique avec l'entrée en matière que voici :

> Hier, j'étais chez des gens de vertu singulière,
> Où, sur vous, du discours on tourna la matière   (vv. 885-886).

Le contexte et le contenu particuliers de ces deux fictions mèneront à des destinations différentes. Le souci de la forme que trahissent à la fois Alceste et Arsinoé implique, toutefois, que dans *Le Misanthrope* la vérité a le même rapport avec la forme artistique que la dissimulation avec l'artifice.

Le trait saillant du discours d'Arsinoé, qui servira de modèle à celui de Célimène, est son cadre de politesse. La prude a soin d'agrémenter une insulte brutale des atours de l'amabilité mondaine, ce qui montre qu'elle songe autant à la contenance qu'elle aura pendant et après sa conversation qu'à l'effet de ses remarques sur son adversaire. En communiquant une opinion venimeuse, destructrice, par un détour élégant, elle cherche à créer l'impression qu'elle parle avec mesure, à contre-cœur, comme si son amour-propre n'était en rien concerné. Sa stratégie implique que l'efficacité de ses propos serait sérieusement compromise si elle abandonnait sa pseudo-objectivité ne fût-ce qu'un instant. Arsinoé agit en supposant que la déconfiture de Célimène augmentera en proportion directe avec sa propre maîtrise d'elle-même.

Cette tactique rappelle la fausseté finaude que La Fontaine admirait chez Homère et Esope : « Comme eux ne ment pas qui veut » (*Fables*, Livre IX, l. 40). Comme leurs fables, le discours d'Arsinoé a pour but de revêtir une fiction à la fois de l'apparence de la vérité et de la sérénité de l'art. Et elle ne révélera la personnalité qui sous-tend son mensonge artistique que pour faire montre de son habileté et de sa ruse. A cet égard, son discours est autant une preuve de virtuosité éblouissante qu'un message cinglant à l'adresse de son ennemie. La forme et le ton visent à humilier avec autant de force que la teneur.

Arsinoé n'est privée de sa victoire que grâce à la finesse de son adversaire. Car dans une société gouvernée par l'affabulation et la dissimulation, tout joueur peut trouver son maître. Le succès mondain — la survie véritable en fait — dépend avant tout de l'aptitude de chacun à jouer le jeu à son avantage. L'erreur d'Arsinoé, comme le prouve le résultat, fut de s'être engagée dans un jeu verbal dangereux avec une artiste consommée. « Quand on joue à la paume », nous dit Pascal « c'est une même balle dont joue l'un et l'autre, mais l'un la place mieux » (Lafuma, n° 696).

A la fin de la tirade d'Arsinoé, Célimène a deux possibilités : réagir à l'insulte d'une manière viscérale ou bien accepter le défi selon les termes et avec les armes proposées par Arsinoé. Vu son caractère naturellement retors et la virtuosité éprouvée de sa rhétorique, c'est avec un vrai plaisir que Célimène assume son rôle dans un jeu qui consiste à dire la vérité par le biais d'une fiction — à parer une insulte des atours de la *politesse*.

Le génie de Célimène réside dans sa compréhension instinctive du fait que son adversaire lui lance un défi au niveau de la forme. En conséquence, sa réplique reproduit dans ses plus infimes détails la structure du premier long discours d'Arsinoé (vv. 878-912). Comme son modèle, la réponse de Célimène passe d'une expression d'amitié initiale au récit d'une réunion fictive, où la conduite de l'autre aurait fait l'objet d'une censure publique, puis à une protestation contre ces accusations — qui sert à son tour de prétexte pour en discourir longuement — et, enfin, à une péroraison de quatre vers (vv. 908-912) qui souligne l'esprit magnanime et impartial qui est censé avoir inspiré ce qui est en réalité une violente attaque personnelle. Par son recours à l'imitation plutôt qu'à l'invention, Célimène se montre la plus habile des deux joueuses. En suivant le schéma du discours de son adversaire (cf. les échos aux vers 879/917, 883/916, 885-886/921-922, 909-912/957-960), sa tirade ajoute la parodie à la rhétorique et, ce faisant, rabaisse les qualités artistiques de son modèle. En outre, le caractère impromptu des observations de Célimène en fait ressortir encore la nature fictive. Alors que nous ne pouvons pas savoir si Arsinoé est vraiment en train de rapporter les critiques entendues au cours d'une visite, il est évident que la conversation de Célimène avec « quelques gens d'un très rare mérite » (v. 922) est une pure invention. Sa sollicitude, de même, est d'une fausseté plus transparente, son emploi des clichés de politesse d'une hypocrisie plus évidente — au sens étymologique strict de « mensonge théâtral ».

L'interprétation par Madeleine Renaud de *l'altercation* avec Arsinoé devait beaucoup de son brio à son intuition profonde de la présence de ce talent d'actrice chez Célimène. En privilégiant ingénieusement le vocatif *Madame* qui avait ponctué l'attaque d'Arsinoé, elle faisait porter toute l'ironie parodique du discours de Célimène sur la scansion insistante de ce simple vocable. En accompagnant chaque *Madame* d'une pause volontaire, d'un sourire trop large et de révérences tout aussi excessives, Madeleine Renaud réussissait à faire même de cette apostrophe de pure forme le reflet en miniature de l'emphase par laquelle Célimène caricaturait la structure formelle des *tirades* de son adversaire. Et à cet égard, le jeu de Célimène aboutit à un triomphe esthétique : elle proclame la perfection de son art en réussissant à tirer de la *politesse* la plus exquise la plus cruelle incivilité. *Incivilité* (v. 1040), soit dit en passant, est le dernier mot que prononce Célimène en quittant la scène à la fin de sa dernière tirade. Dans tous les sens du terme, elle a bien eu le dernier mot.

Il faut enfin mesurer l'efficacité de la réplique de Célimène par son effet sur Arsinoé, qui sort de cette bataille couverte de ridicule. A mesure que sa réserve et son objectivité hautaine cèdent à la rancœur et à la colère, que la façade de politesse derrière laquelle elle a caché ses émotions s'écroule autour d'elle, nous voyons Arsinoé démasquée et, pour ainsi dire, déshabillée. La construction rhétorique équilibrée qui avait porté son attaque étant maintenant en ruine, elle en est réduite à sa simple nature viscérale. Elle subit à nous yeux le même échec esthétique qu'Alceste à la fin de la scène du sonnet. Les deux personnages ont mis un prétexte moral au service de leur exaltation personnelle ; ils ont tous deux essayé de lancer des « vérités » blessantes au travers d'un subterfuge diplomatique ; ils ont voulu cacher une subjectivité agressive et égoïste sous une forme objective. Et à la fin, ils ont été tous deux contraints d'abandonner le bouclier protecteur de la forme, et de trahir la violente irascibilité qu'ils avaient cru pouvoir ainsi dissimuler.

Mais la ressemblance entre Arsinoé et Alceste va plus loin encore. Comme Alceste, Arsinoé réagit aux problèmes de la vie par la retraite et la solitude. Celle-ci dans sa piété et celui-là dans sa rectitude considèrent le monde du dehors. Prétendument attaché à de nobles principes, chacun croit devoir se poser en juge d'une société à laquelle il ne veut pas ou ne peut pas se joindre. Car la vie dans *Le Misanthrope,* comme dans la doctrine de *l'honnêteté,* revêt les dimensions d'un jeu dans lequel le succès dépend de l'adhésion à des rites prescrits, de l'exécution habile et ponctuelle de formes compliquées. Le moindre faux-pas, le moindre relâchement dans la maîtrise de soi provoquera le ridicule et le rire d'une foule de spectateurs toujours présente. Dans une semblable situation, la position de censeur moral objectif — celle du témoin ou de l'étranger — implique donc ou bien un dédain réel des avantages que peut apporter le succès, ou bien une peur profonde de l'échec. Et pour ce qui est de l'étiologie de la position morale qu'ils ont choisie, Alceste et Arsinoé sont également à mettre dans le même sac. Ils se réfugient dans le *désert* de leurs principes non parce que la vie en société est corrompue, mais plutôt parce qu'elle est épineuse. Ils jugent le monde sévèrement et prétendent le haïr parce qu'il est mensonger et artificiel ; mais en réalité ils le redoutent parce qu'il est artistique.

Du point de vue de la société, et sans aucun doute du point de vue de Molière, Alceste et Arsinoé attendent de la vie des choses déraisonnables et impossibles. Trouvant dans la supériorité morale l'accès le plus facile à la distinction, ils refusent de jouer le jeu, tout en continuant à en convoiter le prix. Alceste aspire à la possession exclusive de Célimène que tous les hommes courtisent ; Arsinoé soupire pour Alceste, qui aime Célimène, la maîtresse universelle. La hauteur de leurs ambitions n'est dépassée que par l'ampleur de leur crainte de l'échec. Et à cet égard, ni le misanthrope ni la prude ne diffère beaucoup d'Arnolphe, dont le mouvement pour se mettre à l'écart de la comédie humaine partait de l'intuition tout aussi profonde de son incapacité personnelle. De même qu'Arnolphe avait voulu se moquer de la comédie humaine en lui demeurant étranger, de même Arsinoé et Alceste cherchent à se rendre invulnérables à ses périls en adoptant une position morale du haut de laquelle ils peuvent ergoter, pester et fulminer contre elle. Lorsque la conjonction des circonstances et d'une irrésistible attirance les entraînent dans le jeu de la vie, un destin commun les attend : le ridicule.

Une phrase antérieure d'Alceste, qui dans son contexte n'avait pas d'importance particulière, peut être citée à présent comme commentaire à la fois sur la dispute entre Célimène et Arsinoé et sur la position de Célimène tout au long de la pièce : « Sa grâce est la plus forte » (v. 233). Compte tenu de la dynamique de la société dans *Le Misanthrope,* Célimène, bien mieux que Philinte, satisfait à l'idéal de la normalité aristocratique. Car les buts qu'elle poursuit et les moyens dont elle use lui confèrent une place naturelle dans cette société d'hédonistes non comiques de Molière, qui comprend des personnages aussi divers que Dom Juan, Jupiter, Angélique et Dorante. Son ambition, comme la leur, est le bonheur — un bonheur médiocre, sans envergure, qu'elle tentera de se fabriquer selon les possibilités et les inspirations du moment tantôt par sa dissimulation, tantôt par une franchise brutale. Pas plus que la société et la classe sociale dont elle incarne le sens, Célimène ne demande l'approbation morale de ceux qui critiquent du dehors ; elle n'a besoin que de leur neutralité. Faute de quoi elle devra les neutraliser de force. Car les exigences des Arsinoé et des Alceste de ce monde menacent de rendre encore plus odieux et encore plus gênants qu'il n'est nécessaire les nombreux compromis qu'exige la poursuite du bonheur. La société dans *Le Misanthrope* est telle que les entorses à la vertu et à la morale peuvent être tolérées. Par contre, les infractions à l'élégance, à la bienséance, à la paix, au plaisir et à l'harmonie doivent être réprimées sans pitié.

Célimène peut s'accommoder du monde condamné par Alceste parce qu'elle comprend ce qu'Alceste ne comprendra jamais : que le bonheur et les satisfactions du moi dépendent d'une renonciation préalable à la grandeur, à l'euphorie, à la perfection. Elle est satisfaite dans la société qui alimente les griefs d'Alceste parce qu'elle accepte de bon gré la présence, et même la permanence, de créatures comme Oronte, les *marquis* et cette légion de rustres qui peuple sa galerie de portraits. Et elle les accepte moins par tolérance résignée que par nécessité. Car leurs défauts, encore que nombreux, ne lui dissimulent pas leurs quelques qualités qui, si minimes qu'elles soient, la dédommagent des défauts des autres[46]. Le bonheur, pour Célimène, n'est ni un état d'esprit ni une manière d'être. C'est plutôt le résultat de cette entreprise consciente, énergique, dont dépend la viabilité de la vie sociale elle-même : celle qui vise à harmoniser une multitude d'éléments contraires, à désarmer l'hostilité, à réconcilier les rivaux, à imposer avec insistance la bienséance, à affirmer constamment le primat de la forme.

Il est significatif que *Le Misanthrope,* la pièce de Molière qui traite de la façon la plus explicite du problème du bonheur, soit la seule, avec *Dom Juan,* à n'avoir pas de dénouement heureux. Si l'on songe à l'immense tâche de réconciliation et de réajustement dont Molière investit ses dénouements, la conclusion du *Misanthrope* semble régler bien peu de choses — moins encore, peut-être, que la conclusion de *Dom Juan*. Après tout, la révélation du double jeu de Célimène n'apporte guère de consolation à Alceste ni aux autres personnages qui ont eux aussi été trompés. A la fin du *Misanthrope,* personne n'a lieu d'être satisfait, hormis Philinte et Eliante, qui consacrent dans le mariage leur acceptation résignée du monde tel qu'il est. Dès le début, toutefois, leur résignation était si naturelle, et si complète leur adaptation à l'ordonnancement de la société que, n'eussent-ils jamais rencontré Alceste ni Célimène, leur destin commun eût été le même. Ce mariage, en outre, parce qu'il concerne deux personnages secondaires, atypiques, va jusqu'à suggérer que seule une minorité d'individus au tempérament particulier accepte de concevoir son bonheur sur un mode si passif ou si négatif.

Les autres, sans exception, visent un bonheur inséparable des privilè- ges et de la distinction. Il est vrai qu'Acaste, Clitandre et Oronte se laissent aller aux impulsions passagères d'une rancune bien compréhensible. Mais quand ils quittent la scène en succession rapide, bredouillant de rage et léchant leurs blessures, leur exigence fondamentale n'est pas encore assou- vie. Nul ne remporte les satisfactions de vanité dont la poursuite avait motivé tous leurs actes. Au contraire, ils restent tous trois les mains vides, comme Alceste et Arsinoé, avec, pour tout salaire de leur peine, leur orgueil blessé.

A quoi sert donc d'avoir démasqué Célimène ? Quelles sont les consé- quences dramatiques et morales de sa disgrâce ? En premier lieu, la preuve écrite de sa duplicité confirme la perfidie universelle qu'Alceste proclamait depuis longtemps : l'amitié, comme il l'a affirmé au commencement, la jus- tice, comme il l'a appris au cours de la pièce, et l'amour, comme il le découvre à la fin, sont tous entachés de corruption. Son indignation morale, que Céli- mène elle-même ne conteste plus (vv. 1736-47), n'a jamais été aussi com- plètement justifiée. Et pourtant, lors de sa justification suprême, Alceste perd la seule récompense qui aurait pu racheter la longue suite de ses humi- liations et de ses frustrations.

Répercussion finale, la dénonciation de Célimène déclenche l'épreuve de force décisive qui couvait entre eux dès le début. Son emprise sur les cir- constances et les gens ayant été sérieusement mise en question, Célimène se trouve devant une décision que l'on n'aurait pas pu lui soumettre aupa- ravant. Il ne s'agit pas simplement pour elle de préférer Alceste à la foule d'adulateurs qu'elle a toujours pu manier avec une habileté parfaite. L'alter- native à laquelle elle est acculée en cet instant critique est d'une portée bien plus grave : elle doit décider maintenant si elle ira s'enterrer dans le désert d'Alceste ou si elle reprendra ses divertissements habituels, mais désabusée à présent et sachant trop bien qu'elle est devenue aussi vulnérable que les autres. Tandis qu'auparavant elle n'avait guère de raison pour préférer Alceste à un succès mondain qu'elle croyait assuré, elle doit maintenant peser soigneusement tous les facteurs en jeu. Car son refus d'une retraite sûre dans le désert l'expose à la menace réelle et troublante d'échecs futurs.

La décision de Célimène de rester sur place, de s'engager une fois encore sur la corde raide qu'a été sa vie, implique plus qu'une simple préférence pour la vie sociale sur la solitude, pour la liberté sur la détention préventive. Par son choix, Célimène signifie l'acceptation volontaire d'un danger permanent et, au-delà, un consentement lucide à sa propre vulnérabilité. L'ultimatum lancé par Alceste l'oblige à reprendre sciemment et en connaissance de cause un mode de vie qu'elle avait suivi jusque-là par simple confort et inclination ; quand elle est mise à l'épreuve, elle se montre décidée à payer d'une déconvenue occasionnelle une liberté et une distinction dont, jusqu'à ce moment, elle avait joui gratuitement. Malgré sa mésaventure, elle sait bien que l'âge seul la fera choir pour toujours de cette position élevée, encore que mal assurée, dans laquelle elle semble destinée à s'installer une fois de plus (voir vv. 1669-70, 1774-75). Au moment de sa sortie définitive, Célimène unit à la sagesse résignée de Philinte et d'Eliante un courage et un goût du risque bien à elle. Car Célimène, maintenant comme avant, persiste à viser aussi haut qu'il est possible dans cette vie. Avec une gaieté et un brio imperturbables, elle s'apprête à conquérir d'autres mondes, bien que sachant d'avance que les satisfactions vers lesquelles elle tend seront intermittentes et imparfaites. Elle voit le monde et elle-même sans illusion et, précisément pour cette raison, elle sait que le monde lui réserve encore une place importante. Puisqu'elle a refusé l'ultimatum d'Alceste, nous devons en conclure que, pour Molière, Célimène, démasquée, subissait non pas une défaite, mais plutôt une déconvenue, un revirement momentané, une halte dans sa marche vers le bonheur dans l'élégance.

Ici, il nous faut suivre attentivement l'analyse judicieuse de Guicharnaud. Si Célimène avait pensé que le monde lui était fermé, elle aurait accepté la proposition d'Alceste. Son refus indique sa certitude qu'il y a encore un monde qu'elle pourra fréquenter, où elle pourra briller, où elle sera désirée et courtisée, où sa grâce sera de nouveau « la plus forte ». Peut-être précisément parce que ce monde est bien en partie le nid de vipères qu'y voit Alceste, Célimène ne court pas le risque d'en être jamais bannie[47].

Si cette conception du dénouement et de ses conséquences a quelque mérite, la logique nous contraint à n'admettre qu'une seule interprétation du départ silencieux et problématique de Célimène. Car lui assigner une sortie neutre, sans véritable inflexion psychologique ou dramatique, en faire, comme Guicharnaud, une disparition ou « l'extinction d'une étoile », c'est priver le rejet d'Alceste par Célimène de toute signification[48]. Si sa sortie n'est pas à prendre comme une défaite, elle ne peut être comprise que comme une affirmation. Dans l'interprétation de Madeleine Renaud, le silence du retrait de Célimène atteignait à une éloquence presque ineffable : un instant de réflexion, une moue, un haussement d'épaules enfin ; et soudain le moment électrisant où, arborant un sourire épanoui, elle ouvre son éventail d'un geste décisif et part avec l'élan et l'insouciance de qui vient tout juste de découvrir la vie et toutes ses possibilités. Et ce geste transforme à lui seul sous nos yeux une défaite morale en un triomphe esthétique[49].

A la tombée du rideau, nous savons que la vie de Célimène se déroulera plus ou moins comme auparavant dans une société qui, quelle que soit sa valeur, n'est pas près de changer. Le dénouement peu spectaculaire de la pièce qui, en pratique, n'en est pas un du tout, représente le jugement le plus honnête et le plus subtil de Molière sur la vie telle qu'il a pu l'observer : le monde, en fait, est tout aussi pourri qu'Alceste l'a proclamé et prouvé ; on ne peut s'attendre à un miracle de la onzième heure pour tout remettre en ordre. Mais le dénouement offre trois manières différentes de s'accomoder de cette triste vérité : les fous et les lâches accepteront, avec Alceste, la solution de la retraite ; les cyniques et les sages avisés partageront la modeste tranquillité dont se contentent Philinte et Eliante ; ceux qui ont l'audace, l'aventure et la jeunesse au cœur s'émerveilleront de l'exemple de Célimène.

Sa grâce est la plus forte. La grâce éblouissante de Célimène et l'extraordinaire performance de Dom Juan — comme les farces de Covielle et de Toinette à l'autre extrémité de l'échelle sociale — concourent à préserver un minimum de légéreté, de style et de beauté dans un monde qui, autrement, serait dévoré par la folie, la laideur et la médiocrité. Car, en dernière analyse, c'est contre des forces comme celles-là que les aristocrates de Molière, en accord tacite avec une poignée de prolétaires privilégiés et fourbes, défendent les restes d'harmonie d'une civilisation splendide mais corrompue. L'auteur de *Dom Juan* et du *Misanthrope,* il est difficile de le nier, avait une conscience discrète de cette corruption. Sans cet élément de sérieux, de tristesse, qui assombrit la gaîté de Molière, sans son refus de séparer le rire des problèmes sociaux et moraux les plus pressants, son théâtre nous apparaîtrait certainement moins troublant et moins problématique. Mais du même coup, nous le trouverions aussi moins poétique et moins riche. C'est parce que Molière ne fait qu'effleurer les problèmes urgents, parce qu'il ne les soulève jamais vraiment, que nous sommes condamnés — mais faut-il s'en plaindre ? — à n'avoir qu'une compréhension provisoire et approximative de son art.

Si cet essai n'a pas complètement manqué son but, il semblerait, à en juger par l'ubiquité obstinée du mal dans le monde de Molière, que son élan naturel ne le porterait pas à montrer du doigt le vice et la corruption, mais à les accepter, profondément convaincu qu'il était de leur caractère inévitable et permanent. Et s'il en est ainsi, nous pouvons nous demander si les artifices séduisants de Célimène et l'habileté élégante de Dom Juan — si la célébration par Molière de l'esthétique noble elle-même — ne témoigne pas tout simplement du désir d'embellir un monde à jamais privé de tout espoir de rédemption et de changement. On peut se demander enfin si le théâtre comique de Molière, si le genre comique lui-même en vérité, ne remplit pas sa plus haute mission en nous accordant de nous évader quelques heures hors des complications et des misères de la condition humaine.

NOTES

1. *Vie de Molière* (Paris : Gallimard, 1929), p. 184.

2. Sur les implications de ce paradoxe, voir J. Brody, « Esthétique et société chez Molière », in *Colloque des Sciences Humaines : Dramaturgie et Société,* éd. Jean Jacquot (Paris : Éditions du CNRS, 1968), pp. 307-326. Les pages finales de cet essai, qui traite principalement des comédies-ballets, contiennent une version condensée des points de vue développés ici sur *Dom Juan* et *Le Misanthrope.*

3. *Vie de Molière,* pp. 165-168.

4. *Morales du Grand siècle* (Paris : Gallimard, 1948), p. 167. L'analyse très serrée que fait Bénichou de *Dom Juan* comme célébration du privilège aristocratique, ainsi que la puissante contribution de Doolittle (« The Humanity of Molière's Don Juan », *PMLA,* 68 [juin 1953], 509-534), érige des obstacles de taille contre ceux qui voudraient considérer le héros en titre comme le personnage comique principal. Des Dom Juan comiques ont été proposés par W. G. Moore, « *Dom Juan* Reconsidered » (*MLR,* 52 [1957], 510-517), R. Laufer, « Le comique du personnage de Dom Juan de Molière » (*MLR,* 58 [1963], 15-20, et J. Guicharnaud, *Molière : une aventure théâtrale* (Paris : Gallimard, 1963), pp. 197-199, 225, 326-329).

5. Guicharnaud, pp. 321-322. D'autres critiques ont fait d'utiles commentaires sur la fonction centrale de la relation maître-servant : G. Brunet, « Le Comique de Molière », *Mercure de France,* 103 (15 jan. 1922), 319 ; Moore, cité dans la note précédente ; Alfred Simon, *Molière par lui-même* (Paris : Seuil, 1957), pp. 107-108.

6. Les citations de *Dom Juan* suivent le texte d'Amsterdam de 1683 d'après l'édition de W. D. Howarth (Oxford : Blackwell, 1958).

7. Cf. La Bruyère, *Des Grands,* 1 : « La prévention du peuple en faveur des grands est si aveugle, et l'entêtement pour leur geste, leur visage, leur ton de voix et leurs manières si général, que, s'ils s'avisaient d'être bons, cela irait à l'idolâtrie ». En commentant ce passage, Jacques Paoli a certainement raison d'exprimer la réserve suivante : « Ce n'est pas certain. Car, alors la règle du jeu serait changée ; les possibilités de jouissance retournées » (*Défilé entre La Bruyère et Bergson* in *Göteborg Högskolas Årsskrift,* 45 [1939], 14).

8. Doolittle, p. 515, ne voit en Gusman qu'un personnage parmi plusieurs autres dans la pièce qui ont succombé à ce qu'il appelle si justement « the illusion of forms ».

9. Guicharnaud, pp. 236, 251.

10. Il y a dans cette situation une inspiration comique semblable à celle que l'on trouve dans l'échange suivant entre Argan et Béralde dans *Le Malade Imaginaire* (III. 14) :
BERALDE : En recevant la robe et le bonnet de médecin, vous apprendrez tout cela [le latin, les remèdes, etc.], et vous serez après plus habile que vous ne voudrez.
ARGAN : Quoi ? L'on sait discourir sur les maladies quand on a cet habit-là ?
BERALDE : Oui. L'on n'a qu'à parler avec une robe et un bonnet, tout galimatias devient savant, et toute sottise devient raison.
Cf. Jourdain au Maître de Musique : « Donnez-moi ma robe, pour mieux entendre » (*Bourgeois gentilhomme,* I, 2).

11. Guicharnaud, pp. 249-250, cf. Doolittle, p. 513 : « He is more than half willing to believe that his physician's gown has given him medical skill and, more important, the wit to debate with Dom Juan ».

12. Sur le matérialisme de Sganarelle, voir Doolittle, 512-514.

13. « L'Inhumain Dom Juan », *Table Ronde* 119 (nov. 1957), 72.

14. Howarth, p. xxi. Pour tout ce qui touche aux sources je m'en tiens à l'étude contenue dans l'Introduction de Howarth.

15. L'imitation physique de son maître à laquelle se livre Sganarelle rappelle un procédé analogue qui consiste à présenter, parallèlement, des versions élégantes et populaires du même énoncé. R. A. Sayce a fourni un inventaire partiel de ces parodies verbales : « Quelques réflexions sur le style comique de Molière, « *CAIEF,* 16 (1964), 223-224, 230.

16. Cf. *Georges Dandin* I. vi : « J'enrage de bon cœur d'avoir tort, lorsque j'ai raison ».

17. Guicharnaud, p. 196.

18. P. 238 ; cf. p. 466.

19. Howarth, p. xxii.

20. Guicharnaud, pp. 289-293.

21. Sur les aspects comiques de la position assise, voir Bergson, *Le Rire,* p. 40. Si l'on en croit l'auteur des *Observations sur... Le Festin de pierre,* cette scène atteignit son objectif comique à la satisfaction du public de Molière (Molière, *Œuvres Complètes* [Paris : Bibl. de la Pléiade, 1971], II, 1207).

22. *Studies in Self-Interest : from Descartes to La Bruyère* (Oxford : Clarendon Press, 1962), p. 82.

23. Sous ce rapport, nous avons beaucoup à apprendre du fascinant commentaire de Rousset sur la nature protéenne de Dom Juan : « Dom Juan et le baroque », *Diogène,* 14 (avril 1956), 3-21.

24. Guicharnaud, p. 312 ; voir également les pp. 194, 254, 265. On a beaucoup parlé du personnage de Dom Juan en tant qu'acteur. Voir tout particulièrement, J. Doolittle, « Human Nature and Institutions in Molière's Plots », *Studies in Seventeenth-century French Literature Presented to Morris Bishop,* éd. Jean-Jacques Demorest (Ithaca, N.Y. : Cornell University Press, 1962), p. 159 ; R. J. Nelson, « The Unreconstructed Heroes of Molière », *Tulane Drama Review,* 4 (mars 1960), 19 ; Rousset, pp. 14-16. L'attirance que cette métaphore histrionique exerce sur les critiques témoigne de leur perception chez Dom Juan d'un véritable art de l'évasion. Mais il faut distinguer entre le type de jeu particulier de Dom Juan et le masque qui cache le « moi » de nombre de personnages *comiques* de Molière. Le « masque » comique finit toujours par révéler la personne qui tâche de se dissimuler derrière lui. Les dissimulations de Dom Juan, au contraire, évoquent l'attitude d'un acteur professionnel tel que le décrit Otto Fénichel en termes psychanalitiques : « In his 'part' the actor shows himself, but not as he really is. Indeed in pretending to be somebody else, he does not show himself ; he conceals himself » (« On Acting », *Collected Papers* [New York : Norton, 1954], II, 353).

25. Voir Guicharnaud, pp. 194, 254, 267, 282, 286-287. ·

26. Sur les conséquences comiques de cette tentative, vouée à l'échec, d'échapper à la comédie, voir les pénétrantes remarques de J. Morel, « Molière, ou la dramaturgie de l'honnêteté », *L'Information Littéraire,* 15 (Nov. 1963), 188.

27. Pp. 309-310. Voir plus bas, n. 48.

28. Howarth, p. xxvi.

29. C'est pour cette raison que Dom Juan décide de se déguiser : « *Comme la partie n'est pas égale,* il faut user de stratagème, et éluder adroitement le malheur qui me cherche » (II, 5.) ; et c'est pour cette raison qu'il est venu en aide à Dom Carlos : « *La partie est trop inégale,* et je ne dois pas souffrir cette lâcheté » (III, 2).

30. Voir Doolittle, « The Humanity of Molière's *Dom Juan* », pp. 520-521.

31. Guicharnaud, pp. 323-324.

32. Howarth, p. xxiii.

33. Guicharnaud, pp. 314-315.

34. P. 243.

35. P. 315.

36. « The Unreconstructed Heroes of Molière », p. 27. Cf. Camus, *Le Mythe de Sisyphe* Paris, Gallimard, 1942), p. 103 : « Dans l'univers que Don Juan entrevoit, le ridicule *aussi* est compris. Il trouverait normal d'être châtié. C'est la règle du jeu. Et c'est justement sa géné-rosité que d'avoir accepté toute la règle du jeu. Mais il sait qu'il a raison et qu'il ne peut s'agir de châtiment. Un destin n'est pas une punition » (italiques de Camus).

37. Howarth, pp. xi, xxiii, xxxi-xxxii.

38. P. xxxii.

39. Cité sans indication de source en appendice au *Homo Eroticus* de Claude Elsen (Paris : Gallimard, 1953), p.180.

40.Cf. Nelson, p. 16 : « the king [in *Tartuffe*] — through the *exempt* — is a key charac-ter and his intervention is not a 'convenient' way out of the dilemma but the only way out of it ».

41. Cf. Q. Hope, « Society in *Le Misanthrope* », *French Review,* 32 (fév. 1959), 336 : « Eliante's behavior shows that it is possible to be sincere without offending anyone ».

42. *Lettre écrite sur la comédie du Misanthrope* in Molière, *Œuvres complètes,* éd. G. Cou-ton (Paris : Bibl. de la Pléiade, 1971), II, 132. W. G. Moore défend de façon fort convain-cante la thèse selon laquelle ce document fut « inspiré, peut-être en partie dicté, par Molière lui-même » (« Molière's Theory of Comedy », *L'Esprit Créateur,* [Automne 1966], p. 137).

43. Cf. Bergson, *Le Rire,* pp. 57-58.

44. « La difformité qui constitue le ridicule, sera [...] une contradiction des pensées de quelque homme, de ses sentiments, de ses mœurs, de son air, de sa façon de faire, avec la nature, avec les lois reçues, avec les usages, avec ce que semble exiger la situation présente de celui en qui est la difformité » (*Encyclopédie,* s.v. *Ridicule*). Cf. Brody, « Esthétique et société chez Molière », p. 313.

45. *Lettre,* p. 137.

46. Guicharnaud, p. 477.

47. P. 488.

48. Pp. 490-491. Selon Guicharnaud, le sort de Célimène doit être perçu comme comique pour les mêmes raisons que celui de Dom Juan. Lui satisfait un gigantesque appétit de « miet-tes » (p. 329) ; elle disperse son talent en « broutilles » (p. 486). Cette position, cependant, présuppose des jugements, extrinsèques aux pièces elles-mêmes, sur la *valeur* des activités et des objectifs des personnages de Molière ; dans le *Misanthrope,* Alceste est le seul à mettre en question la valeur des passe-temps de Célimène.

49. C'est Thibaudet qui a le mieux réussi à expliquer le paradoxe posé par le triomphe-dans-la-défaite de Célimène : « Nous pouvons ne pas aimer Célimène, mais nous l'admirons toujours un peu, et nous n'en rions jamais. Si elle nous fait rire, c'est... par son esprit... Ce rire de joie qui secoue la salle quand Tartuffe est démasqué, vous ne l'entendrez pas quand, dans la scène des billets, Célimène est pareillement découverte. Or si nous rions, c'est d'Alceste et des marquis envers lesquels tromperie était justice. Eux partis, on ne rit ni d'Alceste ni de Célimène, et la scène n'a plus rien de comique, elle est simplement humaine » (« Le Rire de Molière », *Revue de Paris,* 29, [15 jan. 1922], 323).

LE COMIQUE DU *MISANTHROPE*

par

Mario BONFANTINI

L'Alceste du *Misanthrope* est-il un personnage comique ou un personnage sérieux, c'est-à-dire le personnage d'un drame ? L'auteur l'a-t-il destiné à faire rire ou plutôt à faire réfléchir ? A-t-il voulu que la comédie démontre qu'il a tort et illustre, en même temps que sa défaite, sa condamnation, ou au contraire celle de la société qui provoque ses indignations et ses colères ? Aucune création de l'imagination humaine, mise à part celle de Don Quichotte, n'a suscité tant de disputes à l'intervention de personnages plus illustres : Rousseau, Napoléon, Goethe, Michelet. Aujourd'hui encore, alors que de semblables discussions semblent ne plus appartenir qu'aux érudits et aux spécialistes (d'ailleurs innombrables sur ce sujet), la question a fini par se restreindre à un tel point, à se poser en termes si rigoureux que de conclure dans un sens plutôt que dans l'autre suffit à classer le critique comme appartenant à tel courant plutôt qu'à tel autre, pour ne pas dire à un parti, à une véritable tendance politique.

Personnage sérieux, tragique, ou mieux encore né d'une intuition profondément dramatique des rapports de la société et de l'individu, pour être ensuite trahi par Molière lui-même par manque de courage, tel serait Alceste selon Rousseau, qui, dans le héros du *Misanthrope,* voyait au fond un autre lui-même, un personnage incompris, et, par une suprême indignité, maltraité par son créateur même[1]. (...) En vérité plus grandes encore que pour le *Tartuffe* sont les difficultés que suscitent le *Misanthrope,* qui pour cette raison reste la pierre de touche de toute interprétation historique, de tout système critique de l'œuvre entière de Molière. (...) Et la seule méthode valable est celle qui consiste à interroger l'œuvre elle-même, ne nous servant des faits et des conjectures historiques que comme d'un moyen pour mieux en saisir le langage.

« Pourquoi riait-on autrefois d'Alceste ? Quel parfum s'est-il évaporé pour nous de ces scènes ? », se demandait F. Neri[2]. La réponse, si facile qu'elle soit, n'en reste pas moins vraie. Dès les premières répliques, « l'homme aux rubans verts » se présente comme un original, prêt à verser dans l'extravagance pure. Sa décision inattendue de « rompre » avec son ami, qui en reste tout étourdi, et le distique fameux de leur dialogue (« Mais on entend les gens, au moins, sans se fâcher ! — Moi, je veux me fâcher, et ne veux point entendre ») sont calculés pour susciter le rire, et aujourd'hui encore, particulièrement sur la scène, produisent leur effet. Alceste veut mettre fin à son amitié la plus fidèle (et on croit comprendre que c'est la seule) tout simplement parce que Philinte a fait toute sorte de compliments et d'embrassements à un homme dont il a oublié le nom. Un peu plus tard, il traitera de la façon la plus cruelle un gentilhomme fort poli qui a eu la malencontreuse idée de lui demander son avis sur un sonnet galant — un sonnet ni bon ni mauvais, comme il s'en faisait tant — et sa réticence initiale et son explosion finale, son idée d'opposer à cet exemple de poésie à la mode une vieille chanson populaire du temps d'Henri IV, dont il répète le refrain avec complaisance et dont il se délecte avec enthousiasme, en même temps qu'il marche à grands pas sur la scène, tout cela est sans aucun doute un exemple délicieux de style comique. D'un comique qui touche au grotesque lorsque l'incident se transforme en une question d'honneur, car l'offensé aura recours à un jury, qui aura grand-peine à éviter un duel. En même temps d'Alceste est menacé d'un procès dangereux que lui a intenté une authentique canaille, mais il se gardera bien de faire en sa faveur la moindre sollicitation en usage auprès des juges. Bien au contraire il se déclare satisfait de perdre sa cause et d'en payer le prix fort élevé pour avoir ainsi le droit de proclamer l'indignité de tout le genre humain ! Pis encore, il est, avec un pareil caractère, tombé amoureux d'une jeune femme légère et coquette, qui incarne la quintessence de cet artifice et de cette hypocrisie mondaine qu'il ne peut supporter ; et non content de se proclamer sûr et certain d'être aimé d'elle, il n'espère rien de moins que de la transformer et de refondre son âme à la flamme de son amour. Il va sans dire que les premiers duos d'Alceste et de Célimène, le jeu des contrastes entre la dureté passionnée, la violence sans ménagements de cet étrange amant, et d'autre part l'esprit malicieux de la jeune femme, qui ne lui en passe pas une, donnent lieu à un véritable feu d'artifice de répliques et de ripostes qui ne peut manquer de faire naître le rire chez les spectateurs les plus ingénus et les plus frustes comme chez les plus raffinés. Effet des plus rares, qui est le comble de l'art comique.

Mais si les effets qui naissent du contraste entre le caractère d'Alceste et les usages de la société dans laquelle il vit sont sans aucun doute comiques, cela ne veut pas dire qu'Alceste soit en lui-même ridicule, qu'il soit un véritable *personnage comique,* comme le voudrait toute une tradition qui se prolonge jusqu'à nos jours. Et il semble bien difficile de démontrer que le rire qu'il excite implique une véritable condamnation, comme c'est presque toujours le cas pour les personnages qui sont au centre des comédies de Molière, pour ces êtres typiquement aveugles sur leurs propres vices et sur leurs défauts, que tous ceux qui les entourent et le public avec eux reconnaissent au contraire si clairement ; d'où ces absurdités, qui déchaînent l'éclat de rire sans scrupule qui emporte avec eux le vice ou la manie qu'ils incarnent, et qui vient frapper en plein telle ou telle de nos coutumes, avec plus ou moins de sévérité. Aveugle, Alceste l'est sans doute, qui ne voit pas sur-le-champ (ou qui n'a pas encore vu) à quel point sa « fixation », sa noble folie est inadmissible dans une société qu'il ne s'est pas encore décidé à répudier et chez un homme qui ne s'est pas encore résolu à vivre la vie d'un saint ; et il est bien étrange qu'il ne se soit pas encore rendu compte que les moyens qu'il met en œuvre pour conquérir Célimène sont, ou du moins semblent bien être les moins aptes à atteindre leur fin[3]. Mais il est clair que les spectateurs, sans parler des personnages mêmes qui l'entourent, hésitent cependant à rire de lui de ce rire qui est dérision, et qui est (selon la belle expression de Baudelaire, trop souvent oubliée) une affirmation implicite de notre supériorité à l'égard de qui nous paraît comique[4].

Les motifs qui attisent ses fureurs à la vérité disproportionnées restent cependant raisonnables et se rattachent à ces thèmes satiriques que Molière lui-même avait maintes fois traités et qui éveillaient sans doute un large écho dans le public. Les compliments excessifs, la fureur des embrassements chez tant de personnes du beau monde et particulièrement chez ces marquis déjà si souvent raillés (et non par le seul Molière) frappaient alors toute personne de bon sens. Le défaut, et si l'on veut le comique d'Alceste n'est pas dans son aveuglement ou dans son erreur mais dans une simple exagération, dans le fait qu'il y trouve une raison pour briser une amitié... Cependant l'argument dont il use, son refus d'un cœur dont « la vaste complaisance » finit par ne faire aucune distinction de mérite le met dans une position théoriquement inattaquable. Son tort sera tout au plus dans la rigidité excessive de ses déductions, dans une *logique abstraite* qui s'adapte mal aux compromis dont vit le monde[5]. Et quant aux procès et aux juges, nous savons bien que visites et cadeaux (« les épices ») étaient d'un usage si ancien qu'on tendait à croire un peu fou qui ne s'y soumettait pas, surtout dans un procès important, où l'on avait le droit pour soi. Mais cela ne veut pas dire qu'une pareille coutume n'était pas désapprouvée des gens de bien, amèrement satirisée, déjà dans les pages de Rabelais, comme on le sait, en attendant de subir un peu plus tard la condamnation sévère de La Buyère[6]. L'extravagance d'Alceste consisterait à ne pas s'y plier quand des intérêts aussi graves étaient en jeu, à prétendre que seuls parlent pour lui « la raison et le bon droit » ; et si, quand il aura perdu son procès, le droit qu'il s'arroge de maudire l'iniquité du genre humain peut paraître inconsidéré, n'oublions pas la très exacte maxime qu'il en tire, que « tous les hommes ne sont pas méchants mais que tous méritent d'être condamnés, même les bons, pour leur persistante « complaisance » envers les méchants[7].

Sur le sonnet d'Oronte, vive a été la discussion ; et après l'interprétation traditionnelle, typiquement romantique, et qui se perpétue encore dans les écoles, on n'a pas manqué de faire remarquer que ces vers n'étaient pas après tout pires que tant d'autres, et que le public, après les avoir écoutés ingénument, avait dû rester perplexe en les entendant condamner avec une pareille violence[8]. En somme, Alceste ici aurait tort ; et l'on pourrait même dire que sa haine de l'amateurisme en poésie en vient à frapper avec une férocité excessive une manie innocente, qui au fond témoignait d'un certain raffinement d'esprit et d'une certaine passion pour les lettres. Mais cela n'enlève rien au fait qu'Oronte, avec sa suffisance et surtout lorsqu'il accueille ce jugement qu'il a lui-même sollicité avec tant de flatteries comme une sanglante offense, ne soit lui aussi comique, et même beaucoup plus comique qu'Alceste. Et si nous voulons chercher à établir quelle était l'opinion de Molière en tant qu'auteur (ce qui est ou devrait être le véritable objet de cette discussion), nous ne pouvons oublier toute sa polémique contre cet amateurisme littéraire mondain, dont il s'est toujours si vigoureusement moqué et qui l'a considérablement irrité, parce que, au fond, il parvenait à opposer à une création authentique et sérieuse comme la sienne les productions artificielles de tous ces beaux-esprits de salon, de ces petits « grands hommes des ruelles », contre qui on ne saurait nier qu'il a toujours lutté, suivi fidèlement par Boileau[9]. Il s'amuse ensuite à faire prôner par Alceste une vieille chanson très simple, et il obtient ainsi un effet comique, car son exemple, dans ce monde et dans la maison de Célimène, est déplacé, et il était certainement excessif de prétendre qu'il s'agissait d'un chef-d'œuvre. Mais il ne faut pas oublier que ceci est aussi un hommage à ce goût franchement populaire, à ce bon sens savoureux auquel Molière donne si souvent raison et qui est celui de ses Dorine et de ses Toinette, qui auraient sans doute trouvé la chanson de leur goût. Nous ne pouvons pas non plus exclure que tel fût le goût d'un La Fontaine (« Si Peau-d'Ane m'était conté... ») qui avait déjà loué Molière d'une manière si caractéristique dans sa lettre bien connue à Maucroix[10].

Ce que nous pouvons au fond reprocher à Alceste, c'est un manque de mesure plutôt qu'une véritable absurdité dans ses goûts et dans ses idées. Il est jeune, plein de feu, et fondamentalement optimiste, au moins au début, car il s'imagine qu'il vaut encore la peine de tonner contre ces « travers » du monde, et il est capable d'être surpris et scandalisé ; il n'a pas la sagesse sans illusion (et un peu ennuyeuse) de son ami Philinte, que l'on peut au contraire considérer comme le véritable pessimiste de la pièce. Et Alceste est aussi homme d'esprit : le jeu qu'il joue avec Oronte avant de lui révéler crûment la vérité, est plein de grâce, ses formules de condamnation sont brillantes et mordantes, et l'on devine qu'il serait fort capable d'esquisser de petits portraits dans le goût de ceux de Célimène, s'il s'en donnait la peine. Il excite le rire, mais il sait aussi faire rire des autres. Il n'y a pas de véritable *folie* en lui.

Ou plutôt, il y en a bien une, comme nous l'avons vu, c'est son amour. Et ici nous entrons dans le domaine de la fatalité irrationnelle des passions amoureuses, qui si souvent nous entraîne vers ceux qui nous conviennent le moins, et c'est là un des thèmes fondamentaux non pas tant de la littérature que de la « conception de la vie » de l'époque. Thème tragique (il suffit de penser à Racine), dont Molière réussit à tirer des accents d'un comique délicat, par l'effet d'une certaine déformation, d'un excès de logique, qui sont propres à Alceste, et aussi (il ne faut pas l'oublier) grâce à la finesse spirituelle de Célimène, qui sait en saisir les effets sans jamais passer la mesure : il suffirait d'un peu plus d'insistance dans les reproches qu'elle fait à Alceste sur l'étrange manière qu'il a de lui faire la cour pour la faire paraître vulgaire.

Cependant, mis à part notre réaction et le sentiment de l'auteur, comment Alceste est-il jugé dans la comédie par ceux qui ont à faire avec lui ? Mal, cela s'entend, par ses rivaux, par les marquis (non pas tant par Oronte, cependant, qui tient trop à son jugement et s'en offense trop pour ne pas laisser voir une certaine estime pour Alceste) ; mais ce ne sont pas là des condamnations qui comptent. Pour les autres, il n'est certainement pas un « fâcheux », le type du trouble-fête : il y a en lui quelque chose qui l'induit, même à contre-cœur, à supporter avec indulgence ses incartades, quelque chose qui impose le respect. Philinte, malgré toutes les rebuffades, lui reste attaché ; on pourrait dire qu'il sent bien que, s'il perdait l'amitié d'Alceste, il perdrait aussi le meilleur de lui-même, sa justification intime, et qu'il deviendrait lui-même trop semblable aux autres. Le rapport avec Célimène est plus complexe, mais on découvre peu à peu qu'elle aussi tient à Alceste, pas seulement par vanité : le fait que Philinte et la sage Eliante se posent la question, dans la première scène du quatrième acte, et qu'ils ne soient pas disposés à y répondre négativement est déjà assez probant. Quant à Eliante, elle ne cache pas la sympathie qu'elle a pour Alceste, et on se rappelle qu'elle trouve en lui « quelque chose d'héroïque » ; Arsinoé le voudrait pour elle-même... Car Alceste n'a pas seulement l'amitié de Philinte, il plaît aux femmes. Est-ce pure vanité de leur part, désir d'attacher à leur char cet homme si différent de tous les autres ? Mais ce jugement est déjà une manière de lui reconnaître un certain mérite, et cela pourrait être rapporté à la confiance bien connue qu'a Molière en la sûreté de l'instinct féminin, même menacé par le goût mondain, quand il s'agit de percevoir de façon plus ou moins consciente ce qu'il y a de droiture et d'authenticité dans les personnes. Il est vrai que les vertus d'Alceste ne suffisent pas à lui donner la victoire qui seule compte pour lui, la possession de Célimène. Mais n'est-ce pas peut-être parce que, fidèle à son caractère extrême, il exigera trop ? Et quel est au fond le vrai sentiment de Célimène à son égard, ou plutôt quel est le *caractère* de Célimène ?

C'est là un sujet sur lequel on peut encore lire les choses les plus bizarres. Il y a une véritable déformation du personnage de Célimène, dont sont responsables d'une part le schématisme avec lequel sont depuis trop longtemps considérées les œuvres littéraires de la période « classique », et d'autre part la non moins schématique tradition théâtrale. Significatif est de ce point de vue le souvenir de Paul Mesnard sur la manière dont Mademoiselle Mars représentait le personnage de Célimène, particulièrement dans la scène finale, avec ces fameux coups d'éventail. Célimène, en somme, serait le type de la coquette, ou plutôt de la « Grande Coquette », et, dans les soirées d'honneur, le rôle favori des « grandes amoureuses », qui en général ne sont plus tellement jeunes et qui naturellement superposent leur expérience, leurs calculs d'actrices expertes et mûres à la jeunesse scintillante du personnage originel. Mais accepter ce type, c'est méconnaître, par une tendance à généraliser qui devrait avoir fait son temps, la vertu propre à Molière qui le portait à individualiser, à transformer en êtres vivants les masques figés de la farce ou des personnages traditionnels de la *commedia*. Ainsi, pour citer un exemple classique, son Harpagon, bien loin d'être, comme on l'a trop répété, l'Avare de tous les temps, est une conception complexe et absolument originale : un solide bourgeois du temps de Molière, maniaque et même un peu sinistre dans ses complications imprévues, regardant jusqu'à l'absurde, mais qui a pourtant chevaux et carrosse, décidé à marier ses enfants en ne consultant que les plus bas intérêts mais qui s'amourache d'une fille pauvre. Et de la même façon, tous ses protagonistes, même ceux de ses farces à les bien considérer, et même George Dandin, ont, jusque dans le caractère sommaire du type, des traits personnels inaliénables. Coquette, Célimène l'est sans doute ; mais l'est-elle au point de voir en elle « la coquette », avec tous les calculs, les artifices prémédités et l'indifférence profonde que comporte ce « rôle » pris en lui-même ? (...) On n'en saurait douter : La vaniteuse jeune femme, enivrée de son pouvoir, jouit de tous les hommages de ces grands seigneurs parfaits courtisans ; elle sait pourtant les juger pour ce qu'ils valent ; elle les examine et les dépeint sans pitié dans leur nullité ; alors que le moindre que l'on puisse dire de son sentiment pour Alceste est qu'il nous apparaît comme une sorte de respect ému mêlé de crainte. Célimène est pleine d'esprit et elle en abuse ; mais cette « souplesse d'esprit » qui est la sienne ne manque jamais son but. Elle aime à se jouer de tout le monde, pour la raison même que sa clairvoyance la rend jusqu'à un certain point supérieure à tous ; et son goût de la satire est instinctif et irrésistible au point de la rendre hardie et de l'induire à ne pas tenir compte de ses intérêts, auxquels elle affirme elle-même qu'il faudrait toujours veiller[11]. Dans la scène avec Arsinoé, il est clair qu'elle se laisse entraîner par sa malice et sa juste colère ; et cette férocité même, qui lui fait traiter sans ménagements une femme aussi dangereuse, fait honneur à son caractère. Dans sa manière péremptoire (et en vérité pénible pour qui songe à Alceste) de rabattre les soupçons d'Alceste et jusque dans ses manèges de billets et de conversations avec ses amants, qui pourraient nous induire à des jugements sévères à son égard, Célimène montre toujours une fraîcheur primesautière, une vivacité spirituelle, une grâce qui enlève à son caractère toute ombre de vulgarité proverbiale.

Et ce qui la justifie est l'amour même d'Alceste : « Célimène n'existe pas seule ; Alceste, plus sérieux et plus loyal que les autres, l'aime plus profondément et atteste encore à nos yeux la grâce rayonnante de cette « âme de vingt ans ». Telle qu'elle est, Célimène est un trésor, un trésor de son monde, tout enfermée qu'elle est dans cette sphère brillante et pleine et limitée de la morale mondaine, d'où Molière tire sa vérité inégalée, et, si l'on veut, sa mordante amertume ». Ainsi la voit Neri, dans une citation qui nous paraît sans réplique[12]. Et si nous voulons l'imaginer sur la scène, il faudrait alors se rappeler que sans aucun doute le rôle fut écrit pour Armande, Armande alors à peine âgée de vingt ans, en qui Molière (ici la biographie bien entendue peut être utile), même dans le regret douloureux d'un impossible amour, ou plutôt à travers ce regret, devait justement contempler toute la fraîcheur malicieuse, toute la magie de la jeunesse. Toute sa perfidie aussi, si l'on veut, mais une perfidie ingénue, irresponsable, fatale, et qui, dans l'intention de Molière, était sans doute annulée, englobée dans cette fondamentale « tendresse pour la jeunesse » (nous parlons de Molière poète), justement perçue dans son œuvre par le fin comédien qu'est Jean-Louis Barrault.

Enfin, Célimène est-elle réellement veuve ? Toutes les fois que nous avons posé la question à un critique (nous ne nous rappelons pas l'avoir lue), on nous a répondu fort justement que Molière évidemment a fait d'elle une veuve (le mot est mentionné une seule fois, au début de la comédie, pour ne plus reparaître) par simple nécessité de bienséance ; sans cela il n'aurait pas été acceptable qu'une toute jeune femme, si fort au-dessus de la condition commune que la mettent sa noblesse et sa fortune — certaines héroïnes de la Fronde font exception, mais ces temps étaient révolus — pût tenir table ouverte et recevoir des hommes comme il lui plaisait, et s'entretenir avec eux en tête-à-tête, chaperonnée seulement par une cousine à peine plus âgée qu'elle. Mais une fois ce détail d'état-civil accordé aux convenances, de ce veuvage on ne parle plus, pas plus que de la famille de Célimène. Et l'on ne voit pas non plus que l'un ait laissé des traces dans son caractère ni que l'autre lui impose un frein ou des limites. Elle est en fait une riche et noble jeune femme, à peine majeure, qui vit seule avec une cousine un peu plus âgée, un peu plus retenue ; et de l'inexpérience et de la liberté de la jeunesse, elle a tous les traits. Dire que Célimène a, à vingt ans, « l'expérience d'une femme de quarante »[13], c'est ne pas comprendre la valeur de cette création particulière de Molière, et, à notre avis, n'avoir aucune idée de la psychologie féminine, du moins telle que l'imaginait Molière. Les stratagèmes et les malices de Célimène sont innés ; ils appartiennent en propre à cette féminité déjà latente dans l'Agnès ingénue de *l'École des femmes*. Si elle avait été mariée, si elle avait déjà vécu avec un homme, Célimène, prompte et vive comme elle l'est, pourrait-elle jamais nous apparaître si peu consciente de ses préférences intimes, de ses propres inclinations naturelles (choses dont on ne parle pas ouvertement dans la littérature du temps, mais dont on donnait toujours, quand cela était nécessaire, une idée très claire) au point de faire dire à Eliante, qui la connaît bien, qu'il est impossible de savoir au vrai ce qu'elle sent pour Alceste et qu'elle-même ne s'en rend pas compte : (« Son cœur de ce qu'il sent n'est pas bien sûr lui-même ;/Il aime quelquefois sans qu'il le sache bien,/Et croit aimer aussi parfois qu'il n'en est rien »[14]. Vers qui nous paraissent décisifs, pourvu qu'on sache les lire.

Bien plus encore : consciente du pouvoir effectif que peut avoir une femme sur l'homme qui l'aime, comme elle devrait l'être après l'expérience du mariage (à moins d'ergoter sur un mariage blanc !), Célimène, qui a déjà l'expérience de ce qu'elle peut faire d'Alceste avec les seules armes du sentiment et de l'esprit, serait-elle aussi effrayée, terrorisée par son projet d'aller vivre après leur mariage « en un désert » ? Si elle tient vraiment à épouser Alceste — et quiconque relit la dernière scène décidé à s'en tenir au texte au lieu de suivre les élucubrations des critiques ne peut en douter — si l'on songe qu'elle doit y tenir par instinct mondain et pour se tirer de la situation difficile où elle s'est mise, avec ces trois grands seigneurs qui, unis à Arsinoé, s'en iront médire d'elle et la couvrir de noirceurs, il n'est pas possible d'imaginer que, après un instant de réflexion, Célimène ne se persuade qu'elle réussira bien à faire changer d'avis à Alceste, à lui faire renoncer à cette solitude *après,* même si cela est impossible avant. Si elle n'y pense pas, c'est justement parce qu'elle manque d'expérience ; et sa réponse, qui va déchaîner leurs fureurs d'Alceste, la montre quelque peu désorientée.

Et, pour revenir à Mademoiselle Mars, nous ne réussissons pas non plus à voir comment sa sortie de scène peut avoir quoi que ce soit de triomphal. Car enfin, si Alceste est le véritable vaincu, pour autant qu'il n'a pas su obtenir d'elle l'impossible, à lui inculquer ou à lui faire accepter son propre dégoût du monde, il reste que Célimène s'est offerte et s'est vue refusée.

Au point que, en face d'elle, la colère d'Alceste apparaît un peu inhumaine ; et la promptitude avec laquelle il cherche une revanche auprès d'Eliante ne se justifie peut-être qu'au nom des conventions théâtrales. En vérité, douleur et fureur juvénile se fondent ici en Alceste avec sa raideur et sa violence. Et c'est ici peut-être le moment de se rappeler tout particulièrement que ce « misanthrope », s'il n'est pas tel par la seule faute de Célimène (comme on l'a soutenu), par désillusion amoureuse, est cependant pardessus tout un amoureux. *L'Atrabilaire amoureux,* Molière avait d'abord voulu l'appeler ; et s'il a changé le titre, c'est sans doute parce que, dans l'épreuve suprême, dans la confrontation et le heurt entre son idéal d'amour et les idéals du monde dont Célimène fait partie, se motive et se confirme en Alceste cette condamnation de toute une coutume sociale considérée comme la conséquence inévitable d'une perversité naturelle du genre humain, condamnation que précisément l'on nomme misanthropie (...).

Si on le compare à celui de *L'Égoïste* de Meredith, l'idéal d'Alceste, la *fixation* qui fait de lui un égoïste, c'est-à-dire dans ce cas ce qui le ferme à la compréhension d'autrui, est une chose bien différente et bien plus élevée : ce n'est rien de moins que le parfait amour. Et c'est ce sentiment qui lui permet d'exprimer sa déception à Célimène dans une réplique qui, à une pareille hauteur, ne peut plus être taxée de prétention absurde, d'excès blâmable :

> Puisque vous n'êtes point, en des liens si doux,
> Pour trouver tout en moi, comme moi tout en vous...[15]

En même temps on ne saurait dire qu'Alceste se maintienne toujours à une semblable hauteur, qu'il s'exprime toujours avec un lyrisme si pur. Trop souvent il ne s'aperçoit pas à quel point ses sorties sont déplacées et destinées à produire un effet contraire à celui qu'il voudrait (« Par le sang bleu ! messieurs, je ne croyais pas être/Si plaisant que je suis », et dans cette exclamation même, il le devient). Son idéal amoureux, si élevé qu'il soit, ne le délivre pas pour autant de son humeur querelleuse. Ou plutôt, il y a dans ses reproches à Célimène une part trop justifiée, frémissante de vérité, et une autre de dépit, qui révèle une incompréhension risible ; il est en vérité trop persuadé qu'« à ne rien pardonner le pur amour éclate ». Et à cause de ce double aveuglement, sur ces traits où il ne voit que les défauts de la femme mais qui sont aussi les valeurs et la grâce même de l'éternel féminin, et d'autre part sur lui-même, qui, sans s'en apercevoir, les méconnaît et les met en pièces, nous pouvons dire avec justice qu'Alceste retombe sous les lois de la Muse comique.

Mais cet aveuglement est-il vraiment total ? Alceste est-il toujours inconscient des limites que son caractère met à son destin, de l'obstacle insurmontable que cette diversité qui le sépare de Célimène représente pour sa passion ? On le dirait au début, quand avec trop d'assurance il affirme être aimé et se fait fort de transformer Célimène. Il en va tout autrement à la fin, lorsqu'il est au contraire pleinement conscient de son propre drame, du caractère inéluctable d'une situation irrémédiable et de sa faiblesse en face de la passion qui le force à se comporter comme s'il était encore possible d'espérer :

> Vous voyez ce que peut une indigne tendresse,
> Et je vous fais tous deux témoins de ma faiblesse.
> Mais, à vous dire vrai, ce n'est pas encor tout,
> Et vous allez me voir la pousser jusqu'au bout,
> Montrer que c'est à tort que sages on nous nomme,
> Et que dans tous les cœurs il est toujours de l'homme[15].

Dans cette acceptation, dans cette admission désespérée, dans le ton par trop clair de ces six vers, le caractère d'Alceste, qui d'abord oscille continuellement et avec des touches si heureuses entre le comique le plus vif et un pathétique que l'on pourrait appeler préromantique, se purifie et accède au tragique[17].

Et c'est précisément le moment où Célimène prend acte du sérieux des sentiments d'Alceste et nous apparaît sinon subjuguée, du moins éclairée, ébranlée.

Ce qui d'ailleurs est le résultat de la fameuse « scène mère » des lettres aux soupirants, le contrecoup de l'imprudence, ou de la petite perfidie que Célimène a commise en les écrivant, scène qui elle aussi a donné lieu à d'étranges interprétations.

Parmi ceux qui s'obstinent en fait à voir dans le misanthrope un maniaque ridicule, l'un justifie ce jugement en soulignant l'absurdité d'un aussi grand amour pour une femme qui en est aussi indigne que Célimène la

coquette, grâce à une interprétation calomnieuse et qui est, nous l'avons
vu, inadmissible du personnage[18]. Tel autre au contraire a choisi de justifier en tout et pour tout la femme, de montrer que tous ses actes sont toujours innocents et qu'Alceste est bien fou qui s'en offense et qui en souffre.
C'est la thèse caractéristique de Mornet, qui ne manque pas, en bon érudit,
de rappeler la distinction que l'on faisait à l'époque entre « billets doux »
ou « billets galants » et d'autre part lettres d'amour proprement dites. D'où
il suit que Célimène n'aurait écrit à Oronte, Acaste et Clitandre que des « billets doux », jeu de société innocent, et la réaction d'Alceste apparaît ridicule et disproportionnée : on comprend à la rigueur que s'en offensent les
autres, blessés dans leur vanité, mais non pas Alceste, qui se veut sage[19].
Mais cela nous paraît seulement prouver à quel point la méthode historique
et la peur de « l'anachronisme » peuvent, quand elles sont mal conçues, éloigner du vrai et nous faire oublier ce que le texte dit tout uniment. L'envoi
de ces billets, oui, sans doute, en plus d'un cas, c'était un jeu sans conséquence, sauf pour les sots, et les airs scandalisés de la maligne Arsinoé ne
prouvent rien contre Célimène ; mais Célimène elle-même, dans ce cas-ci
refuse de recourir à cette défense possible, et admet sa propre faute. Après
avoir écouté sans sourciller, dans un silence méprisant (ou peut-être même
au fond avec un amusement malicieux) les petits marquis furieux d'une révélation si blessante, et aussi la tirade d'Oronte, plus grave et par suite plus
maladroite encore que les autres (« Je trouve ma vengeance à ce que vous
perdez » !), c'est avec une bien autre contenance qu'elle se tourne vers
Alceste, qui a jusqu'ici gardé le silence. Envers les autres elle ne se sent pas
en faute ; mais pour ce qui regarde Alceste, elle comprend qu'elle s'est jouée
d'un sentiment profond et vrai, et l'occasion même la pousse à en reconnaître la nature, découvrant aussi, alors seulement peut-être, quelque chose qui
en elle y correspond :

> Oui, vous pouvez tout dire :
> Vous en êtes en droit, lorsque vous vous plaindrez,
> Et de me reprocher tout ce que vous voudrez.
> J'ai tort, je le confesse, et mon âme confuse
> Ne cherche à vous payer d'aucune vaine excuse.
> J'ai des autres ici méprisé le courroux,
> Mais je tombe d'accord de mon crime envers vous...

L'état d'âme de Célimène à ce moment crucial nous paraît parfaitement compris par A. Adam[20] dont les paroles, si précises et si sensées parmi tant de
vaines discussions de trop d'autres critiques, nous paraissent dignes d'être
citées :

> *Un moment, au cinquième acte, on peut croire que dans cette âme enfan-*
> *tine quelque chose de grave est sur le point de naître. Elle va comprendre*
> *l'amour d'Alceste, elle va découvrir ce que signifient le dévoûment, le sacri-*
> *fice, la patience, la pitié. Elle se trouble. Elle cesse de parler un instant. Mais*
> *non. Elle est trop jeune encore... (...)*

Quant à Alceste et Philinte, tous deux évoluent. L'Alceste du début

est irrité et méprisant, mais sûr de lui, trop sûr même sur ce qui lui importe
le plus, son amour ; peut-être fait-il montre devant Philinte de plus d'assurance qu'il n'en a ; en tout cas il semble s'être imposé de ne pas avoir de
doutes ; il suffira qu'il révèle à Célimène ses désirs pour que la jeune femme,
convaincue par la logique de ce qu'il lui demande, lui donne raison... Le
dialogue au contraire est orageux, et au cours de ses diverses reprises, avec
l'intervention des autres personnages et jusqu'à la révélation de la maligne
Arsinoé, Alceste arrive peu à peu à une claire conscience de son drame. Mais
en fait Philinte lui aussi se transforme sous nos yeux. Dans les premières
scènes, Alceste est généralement comique, c'est-à-dire extravagant, en ce qu'il
applique de façon inconsidérée et grotesquement rigide des principes d'une
indéniable noblesse, et ce n'est que près du dénouement, lorsqu'il ouvre les
yeux sur le caractère fatal de sa malheureuse passion, qu'il devient tragique. Mais, comme si les rôles étaient intervertis, Philinte, qui aux côtés d'un
misanthrope extravagant faisait figure de sage philosophe, devient maintenant désagréable et borné. Lorsqu'au début, Alceste, impatienté par ses discours conciliants, lui lance : « Eh, laissons là vos comparaisons fades ! »,
même si la réplique est belle, nous sentons bien qu'Alceste a tort. Et par
suite, lorsqu'à la fin du premier acte Alceste considère leur amitié comme
brisée par la complaisance mondaine de Philinte à l'égard d'Oronte et lui défend
de le suivre, Philinte nous apparaît sûr des droits de sa propre affection et
supérieur aux insultes d'Alceste dans sa riposte énergique : « Vous vous
moquez de moi, je ne vous quitte pas ». Et puis, à mesure que la passion
d'Alceste se fait plus douloureuse et sa douleur plus justifiée, les raisonnements de Philinte se révèlent inadéquats : son insistance à aborder tous les
problèmes de la même manière paisible et raisonnable devient incompréhension. Devant la passion de ce jeune amoureux désespéré à la révélation
de ce qu'il estime être une trahison (et si conscient de sa servitude que, prenant pitié de lui-même, il va tout à l'heure tenir pour valables les excuses
de Célimène au moment même où il en perçoit la fausseté), l'intervention
de Philinte (« Peut-être est-ce un soupçon conçu légèrement/Et votre esprit
jaloux prend parfois des chimères... ») apparaît déplacée : elle nous fait comprendre l'éclat d'Alceste, qui l'invite à se mêler de ses affaires.
    Philinte (et il nous semble qu'on ne l'a pas suffisamment noté), lors-
que la situation devient véritablement dramatique et qu'il s'obstine à parler
à sa manière habituelle en réponse au « langage du cœur » d'Alceste, cesse
de parler à propos : à force d'être raisonnable, il cesse de l'être. Et parce
qu'il n'est plus capable de comprendre, il a moins de compassion. Quant
au tour qu'il joue à Alceste au dénouement en arrangeant, sans l'avertir
et en toute hâte son mariage avec Eliante, on ne peut pas non plus considérer son geste comme scrupuleusement correct[21]. Vers la fin, son intention
de tout faire pour « rompre le dessein » que se propose le cœur d'Alceste
et pour le faire renoncer à son projet de se retirer du monde semble dictée,
plutôt que par un mouvement de chaude affection, par une exigence profonde de cette société mondaine, qui n'admet pas que l'individu, même
rebelle, sorte de son sein et se mette hors de sa portée. (...)

Ainsi se dénoue le nœud du drame, sans une véritable conclusion. Alceste, d'abord misanthrope de comédie, s'est peu à peu transformé en un personnage dramatique ; l'*atrabilaire amoureux* devient un peu l'archétype de tous ceux qui, esclaves dans leur amour d'un idéal absolu et d'un caractère intransigeant, sont condamnés au malheur. Nous sentons bien qu'il restera toute sa vie marqué par cette expérience.

De Célimène, nous ne pouvons dire ce qu'il adviendra. Frappée, ébranlée par la sincérité et la violence de la passion d'Alceste, elle a senti en elle une impulsion à y répondre, mais elle ne peut se décider à abandonner le monde et l'unique atmosphère où elle puisse respirer, où elle a à peine commencé à s'enivrer des premiers triomphes de sa vanité. Tout ce qu'elle peut faire est d'offrir un compromis, le compromis que l'absolutisme d'Alceste repousse violemment. Nous pouvons supposer que Célimène, après cet instant où elle est devenue presque majeure et plus profonde qu'elle-même, retombera complètement dans le jeu de la vie mondaine, même si ce sera le plus intelligent et le plus raffiné.

Et de même qu'elle n'offre pas une véritable conclusion, et bien moins encore un dénouement heureux[22], de même la comédie n'offre pas non plus une véritable morale ; on n'en peut tirer une « leçon », dans un sens ou dans l'autre, qui ne soit immédiatement contredite par d'autres données des faits.

Le gros sens pratique des spectateurs, prisonnier de l'illusion scénique qui donne le sentiment de la vie réelle, en face d'un débat de ce genre, est nécessairement porté à se demander : mais qui a raison ? Demande qui n'a quelque possibilité de produire une réponse probante que lorsqu'on la transforme en cette autre : à qui l'auteur a-t-il voulu donner raison ? Dans le cas du *Misanthrope,* la réponse des mondains (on pourrait, dire sans ambages, comme nous l'avons vu, celle des conservateurs, sinon carrément celle des « réactionnaires ») est bien connue : c'est Philinte qui a raison, et il est clair que Molière a voulu mettre en scène un extravagant et faire rire à ses dépens. Mais la thèse est insoutenable ; un examen sans préjugé de la comédie nous l'a démontré ; sans compter qu'une pareille thèse nous obligerait à attribuer au comique de Molière, s'il s'exerçait aux dépens d'un Alceste, une certaine bassesse qui est contredite par tout le reste de son œuvre[23].

Au contraire, selon les « rebelles », les « romantiques » (pour ne pas dire les « révolutionnaires »). C'est Alceste qui a raison, sans aucun doute ; et ce sont des âmes basses, même si elles se parent des ornements les plus recherchés du faste social, que ceux qui l'entourent et le font souffrir. Dans le *Tartuffe* comme dans le *Misanthrope,* Molière aurait manifesté « essentiellement la lassitude et la nausée du poète en face de l'hypocrisie humaine en général »[24]. Pour le *Misanthrope* disons : en face de cette hypocrisie sans laquelle il semble impossible que subsiste aucune vie de société ; et nous serons pour l'essentiel dans le vrai. Mais Molière n'est pas Rousseau.

La chaleur humaine et mondaine qui circule dans toutes ses comédies, la création même d'un « trésor » de féminité d'une grâce exquise et suprêmement spirituelle tel que l'est Célimène nous disent l'amour du poète pour

toutes les possibilités de la vie sociale. Et le véritable sujet du drame est précisément celui-ci : le conflit insoluble, qui est au cœur de son *Misanthrope*
comme en chacun de nous, entre les nécessités de la vie sociale, à laquelle
nous ne souhaitons pas de renoncer, et cet idéal de pureté, de sincérité absolue, de loyauté parfaite, qui est aussi une de nos exigences, et que trop souvent, si nous devons vivre parmi nos semblables, nous sommes obligés de
trahir[25]. En face de l'hypocrisie et de la bassesse du monde, le Misanthrope
peut croire possible une attitude de dédain spirituel, parfois railleuse, parfois rageuse, mais qui est susceptible au fond de lui donner certaines satisfactions, de vanité aussi, et qui le distingue des autres et le fait même estimer et admirer des femmes ; mais en face de l'épreuve suprême, qui est
l'amour, dans son rapport avec Célimène, l'être à la fois le plus exquise-
ment mondain et le plus extraordinairement naturel, qui résume en elle tous
les prestiges et tous les vices de la société humaine, il est fatal que la comédie se transforme en drame. Il n'est plus possible au sage de rire ; il réussit
tout de même, s'il est un grand poète, à nous faire sourire et de nous-mêmes
et du monde. Et la poésie, rachetant les plus sombres amertumes, sera seule
capable de ce miracle qui nous induit à considérer dans une lumière délica-
tement comique les incidents et les mésaventures qui naissent de cet irrémédiable conflit auquel semble nous avoir condamnés le destin. Ainsi, par la
vertu d'un Molière, le débat auquel nous assistons entre Alceste et le monde,
débat authentique et sans aucune solution possible sur un des points les plus
délicats et les plus douloureux de la condition humaine, ce débat, qui ne
peut être vraiment comique et ne veut pas être tragique par sagesse philosophique, sera capable de nous faire ce don suprême de nous induire à cette
espèce de « rire dans l'âme » que le médiocre Donneau de Visé, transporté
d'admiration, sut nous révéler dans une formule si heureuse et qui devait
avoir une si juste fortune. Et c'est dans le spectacle, dramatiquement et poétiquement le plus parfait et par là le plus vif, le plus idéalement vrai de ce
perpétuel conflit que réside l'universalité du *Misanthrope* et son éternelle
actualité.

NOTES

1. Dans une partie de la fameuse *Lettre à D'Alembert*. Sur la question on peut encore lire le texte spirituel d'Émile Faguet, *Rousseau contre Molière* (Paris, 1911).

2. F. Neri, *Il momento drammatico di Molière*, dans « La Libra », juillet-août 1929, p. 5 (et dans le volume *Il Maggio delle fate e altri saggi di letteratura francese*, 1ʳᵉ éd., Novara, « La Libra », 1929, p. 57 et suiv.).

3. Cf. E. Zola, *Nos auteurs dramatiques* (1881), p. 7 : « Alceste... un esprit mélancolique dont la maladresse est exagérée pour provoquer le rire ».

4. Dans l'essai *De l'essence du rire*, Baudelaire, *Œuvres complètes*, éd. de la Pléiade, 1951, p. 707. Et ne perdons pas l'occasion de déclarer que cet écrit de Baudelaire est bien autrement pénétrant et sensé que l'essai trop loué de Bergson sur *Le Rire*.

5. Comme l'exprime avec bonheur H. Peyre, *Qu'est-ce que le classicisme ?* 2ᵉ édition, 1942, p. 49.

6. « Celui qui sollicite son juge ne lui fait pas honneur ; car ou il se défie de ses lumières et même de sa probité, ou il cherche à la prévenir, ou il lui demande une injustice ». *Caractères*, XIV (éd. Mongrédien, Garnier 1948, p. 372).

7. L'affirmation a été justement mise en parallèle avec le passage des *Apophtegmes* d'Érasme, que Molière devait connaître, au moins de seconde main : « Timon Atheniensis, interrogatus cur omnes homines odie prosequeretur : Malos, inquit, merito odi ; ceteros ob id odi quod malos non oderint ».

8. J. Lemaître, *Impressions de théâtre* (1888-98), vol. I Selon Lemaître le sonnet d'Oronte serait même « pour le moins joli ». P. Brisson, dans son livre intéressant (et inégal) sur *Molière. Sa vie dans ses œuvres*, Paris, Gallimard, 1942, p. 171, indique finement la raison pour laquelle, selon toute probabilité, Molière a intentionnellement exagéré la réaction d'Alceste, en évitant de rendre le sonnet d'Oronte trop ridicule.

9. Nous acceptons naturellement l'opinion déjà soutenue par le fils de Racine sur l'importance de la polémique de Molière contre le dilettantisme précieux.

10. Les petits vers si fameux de La Fontaine (« Nous avons changé de méthode/Jodelet n'est plus à la mode/Et maintenant il ne faut pas/Quitter la nature d'un pas ») furent inspirés, comme on le sait, par ces *Fâcheux*, où l'on peut voir une première esquisse des caricatures mondaines du *Misanthrope*.

11. *Misanthrope*, Acte II, première et seconde scène.

12. Neri, *op. cit.*, p. 5.

13. R. Doumic, *Le Misanthrope de Molière*, (« Les chefs-d'œuvre de la littérature expliqués », Paris, Mellottée, 1929, p. 159).

14. *Misanthrope*, IV, 1.

15. *Misanthrope*, V, dernière scène.

16. Curieuse, cette facilité avec laquelle de nombreux critiques oublient, lorsqu'ils écrivent sur le *Misanthrope*, ces accents profonds. Nous en trouvons un exemple de plus chez Brisson, qui pourtant fait plus d'une fois montre de finesse et de bon sens, mais pour qui Alceste « croit jusqu'à la dernière seconde qu'il pourra corriger Célimène » (*op. cit.*, p. 170. Excellentes cependant les observations qui suivent immédiatement sur la révolte d'Alceste.

17. Déjà auparavant d'ailleurs, Alceste s'était montré conscient de l'inutilité de ses efforts, conscient de son destin (Acte IV, scène 3 : « Mais il n'importe, il faut suivre ma destinée »). Quant aux accents pathétiques qu'il trouve, il est presque inutile de rappeler les très beaux vers de la première scène de l'Acte V (Non : de trop de soucis je me sens l'âme émue./Allez-

vous en la voir, et me laissez enfin/Dans ce petit coin sombre, avec mon noir chagrin »). Pour le passage du caractère d'Alceste du comique au tragique, à travers la connaissance à laquelle il est désormais parvenu, nous nous référons à tout ce qu'écrit Neri dans l'essai que nous avons déjà plusieurs fois cité (mais Neri n'accepte pas notre conclusion : « Le caractère tragique s'élève à la connaissance propre... Le type comique n'y arrive jamais »).

18. C'est la thèse reprise par Jasinski, lequel, pour justifier (selon la vieille règle de la vraisemblance) l'attachement tenace d'Alceste pour Célimène et ses violents éclats, en arrive à faire de lui un homme physiquement malade et à nous en décrire la pathologie (R. Jasinski, *Molière et le Misanthrope,* Paris, Colin, 1951, pp. 126-133).

19. D. Mornet, *Molière,* Paris, Boivin, 1943, p. 113.

20. Antoine Adam, *Histoire de la littérature française au XVIIᵉ siècle,* Paris, Domat, T. III (1952), p. 354.

21. Si injustifiable qu'elle soit, la tentation d'élever Philinte, avec sa mesquine morale mondaine, au rang de porte-parole de Molière a toujours été vive chez les critiques. Signalons cependant ce passage de Doumic (sans aucun doute le meilleur de son livre) : « Concluons que Philinte n'est ni le sage de la pièce, ni un sage. Il est un homme du monde accompli, avec tout ce que le terme, en tout temps, comporte de qualités aimables et sous-entend de réserves ». Et déjà Maria Ortiz, dans son Introduction à sa traduction du *Misanthrope* (Florence, Sansoni, 1925, p. XVII) s'était bien rendue compte de la sécheresse foncière du personnage de Philinte.

22. Ce qui justifie pleinement, par l'exemple même du *Misanthrope,* l'opinion soutenue par L.F. Benedetto (V. *Scrittori di Francia,* Milano, Messina, Principato, 1940, p. 65) que Molière « a eu le pressentiment génial de notre *drame moderne* libéré de l'obligation du dénouement heureux ».

23. D'après Rousseau, comme on le sait, cela serait dû à un manque de courage de la part de Molière ; mais il suffit de penser au *Tartuffe*. Il est curieux que cette thèse de Rousseau ait été reprise par Fr Mauriac (*Mes grands hommes*, édit. du Rocher, Monaco, 1949, p. 29) : « Dans le *Misanthrope,* Molière livre la grandeur humiliée à la moquerie du monde ».

24. Benedetto, *op. cit.,* p. 67.

25. I. Siciliano (*Molière,* Milano, Montuoro, 1947, p. 157) a donc raison d'écrire : « Le Misanthrope se révolte contre la société, contre les hommes et contre la nature humaine. Dans ses perpétuelles et totales révoltes, il a tort et peut être comique, mais il a raison et peut être grand quand il s'insurge contre les vices des hommes, contre les misères sociales, et qu'il les condamne. Molière pose ainsi le problème dans ses termes les plus généraux et le laisse sans solution parce que les problèmes de l'âme n'ont pas une solution unique ».

L'idée de tant de critiques, reprise encore avec autorité par Mornet, selon laquelle le vrai sage, pour Molière, aurait été une sorte de « quid medium » entre Philinte et Alceste (Voir aussi U. Dettore, dans la Préface à la traduction du *Misanthrope,* Milano, Rizzoli, 1952, p. 8 : « Le *Misanthrope* est la comédie des extrêmes et a pour protagoniste invisible le juste milieu »), cette idée est donc inacceptable. Le *Misanthrope* n'est pas une comédie « normale » ; c'est, selon l'expression déjà acceptée à l'époque et employée par De Visé, un « poème dramatique », et c'est pour nous un véritable drame précisément parce qu'il n'admet pas la possibilité d'un juste milieu, d'une *conciliation.*

« LES NŒUDS DE LA MATIÈRE » : L'UNITÉ DES *FEMMES SAVANTES**

par

Jean MOLINO

But O alas, so long, so far
our bodies why do we forbear ?
. . . .
Because such fingers need to knit
That subtle knot, which makes us man.

John DONNE (*The Ecstasy*)

Au moment où le rideau se lève sur les *Femmes Savantes,* deux jeunes filles sont en conversation. De quoi peuvent parler deux jeunes filles, sinon d'amour et de mariage ? La scène d'exposition est construite sur un patron « archaïque », pour reprendre d'expression de J. Scherer[1] ; avant d'en venir à la question précise autour de laquelle s'organise l'intrigue — qui va épouser Clitandre ? —, les deux sœurs discutent d'un problème tout à fait général, le sens et la valeur du mariage par rapport au célibat. Dans ce débat, qui occupe les 86 premiers vers de la comédie, tout demeure abstrait et dans le domaine des principes ; aucun nom propre n'est prononcé, aucune indication n'est donnée sur le milieu ou les personnages ; la mère d'Armande et d'Henriette, dont le nom demeure inconnu, est seulement qualifiée de savante :

> Vous avez notre mère en exemple à vos yeux,
> Que du nom de savante on honore en tout lieu :　　　(v. 37-38)

---

*. Dans les premières pages de cette étude, que nous n'avons pu insérer faute de place, l'auteur rappelle les difficultés qu'a rencontrées la critique, récente et plus ancienne, à admettre la valeur des *Femmes Savantes,* et à leur reconnaître une véritable unité.

ou plutôt, nous saurons encore qu'elle est composée d'une âme et d'un corps :

> Nous saurons toutes deux imiter notre mère :
> Vous du côté de l'âme et des nobles désirs,
> Moi du côté des sens et des grossiers plaisirs ;   (v. 68-70)

La discussion ne porte pas, comme dans les *Précieuses Ridicules* (sc. IV), sur les préparatifs du mariage. Cathos et Magdelon ne refusent pas le mariage, elles veulent seulement que la mariage vienne au terme d'un long roman :

> Mais en venir de but en blanc à l'union conjugale, ne faire l'amour qu'en faisant le contrat de mariage, et prendre justement le roman par la queue !

Si le mariage est « une chose tout à fait choquante », les longs détours de la galanterie permettent d'y habituer peu à peu l'esprit. Entre Armande et Henriette, la question disputée est plus lourde de conséquences : faut-il ou ne faut-il pas se marier ? Les arguments ne sont pas empruntés à la tradition comique — thèmes développés par Panurge, Sganarelle ou Martine — et surprennent dans la bouche d'un personnage de comédie. L'époux et les enfants ne suffisent pas à condamner le mariage ; le mariage n'est pas tellement mauvais en soi qu'en raison de ce qu'il empêche : il rabaisse la personne humaine.

L'argumentation d'Armande repose sur une série d'oppositions : d'un côté les gens grossiers, les personnes vulgaires, les bas amusements, les sens et la matière, la partie animale, l'appétit grossier ; de l'autre, les hauts objets du désir, les nobles plaisirs, l'esprit, la clarté, l'étude, la raison. Au mariage s'oppose donc la philosophie, comme ce qui est bas s'oppose à ce qui est haut (v. 26-52).

Faut-il alors penser que cette exposition d'une technique archaïque « présente un conflit de principes qui introduit au véritable sujet »[2] ? Pourquoi Molière serait-il revenu à ce modèle dépassé, s'il n'avait eu aucun sens à ses yeux ? Le véritable sujet de la comédie est bien le problème général posé dans les 86 premiers vers de la pièce. Mais ce problème ne se limite pas à la question précise : faut-il ou non se marier ? Au problème du mariage viennent se mêler, dès les premiers vers du dialogue d'Armande et d'Henriette, trois autres thèmes qui apparaissent étroitement liés au précédent. D'abord le thème du langage et de ses relations avec le réel : le choix entre mariage et célibat se présente comme un choix entre deux mots, un « beau nom » et un mot « dégoûtant ». En second lieu, le thème de l'ignorance et de la philosophie, puisque le mariage s'égale à l'ignorance et s'oppose au désir philosophique de la connaissance. Enfin le thème de l'âme et du corps, de l'esprit et de la matière.

Ces quatre thèmes définissent quatre champs sémantiques qui vont occuper une place prépondérante dans le déroulement de l'œuvre. Au champ de l'amour et du mariage appartiennent les mots de la galanterie : feux, nœuds, chaînes, flamme, ardeur, etc... Au champ de la philosophie correspond le lexique de la science, de la pédanterie, de l'ignorance, de la morale, de la théorie. Au champ de la langue appartiennent les termes grammaticaux ou littéraires. Enfin le champ de l'âme et du corps : matière, sens, chair, esprit, raison, pureté, etc...

Dans chacun de ces champs lexicaux, les termes s'organisent selon une opposition bipolaire : mariage-célibat, mariage matériel-mariage spirituel, savoir-ignorance, science-pédanterie, beau langage-jargon, esprit-matière. Mais, comme on le voit, cette série d'oppositions converge vers une opposition fondamentale, celle qui sépare le spirituel du matériel. En effet, dans le mariage comme dans le couple, dans la connaissance scientifique comme dans la philosophie, dans le langage comme dans la grammaire, dans l'homme comme dans la nature se retrouve une même dichotomie, qui oppose le matériel au spirituel. C'est une opposition qui se situe sur un seul axe, vertical : d'un côté ce qui est bas (v. 32, 90), de l'autre ce qui est noble et élevé.

Les divers champs lexicaux de la comédie témoignent ainsi d'une convergence et d'une unité indiscutables : le sujet des *Femmes savantes* est une intrigue bourgeoise où Molière se moque de la pédanterie et des prétentions à la sagesse ; mais le thème des *Femmes savantes,* celui qui donne son unité à l'œuvre, est le problème des relations entre l'âme et le corps.

*
*   *

Replacé ainsi dans une perspective plus générale, le thème du mariage prend une nouvelle signification. Selon la tradition de la comédie, c'est un mariage qui sert de pivot à l'intrigue : il s'agit de savoir si Henriette pourra épouser Clitandre.

Mais le mariage n'est pas seulement, dans les *Femmes Savantes,* le pivot de l'intrigue : il est pris comme thème. Ainsi apparaît ce qu'on peut appeler l'approfondissement du comique dans l'œuvre de Molière : ce qui n'était au début qu'un ressort comique emprunté comme tel aux traditions du théâtre devient un problème. Il ne s'agit plus tellement de savoir si les deux jeunes premiers réussiront à s'épouser, mais de savoir ce que signifie le mariage.

Rien ne témoigne mieux de cet approfondissement que le rôle d'un motif essentiel de la comédie et du comique, le motif du cocuage. Ce motif, qui constituait l'essentiel des arguments du *Tiers Livre* de Rabelais, et qui occupait une grande place dans la tradition de la farce, comme dans les comédies antérieures de Molière, est presque totalement absent des *Femmes savantes ;* et lorsqu'il apparaît, dans la discussion entre Henriette et Trissotin à l'acte V, il n'introduit aucun effet comique attendu : l'effet comique est produit par le pseudo-stoïcisme de Trissotin, prêt à supporter vaillamment toutes les disgrâces du mariage :

A tous événements le sage est préparé ;   (v. 1544)

La comédie de Molière évoque diverses attitudes possibles en face du mariage. D'abord le refus absolu, angélisme conséquent qu'incarne Bélise. L'amour doit être débarrassé de toutes ses composantes matérielles : seul reste l'élément spirituel, qui se manifeste par le seul truchement du regard. Le mariage ne peut apparaître que comme un « mauvais côté » de la personne :

> Quand sur une personne on prétend se régler,
> C'est par les beaux côtés qu'il lui faut ressembler ;
> Et ce n'est point du tout la prendre pour modèle,
> Ma sœur, que de tousser et de cracher comme elle.   (v. 73-76)

Se marier, c'est donc, dans le meilleur des cas, une nécessité aussi basse, aussi scandaleuse que celles que nous imposent les besoins du corps. Il est probable que, derrière les mots « tousser » et « cracher », il faut entendre une allusion à un thème traditionnel :

> *L'action de planter et faire l'homme est honteuse, et toutes ses parties,*
> *les approches, les apprêts, les outils, et tout ce qui sert, est tenu et appelé hon-*
> *teux, et n'y a rien de si honteux en la nature humaine*[3].

Lorsque Armande fait, à l'acte IV, un long plaidoyer en faveur de l'amour « pur et net », c'est pour exclure les « sales désirs » (v. 1208), l'amour « grossier » (v. 1197) et « terrestre » (v. 1202). Le mariage s'oppose à l'amour, comme le corps s'oppose à l'esprit :

> Ce n'est qu'à l'esprit seul que vont tous les transports,
> Et l'on ne s'aperçoit jamais qu'on ait un corps.   (v. 1211-1212).

La rançon de cet angélisme est, chez Bélise, la folie :.

> Notre sœur est folle, oui...   (v. 397).

Le seul moyen d'échapper à la folie est l'hypocrisie plus ou moins consciente de Philaminte et d'Armande, qui incarnent deux formes d'un angélisme inconséquent : la doctrine est en contradiction avec la conduite. Chez Armande le contraste est violent, immédiat et donc source de comique : une première fois, après avoir longuement plaidé contre le mariage, elle témoigne à l'égard de sa sœur d'une jalousie peu compatible avec sa vertu philosophique (Acte I, scène 1) ; plus tard, lorsqu'elle voit que Clitandre ne se contente pas d'un amour platonique, elle change brutalement de langage et lui propose de l'épouser, en se prêtant ainsi à ses « sentiments brutaux » (v. 1236). Chez Philaminte, la contradiction est moins marquée ; mais, comme le fait remarquer Henriette dès le début de la comédie, comment se concilient l'angélisme philosophique et le mariage avec Chrysale ?

> Et bien vous prend, ma sœur, que son noble génie
> N'ait pas vaqué toujours à la philosophie.   (v. 79-80).

Bélise, en proie à ses fantasmes, peut bien nier le lien qui l'unit à son frère :

> Et de ce même sang se peut-il que je sois ?   (v. 618)

Philaminte doit accepter d'être la femme d'un « «lourd assemblage » (v. 616) d'atomes bourgeois. Le refus du corps ne peut être mené jusqu'à son terme : Philaminte et Armande n'échappent à la folie que par l'inconséquence et l'hypocrisie.

A l'opposé de l'angélisme, Chrysale représente la voix du corps. Pour lui, le mariage est une réalité exclusivement matérielle : la soupe et le potage, les enfants, le ménage et le train de la maison doivent être les seuls soucis d'une femme. Mais ce n'est pas seulement la femme qui est ainsi confinée aux réalités matérielles ; Chrysale n'en demande pas davantage pour lui : il n'a pas plus affaire aux vains savoirs (v. 592) ou aux raisonnements que la femme dont il rêve ; comme il le dit lui-même clairement, il n'est que corps :

> Oui, *mon corps est moi-même,* et j'en veux prendre soin.
> Guenille si l'on veut, ma guenille m'est chère.   (v. 542-543).

Henriette et Clitandre incarnent, eux, l'union de l'âme et du corps dans le mariage :

> Pour moi, par un malheur, je m'aperçois, Madame,
> Que j'ai, ne vous déplaise, un corps tout comme une âme :
>   (v. 1213-1214).

Il s'agit d'une union reconnue, acceptée, dans laquelle corps et âme « marchent de compagnie » (v. 1218). Sans vouloir reprendre ici la question des raisonneurs chez Molière, il ne peut y avoir dans les *Femmes savantes* aucun doute : Clitandre et Henriette expriment avec la plus grande clarté une philosophie anti-dualiste, qui se trouve non point dans un banal et plat entre-deux, mais dans un milieu, situé entre les deux extrêmes de l'angélisme et de l'animalité, entre l'ange et la bête. Ce milieu, c'est la médiété aristotélicienne, dont déjà Térence avait fait la clef de la morale comique[4].

Lorsqu'on accepte le mariage — ce qui est une première victoire du corps sur l'esprit pur —, un nouveau problème se pose, transposition philosophique du problème juridique de l'autorité dans le couple : qui doit commander ? L'autorité appartient en droit au mari :

> ... C'est une chose infâme
> Que d'être si soumis au pouvoir d'une femme.   (v. 699-700)

Le mariage est une union, union de deux êtres, c'est-à-dire de deux âmes et de deux corps, et l'une des justifications traditionnelles de l'autorité maritale est justement fondée sur la comparaison avec les relations de l'âme et du corps : la femme doit à son mari

> *obéissance en toutes choses justes et licites, s'accommodant et se ployant aux mœurs et humeurs de son mari, comme le bon miroir, qui représente fidèlement la face, n'ayant aucun dessein, amour, pensement particulier : mais comme les dimensions et accidents, qui n'ont aucune action ou mouvement propre, et ne remuent qu'avec le corps, elles se tiennent en tout et partout au mari*[5].

Chrysale incarne la caricature de la position traditionnelle, qu'il expose aux vers 558 à 614, mais qu'il est incapable d'assumer. Philaminte, elle, utilise la justification traditionnelle de l'autorité maritale pour la tourner à son profit : si c'est l'esprit qui doit gouverner dans le ménage, alors l'autorité doit revenir à celle qui se trouve du côté de l'âme, de la forme et du spirituel, c'est-à-dire elle-même (v. 1127-1130).

Pour Clitandre et Henriette, il n'y a aucun problème d'autorité. Non sans doute qu'ils rejettent l'un et l'autre les traditions et les mœurs de leur temps : Molière n'était certainement pas féministe et ne mettait pas en question l'autorité maritale. Le point essentiel est que le couple des jeunes amoureux, en rejetant le dualisme de l'âme et du corps, récuse en même temps les idées de Chrysale et de Philaminte : s'il n'y a ni distinction absolue des deux substances, ni supériorité de l'une sur l'autre, le mariage ne peut plus être considéré comme l'union d'une âme et d'un corps, d'un corps soumis à une âme seule investie du pouvoir de gouverner.

Dans le mariage se redouble ainsi l'union de l'âme et du corps. De même que l'être humain est un composé à parts égales d'esprit et de corps, de même le couple est un composé à parts égales de deux êtres humains. Les liens étroits qui existent entre le ménage et l'union de l'âme et du corps sont soulignés par l'audacieuse transposition à laquelle se livre Molière ; les mots « nœuds » et « chaînes », empruntés au vocabulaire de la galanterie, figures presque totalement usées, sont rendus à leur plein sens pour désigner les liens corporels qui constituent la marque propre du mariage : aux liens épurés et spirituels de la galanterie s'opposent les « nœuds de la matière » (v. 1197), les « nœuds de chair », les « chaînes corporelles » (v. 1238). Cette création d'images, relativement rare chez Molière, témoigne de la force avec laquelle il s'engage dans le débat du dualisme : elle est la preuve que le champ thématique de l'âme et du corps est un champ symbolique dans lequel l'imagination a sa part.

Le mariage est au centre de l'existence humaine comme de la comédie. La pensée de Molière rejoint ici une fois de plus celle de La Mothe Le Vayer :

> *L'on compare ordinairement la vie des hommes à une comédie, et certes les différents personnages qu'on y joue, et la plupart des choses qui s'y passent, rendent fort juste cette comparaison. Rien néanmoins ne me la fait tant approuver, que de considérer comme dans tout le cours de cette vie, aussi bien que dans la suite d'une pièce de théâtre, le plus divertissant endroit est souvent celui des mariages qui s'y contractent, et qui sont le point principal où aboutissent presque toutes les lignes, soit de la vie civile, soit des sujets comiques qui en sont l'image[6]*

Au terme de son itinéraire de dramaturge, Molière en fait le symbole philosophique de l'union de l'âme et du corps.

*
*   *

Dès le premier vers, un autre thème avait été abordé : celui des mots et du langage. Se marier, pour Armande, c'est d'abord quitter la douceur d'un « beau nom », le nom de fille. Pourquoi ce « titre » dont Armande s'enorgueillit ? Comment un nom peut-il être beau ? Un autre mot apparaît, quelques vers après, dans la bouche d'Armande, le mot de mariage : il offre à l'esprit quelque chose de « dégoûtant ». Il y a des mots beaux et des mots dégoûtants, selon « l'image » qu'ils offrent à la pensée. Il ne s'agit pas seulement de ce *decorum* dont parlait la Nuit dans le prologue d'*Amphitryon,* pour qui

> Il est de certains mots dont l'usage rabaisse
> Cette sublime qualité,
> Et que, pour leur indignité,
> Il est bon qu'aux hommes on laisse[7].

Le mot est un signe, « une voix, par laquelle on signifie ce qu'on pense »[8]. On retrouve, à l'intérieur du langage, la même opposition entre ce qui ressortit à l'âme et ce qui ressortit au corps :

> *De même dans la parole il y a deux choses, sçavoir la formation de la voix, qui ne peut venir que du corps, suivant tout ce que j'en ay dit ; et la signification ou l'idée qu'on y joint, qui ne peut être que de la part de l'âme*[9].

Le double registre de la langue, voix et signification, signifiant et signifié, est la marque en nous d'une double nature, et, en nous révélant la différence « qui est entre notre corps et notre âme, nous donne en même temps à connaître tout le secret de leur union »[10].

Si l'âme était séparée du corps, elle ne serait point contrainte d'utiliser le truchement des paroles :

> *Ainsi j'estime qu'il est bien plus naturel aux esprits de se manifester, c'est-à-dire, de se communiquer leurs pensées par elles-mêmes et sans aucun signe, que de se parler, c'est-à-dire, de se communiquer leurs pensées par des signes, qui sont d'une nature si différente de celle des pensées*[11].

Bélise n'a pas besoin qu'on lui parle pour comprendre qu'on l'aime :

> Ah ! tout beau, gardez-vous de m'ouvrir trop votre âme :
> Si je vous ai su mettre au rang de mes amants,
> Contentez-vous des yeux pour vos seuls truchements,
> Et ne m'expliquez point par un autre langage
> Des désirs qui chez moi passent pour un outrage ;   (v. 276-280).

Puisque le seul amour qu'elle accepte est un amour « épuré » (v. 318), il ne doit se manifester que par des moyens moins grossiers que le langage humain, lourd de toutes les évocations matérielles auxquelles le contraint sa nature corporelle. Il ne faut pas dire que l'on aime, il suffit de le laisser entendre, et l'amour est permis ; l'épuration du langage conduit à sa disparition, au bénéfice du langage des yeux, par lequel les âmes communiquent directement : langage proprement spirituel qui n'appartient plus au monde des corps. Damis ne vient plus, Dorante dit du mal de Bélise, Cléonte et

Lycidas se sont mariés : quelle importance, puisque leurs âmes se sont expri-
mées directement par le regard ?

   Si l'on ne conduit pas l'épuration jusqu'à son terme et si l'on accepte
d'user de la matérialité du langage pour communiquer, il convient de le rendre le plus docile, le plus fidèle qu'on le peut au langage premier de l'esprit.
Ainsi s'explique la lutte menée par Philaminte et Bélise contre le langage
de Martine : Martine emploie des mots « sauvages » et « bas », exactement
comme le mariage est pour Armande « bas », « vulgaire » et « grossier ».

   Le langage doit donc être rendu plus spirituel : d'abord en respectant
le « bel usage », c'est-à-dire l'usage des gens nobles, élevés (le sens n'est
pas nécessairement social), qui se soucie des affaires de l'esprit et non de
celles du corps, qui préfèrent les plaisirs de l'âme — conversation, philosophie — aux plaisirs du corps — manger ou se marier. En second lieu,
le langage ne doit pas être laissé à lui-même : car spontanément, il retombe
au niveau du seul corps. Il doit être soumis aux lois de la grammaire (v. 499),
qui sont des lois de la raison (v. 476) : comme il est dans la nature de l'âme
de gouverner le corps,

                L'esprit doit sur le corps prendre le pas devant ;   (v. 546)

il est dans la nature du langage de se soumettre aux règles de ce qui est l'âme
même du langage,

                ... le fondement de toutes les sciences,
                La grammaire, qui sait régenter jusqu'aux rois
                Et les fait la main haute obéir à ses lois ?   (v. 464-466)

   On n'a sans doute pas assez remarqué — parce qu'on ne l'a pas prise
au sérieux — la doctrine linguistique des *Femmes Savantes*. La référence
à Vaugelas ne doit pas tromper ; Bélise et Philaminte ne sont pas des disciples orthodoxes de Vaugelas, pour qui le grammairien n'a pas à légiférer.
Vaugelas ne parle pas de loi du langage, et s'en tient à l'*Usage* « maître des
langues », leur « roi » et leur « tyran »[12]. Bélise et Philaminte ont aussi lu
et appris la *Grammaire de Port-Royal*, dans laquelle viennent converger la
tradition humaniste de l'explication par les causes — le livre de Scaliger s'inti-
tule *De causis linguae latinae* — et le souci cartésien de comprendre l'usage :

      *Puisque, si la parole est un des plus grands avantages de l'homme, ce
      ne doit pas être une chose méprisable de posséder cet avantage avec toute la
      perfection qui convient à l'homme ; qui est de n'avoir pas seulement l'usage,
      mais d'en pénétrer aussi les raisons, et de faire par science ce que les autres
      font seulement par coutume*[13].

La grammaire doit régenter la langue comme l'âme gouverne le corps.

   Molière s'oppose en même temps à la volonté d'épuration fondée sur
le bon usage (Vaugelas) et à la prétention de réduire le fonctionnement et
la maîtrise du langage à un système de lois. Il se trouve, sur ces problèmes
aussi, en complet accord avec La Mothe Le Vayer, dont les *Considérations
sur l'Éloquence française de ce temps* (1637) et les *Lettres touchant les nou-*

velles remarques sur la langue française (1647) avaient proclamé, contre le purisme envahissant du bon usage, les droits de la liberté : il ne saurait y avoir de loi — loi de nature ou règle de convention — qui régisse les coutumes linguistiques et toute remise en ordre impérative se fait au détriment de la richesse et de la force de l'expression[14].

Il y a, au milieu des *Femmes savantes,* un effet comique foncièrement anti-dualiste, qui dénonce le dogmatisme de la raison. Lorsque le laquais L'Epine tombe avec la chaise qu'il porte, Philaminte le réprimande :

> Voyez l'impertinent ! Est-ce que l'on doit choir,
> Après avoir appris l'équilibre des choses ?

et Bélise souligne :

> De ta chute, ignorant, ne vois-tu pas les causes
> Et qu'elle vient d'avoir du point fixe écarté
> Ce que nous appelons centre de gravité ?

Lorsque l'Epine répond :

> Je m'en suis aperçu, Madame, étant par terre.   (v. 738-743),

la chute marque bien la distance qui sépare le savoir théorique de l'action dans le monde, l'âme du corps. L'Epine est bien un « lourdaud », en ce qu'il tient, de tout son poids, à la terre.

Le même ressort comique avait été utilisé dans *Don Juan* où le raisonnement filandreux de Sganarelle se termine par une chute : « Bon ! voilà ton raisonnement qui a le nez cassé. » Il y avait le même lien direct entre le raisonnement et la chute : ce corps « merveilleux » de l'homme, cette machine admirable ne doit pas présumer d'elle-même ; le comique ne fait qu'en manifester avec éclat les limites. La langue ne vit pas plus selon les décrets du grammairien que le corps selon les volontés expresses de l'esprit.

Enfin le langage doit être profondément transformé par d'amples « remuements » (v. 900) : tel est le cœur du programme établi pour l'académie qu'entendent fonder les Femmes savantes. Il ne suffit pas de suivre le bon usage et la raison, il faut débarrasser la langue des mots qui ne sont pas beaux (v. 914) : les trois fondatrices, constituant un nouveau triumvirat, vont établir des listes de proscription, par lesquelles elles s'abandonneront mutuellement et condamneront à mort les mots barbares, sauvages, grossiers et bas. Épurer le langage, c'est se livrer à une épuration bien réelle, qui le purgera (v. 908) des saletés qu'il a laissé s'accumuler en lui.

L'entreprise ne s'arrête pas aux mots : à l'intérieur des mots, il y a des syllabes sales (v. 913), qui évoquent nécessairement à la pensée des idées sales :

> *Mais il y a une troisième correspondance entre le nom de chaque chose et son idée, qui n'étant que d'institution se peut changer : néanmoins, comme le son du premier nom qu'on donne à une chose, est une sensation que l'âme joint étroitement à l'idée de cette chose, et que d'ailleurs l'impression de ce nom se trouve jointe à celle de la chose dans le cerveau, on a grande peine à les séparer[15].*

Il faut donc, à l'intérieur des mots, pourchasser les parties qui constituent elles-mêmes des mots, et les mots « sales », comme les mots les plus courants, sont très souvent parmi les plus courts de la langue. La proposition, ridicule dans le contexte de la scène, repose, sur une propriété essentielle du langage, celle-là même qui donne naissance aux calembours : la chute du madrigal de Trissotin repose sur la même propriété.

Avoir de l'esprit, c'est manifester sa subtilité dans le rapprochement ingénieux des idées et des mots :

> *Quand on a cette sorte d'esprit, on pense bien les choses, et on les exprime aussi bien qu'on les a pensées. On ramasse beaucoup de sens en peu de paroles : on dit tout ce qu'il faut dire, et on ne dit précisément que ce qu'il faut dire*[16].

Les « choses d'esprit » (v. 730), madrigal, sonnet, épigramme ou rondeau, doivent manifester partout que leur auteur est homme d'esprit :

Ah ! de l'esprit partout !   (v. 745).

Les Femmes savantes ne refusent pas le calembour en tant que tel, puisqu'elles admirent la chute de l'épigramme de Trissotin :

> Ne dis plus qu'il est amarante,
> Dis plutôt qu'il est de ma rente.   (v. 835-836)

Mais c'est qu'à l'intérieur de ce qu'on appelle « l'esprit », le « goût », le « galant », il faut tracer la même ligne de séparation qu'entre l'âme et le corps. Il y a des calembours grossiers, des « équivoques infâmes » (v. 917), qui naissent de la présence, dans les mots les plus inattendus, de syllabes qui désignent les parties du corps, les actes qui se rapportent à la sexualité ; il suffit de les faire apparaître pour « faire insulte à la pudeur des femmes » (v. 918). Il y a donc, si l'on veut, un esprit de l'esprit — c'est le mot d'esprit —, et un corps de l'esprit — c'est l'équivoque. Le domaine de l'esprit constitue ainsi un monde complet, et dans lequel on peut vivre sans avoir besoin de faire appel au monde matériel.

Tout le problème est alors de savoir si l'on vit « de bonne soupe » ou « de beau langage » (v. 531). Pour Bélise, l'esprit domine le corps :

> Et notre plus grand soin, notre première instance,
> Doit être à le nourrir du suc de la science.   (v. 547-548).

Nourriture, pour Chrysale, bien insuffisante :

> Ma foi ! si vous songez à nourrir votre esprit,
> C'est de viande bien creuse, à ce que chacun dit,...   (v. 549-550).

Et pourtant, lorsque Trissotin vient lire dans le salon de Philaminte ses dernières productions, il apporte aux Femmes savantes la seule nourriture qu'elles puissent accepter :

> Servez-nous promptement votre aimable repas.   (v. 746)

demande Philaminte, à laquelle Trissotin répond par une longue métaphore suivie : sonnet et madrigal constituent le ragoût et le plat principal d'un plantureux repas, à peine capable de rassasier une si « grande faim ». La métaphore n'est pas seulement comique ; elle exprime l'idéal d'un monde totalement spiritualisé, où le seul sens des termes qui désignent vulgairement les besoins et les actions du corps est immatériel : si l'on parle d'« enfant nouveau-né », c'est pour désigner, avec Bélise, la dernière production du spirituel Trissotin (v. 736). Les œuvres de l'esprit, qui sont aussi des œuvres spirituelles, permettent à l'esprit de vivre de manière autarcique, en circuit fermé : le monde des mots, mots « propres » et « bons mots », vient doubler le monde des choses.

Le langage, marque aux yeux des cartésiens de notre nature puisque les bêtes ne le possèdent pas, est ainsi lui-même constitué à notre image : composé d'une âme et d'un corps, il doit voir la partie corporelle se soumettre aux décrets de la partie spirituelle. Plus encore, il semble que la partie spirituelle puisse vivre en coupant les liens qui la rattachent à la partie animale : les Femmes savantes sont les disciples extrémistes et ridiculement fanatiques de Descartes et des cartésiens[17].

*
*   *

L'esprit n'est pas seulement le pôle opposé à la matière, la substance aérienne dont la vocation est de s'arracher aux servitudes du corps pour mieux le dominer ; il est aussi faculté intellectuelle. Le propre de l'esprit est d'apprendre et de savoir, comme le propre du corps est de se nourrir de mets matériels (v. 545-548). Pour Descartes et les cartésiens, nous sommes d'abord « une chose qui pense »[18]. L'esprit, « dont la nature est de penser »[19], n'est donc pleinement lui-même que lorsqu'il s'exerce à penser, c'est-à-dire à se connaître soi-même et à connaître le monde qui l'entoure[20].

Manger, dormir, se marier, tout cela est du ressort du seul corps ; si, en revanche, on se marie à la philosophie, on se livre aux « charmantes douceurs » que procure « l'amour de l'étude » (v. 41-52). Être honoré du nom de savant, c'est manifester sa vocation spirituelle, sa volonté d'élévation (v. 57), de clarté (v. 40), de lumière (v. 71). Pour mériter le nom d'homme, il faut savoir, c'est-à-dire se consacrer à l'étude des diverses sciences.

Il y a des sciences utiles à la société et à l'état, et Molière, ami personnel de Rohault, savait la valeur de la physique expérimentale. Aussi les Femmes savantes sont-elles des cartésiennes ridicules, dont toutes les découvertes consistent à voir des hommes ou des clochers dans la lune (v. 890-892). C'est que pour elles, comme les en félicite Trissotin, « la nature a peu d'obscurités » ; elles savent tout, et elles savent tout sans aucune idée de la vraie méthode en physique :

La seconde chose qui empêche le progrès de la Physique est qu'on la traite

> *trop métaphysiquement, et qu'on ne s'arrête souvent qu'à des questions si abstraites et si générales, que quand bien même tous les Philosophes seraient de même avis sur chacune, cela ne pourrait servir à expliquer en particulier le moindre effet de la nature.*

La physique demande une étroite alliance de l'expérience et du raisonnement, et l'utilisation des outils fournis par les mathématiques ; sinon, elle est pur bavardage :

> *Et en effet, quelle différence peut-il y avoir entre la réponse que peut faire un paysan et celle d'un Philosophe, si leur ayant demandé à tous deux, d'où vient, par exemple, que l'aimant attire le fer, l'un dit qu'il n'en sait pas la cause, et l'autre dit que cela se fait par une vertu et qualité occulte ? N'est-ce pas en bon français dire la même chose en différents termes ? Et n'est-il pas visible que toute la différence qu'il y a entre l'un et l'autre, c'est que l'un a assez de bonne foi pour avouer son ignorance et l'autre assez de vanité pour la vouloir cacher ?[21].*

S'il y a une science des choses, dont les *Femmes savantes* nous offrent l'image caricaturale, il y a une science des mots ; les termes qui la désignent appartiennent aux familles lexicales « docte » (v. 906, 951, 1054, 1359), « docteur » (v. 217, 564, 1670) et « pédant » (v. 235, 252, 691, 1011, 1093, 1300), « pédanterie » (v. 1346). Les personnages en qui s'incarne cette science des mots sont Vadius et Trissotin. On retrouve chez eux le type comique traditionnel du pédant, tel qu'il apparaissait, sous les traits d'Hortensius, dans le *Francion* de Sorel. Mais le long discours de Clitandre à Trissotin (v. 1353-1382) prouve à l'évidence que cette figure éternelle a, pour Molière, des traits bien contemporains ; Clitandre justifie en effet la suppression des gratifications qui avaient, jusqu'en 1667, été données à Ménage et à Cotin. Il serait cependant absurde de croire que Molière cherche ainsi seulement à plaire à Colbert, et à se venger des attaques de Cotin : au XVIIe siècle comme aujourd'hui, querelles de personnes et querelles d'idées sont étroitement imbriquées, mais pourquoi penser que les rivalités individuelles sont la clef des oppositions philosophiques ?

Ce que Molière condamne dans la personne de Vadius et Trissotin, c'est l'érudition, la recherche vaine qui s'appuie sur les mots au lieu de s'en tenir aux choses. Sur ce point, Molière est en parfait accord avec les cartésiens qui, de Descartes lui-même à Malebranche, condamnent les recherches fondées exclusivement sur la mémoire ; ces savants se croient tout permis

> Pour savoir ce qu'ont dit les autres avant eux   (v. 1372),

au lieu de se servir directement de leur raison. L'érudition est une connaissance au second degré, et capable seulement de pervertir l'esprit, comme le montre Malebranche au livre II de la *Recherche de la Vérité* :

> *Mais le dessein de la plupart de ces commentateurs n'est pas d'éclaircir leurs auteurs et de chercher la vérité, c'est de faire montre de leur érudition et de défendre aveuglément les défauts mêmes de ceux qu'ils commentent. Ils ne parlent pas tant pour se faire entendre ni pour faire entendre leur auteur, que pour le faire admirer et pour se faire admirer eux-mêmes[22].*

Aussi les Femmes savantes, peu érudites elles-mêmes, font-elles la preuve de leur sottise en admirant de pauvres pédants, et leur science, que tous les « modernes » condamnaient, de Gassendi à la *Logique* de Port-Royal[23]. A cette condamnation philosophique s'ajoutait une condamnation sociale : le pédant est ridicule parce qu'il ne s'occupe pas de la seule science digne d'être étudiée, la science de la vie en société. A quoi peut servir l'érudition ?

> Que font-ils pour l'État, vos habiles héros? [...]
> Leur savoir à la France est beaucoup nécessaire,...   (v. 1356-1361)

Au-delà de la science des mots et de la science des choses, il y a la science de l'homme, dont le but est la vie heureuse. Science de l'homme qui se présente d'abord comme un art de la vie en société, comme un savoir-vivre ; ce que Clitandre reproche à Trissotin, c'est son incapacité à suivre les règles de l'honnêteté, incapacité qui le rend ridicule :

> La constante hauteur de sa présomption,
> Cette intrépidité de bonne opinion,
> Cet indolent état de confiance extrême
> Qui le rend en tout temps si content de soi-même,
> Qui fait qu'à son mérite incessamment il rit,...   (v. 253-257)

Le pédantisme s'oppose à l'honnêteté. Mais la science de l'homme n'est pas seulement l'honnêteté, elle doit se prononcer sur la nature humaine et sur les fins de la vie : aussi rencontre-t-elle sur son chemin les réponses que les différentes philosophies ont données à ces deux problèmes. Les références philosophiques qui se succèdent dans les vers 877 à 884 sont très logiquement et très subtilement agencées. Après l'antiquité — péripatétisme discrédité et platonisme — viennent les deux philosophies modernes entre lesquelles il convient de choisir : le nouvel atomisme de Gassendi d'un côté et le cartésianisme de l'autre. Il est bien clair que toutes les préférences des Femmes savantes sont en faveur de Descartes et des merveilles qu'il révèle dans l'organisation du monde, matière subtile, aimant, tourbillons et mondes tombants : une quinzaine d'années après Molière, Fontenelle tentera de convertir une marquise au cartésianisme en lui dévoilant cette parfaite machinerie d'opéra.

L'ordre chronologique se double d'un ordre rationnel : Trissotin parle de logique — « pour l'ordre » (v. 877) —, Philaminte de théorie de la connaissance — « pour les abstractions » (v. 878) — ; Armande passe à la physique, qui constitue le fort de la nouvelle philosophie. La conclusion naturelle du dialogue est qu'il faut faire progresser la connaissance du monde et se « signaler par quelque découverte ». Il n'y a plus alors qu'à se tourner vers les autres disciplines, « grammaire, histoire, vers, morale et politique » (v. 894). Philaminte passe à la morale, et la discussion s'achève sur ce qui constitue le couronnement de leur entreprise philosophique, l'épuration du langage.

Comment choisir entre les diverses philosophies ? Aristote n'a qu'un seul partisan, Trissotin, et ce n'est pas un hasard si le seul à s'en réclamer

est l'émule ridicule des pédants Rasius et Baldus. L'aristotélisme discrédité
ne saurait constituer une philosophie acceptable. Quand il s'agit de science,
deux modèles seulement sont disponibles : le modèle atomistique d'Epicure
et de Gassendi, et le modèle mécaniste de Descartes. Même si Armande semble être séduite par le modèle atomistique, elle finit par s'accorder avec Bélise
et Philaminte sur l'excellence de la science d'inspiration cartésienne, dans
l'admiration de laquelle toutes trois finissent par communier avec l'appui
même de Trissotin (v. 880-884).

Lorsqu'il s'agit de morale, Trissotin et les Femmes savantes sont aussi
en parfait accord ; il y a une seule morale, la morale stoïcienne[24] :

> Mais aux Stoïciens je donne l'avantage,
> Et je ne trouve rien de si beau que leur sage.   (v. 897-898).

L'allusion de Philaminte au platonisme et à ses « abstractions » allait dans
le même sens : platonisme, cartésianisme et morale stoïcienne ont partie liée
— et non seulement aux yeux de Philaminte —, en ce qu'ils privilégient
l'esprit aux dépens du corps. Ce sont des morales du « détachement » :

> De ces détachements je ne connais point l'art :
> Le ciel m'a dénié cette philosophie [...]   (v. 1216-1217).

Ce sont, en dernier ressort, des morales dualistes ; pour Philaminte, comme
pour Bélise, Armande et Trissotin, la morale consiste dans la soumission
du corps à l'âme, connaissance ou volonté :

> *Mais la connaissance est souvent au-delà de nos forces... il ne reste que*
> *notre volonté dont nous puissions absolument disposer. Et je ne vois point*
> *qu'il soit possible d'en disposer mieux, que si l'on a toujours une ferme et*
> *constante résolution de faire exactement toutes les choses que l'on jugera être*
> *les meilleures, et d'employer toutes les forces de son esprit à les bien connaî-*
> *tre. C'est en cela seul que consistent toutes les vertus[25].*

Les Femmes savantes incarnent ainsi une morale dualiste qui, pour les contemporains de Molière, était le bien commun du platonisme, de l'augusti-
nisme, du stoïcisme et du cartésianisme.

Mais cette morale qui refuse le corps est invivable. Et les différents personnages dans lesquels elle s'incarne témoignent de la façon dont le corps
se venge de ceux qui veulent — ou affirment vouloir — l'ignorer. La critique de Molière rejoint ici, dans le registre de théâtre, la critique traditionnelle — et commune à la morale religieuse aussi bien qu'aux libertins et gassendistes — de la sagesse stoïcienne. La sagesse stoïcienne peut d'abord
cacher des intérêts matériels et apparaître comme pure hypocrisie ; c'est le
cas de Trissotin, tel que le révèle le billet de Vadius :

> Trissotin s'est vanté, Madame, qu'il épouserait votre fille. Je vous donne
> avis que sa philosophie n'en veut qu'à vos richesses...

La « philosophie » de Trissotin est bien la caricature du stoïcisme ; lorsque
Henriette le menace, si elle devient sa femme, de le tromper, il répond, en
reprenant la distinction des choses qui dépendent de nous et des choses qui
ne dépendent pas de nous :

> Un tel discours n'a rien dont je sois altéré :
> A tous événements le sage est préparé.
> Guéri par la raison des faiblesses vulgaires,
> Il se met au-dessus de ces sortes d'affaires,
> Et n'a garde de prendre aucune ombre d'ennui
> De tout ce qui n'est pas pour dépendre de lui.   (v. 1543-1548)

Armande professe aussi la morale orgueilleuse qui prétend mettre le corps au service exclusif de l'âme. Mais chez elle, la revanche du corps se manifeste par une hypocrisie presque inconsciente, puisque nous n'avons jamais la preuve que les contradictions entre ses principes et ses actions soient entièrement voulues.

Chez Philaminte, la morale de l'esprit pur est bien près d'être viable. Elle est tout au moins conséquente, et ses réactions après l'annonce de sa ruine restent en complet accord avec la philosophie :

> Mon cœur n'est point du tout ébranlé de ce coup.
> Faites, faites paraître une âme moins commune
> A braver, comme moi, les traits de la fortune.   (v. 1696-1698)

Et lorsqu'elle condamne la volte-face honteuse de Trissotin, c'est la contradiction entre la prétention à la philosophie et sa conduite qui lui paraît scandaleuse :

> Qu'il a bien découvert son âme mercenaire !
> Et que peu philosophe est ce qu'il vient de faire !   (v. 1727-1728)

Philaminte reste philosophe jusqu'au bout. Mais les limites de sa morale se trahissent au moment même où elle incarne la sagesse stoïque ; maintenant qu'elle a vu ce qu'était « son philosophe », elle est contente de le voir puni :

> ... J'en ai la joie au cœur
> Par le chagrin qu'aura ce lâche déserteur.   (v. 1765-1766)

La philosophie est un masque que prend l'orgueil pour se manifester sans contrainte : au lieu d'abandonner Trissotin à son sort, elle a besoin de l'écraser en célébrant le mariage de Clitandre et d'Henriette « avec éclat » (v. 1768), et tout cela parce que Trissotin est un déserteur, c'est-à-dire lui a fait l'insulte de ne pas ressembler à l'image qu'elle avait de lui. Philaminte ici ne se conduit pas autrement que le piteux Orgon à la fin du *Tartuffe* (« Hé bien ! te voilà, traître... ») ; le corps aussi, avec ses passions, se venge sur l'esprit qu'il n'a jamais cessé de conduire à sa guise. « Nos vertus, disait La Rochefoucauld, ne sont le plus souvent que des vices déguisés ». La morale dualiste, couronnement d'une philosophie totalement dualiste, est invivable : on ne peut oublier le corps.

*
* *

Ainsi le champ sémantique de l'âme et du corps se trouve au centre des *Femmes Savantes* et lui donne une profonde unité. A plusieurs reprises, le meilleur commentaire des attitudes et des opinions des principaux personnages a été fourni par des textes empruntés à Descartes et aux Cartésiens. C'est que les *Femmes savantes,* comédie anti-dualiste, sont une comédie anti-cartésienne. Maint interprète moderne ou contemporain se refuse, par principe, à penser que le « rationaliste », le « progressiste » Molière ait pu s'opposer au Philosophe Moderne par excellence, Descartes, et à ses disciples, les Cartésiens. L'évolution de Molière et les circonstances dans lesquelles ont été composées les *Femmes savantes* nous paraissent confirmer les arguments tirés de l'analyse interne de l'œuvre.

Il n'y a pas grand-chose à tirer, sans doute, du témoignage de Brucker, dans son *Historia critica philosophiae,* lorsqu'il rapporte, à propos de Rohault, la tradition suivante :

> ... *contaminavit tamen hanc gloriam eruditionis philosophicae moribus pedagogicis, unde ridicula nonnulla de eo narrantur et traductus in scenam est a Molierio*[26].

Il est difficile de savoir d'où Brucker a reçu l'anecdote et, de toutes façons, elle ne paraît guère vraisemblable : J. Rohault était en effet un ami intime de Molière et rien ne permet de confirmer l'histoire. De toutes façons l'anecdote se rapporte sans doute au *Bourgeois Gentilhomme* : Brucker fait allusion à l'histoire rapportée par Grimarest, selon laquelle Molière, qui aurait pris Rohault pour modèle du maître de philosophie, aurait même envoyé Baron lui emprunter son chapeau.

Le témoignage du *Longueruana* est plus sérieux :

> *Molière fait dans ses* Femmes Savantes *cette cruelle satire de la nouvelle Philosophie (quoiqu'il l'eût suivie autrefois) par dépit contre l'audace des Cartésiens. Je tiens ce fait de Richelet. Il ne pouvait les souffrir. Pour moi je ne fais pas grand cas de toutes les opinions philosophiques*[27].

L'abbé de Longuerue se fait par ailleurs l'écho de la tradition selon laquelle Trissotin portait d'abord le nom de Tricotin — tradition confirmée par les témoignages de Brossette, de Madame de Sévigné et des *Menagiana*[28] — en précisant que Vadius était à l'origine appelé Magius :

> *D'abord Molière avait mis* Tricotin *et* Magius ; *mais on l'obligea à déguiser un peu davantage*[29].

L'abbé de Longuerue parle de l'audace des cartésiens ; il ne s'agit pas de leur hardiesse philosophique, mais bien plutôt de leur outrecuidance, de leur arrogance. Descartes et le cartésianisme, dans la période qui va de 1660 à la fin du siècle, sont le sujet de toutes les conversations des milieux cultivés ; la mode cartésienne ne saurait se comparer par exemple qu'à la vogue de l'existentialisme ou du structuralisme. Fr. Bouillier n'a certainement pas tort d'écrire :

> *Pendant plus d'un demi-siècle, il n'a pas paru en France un seul livre de philosophie, il n'y a pas eu une seule discussion philosophique, qui n'eût Descartes pour objet, qui ne fût pour ou contre son système*[30].

Comment Molière aurait-il fait pour ne pas rencontrer Descartes sur son chemin ?

La philosophie cartésienne fait son apparition dans le théâtre de Molière en 1670 : le maître de philosophie de M. Jourdain utilise le *Discours physique de la parole* de Cordemoy pour donner sa leçon d'orthographe. Mais le cartésianisme n'est pas évoqué en tant que tel : le maître de philosophie est un scolastique, aussi bien en logique qu'en physique ; il ne nous semble pas en effet, contrairement à ce qu'écrit H. Busson, que le plan général de la physique esquissé par le maître de philosophie ou la mention des tourbillons soient des indices de cartésianisme[31]. La philosophie cartésienne joue ainsi un premier rôle sur le théâtre : le langage et le pédant cartésiens remplacent le langage et le pédant scolastiques, seule cible de Molière jusqu'en 1670. On peut y voir un trait d'époque, la mise à jour ou le renouvellement d'un type comique plus traditionnel. Mais Molière pouvait-il en rester là ?

Les discussions et les querelles pour ou contre le cartésianisme semblent bien atteindre un de leurs points culminants dans les années 1668-1672, comme en témoignent la liste d'ouvrages établie par J.-S. Spink (1 en 1666, 1 en 1667, 2 en 1668, 3 en 1669, 6 en 1670, 4 en 1671, 3 en 1672) ou la publication de l'*Arrêt Burlesque* de Boileau en 1671[32]. Et ce qui est en question pour les partisans ou les ennemis de Descartes va bien au-delà d'un comique de mots incarné par quelques pédants. Molière ne pouvait pas ne pas être sollicité par le cartésianisme, si l'on considère combien les thèmes et les discussions philosophiques — au sens large du mot, qui est le sens du XVIIᵉ siècle — occupent une place importante dans son œuvre à partir des années 1663-1664, de *Tartuffe* et de *Don Juan*.

La critique récente a plutôt insisté sur le Molière comédien, directeur de troupe et acteur. Mais relisons Grimarest, non pour les détails — souvent sujets à caution — mais pour l'atmosphère. Personne n'a protesté lorsque Grimarest a écrit :

> *Molière n'était pas seulement bon acteur et excellent auteur, il avait toujours soin de cultiver la philosophie*[33].

Une œuvre littéraire élaborée, dont l'auteur est un écrivain cultivé et qui réfléchit sur l'homme et la société, est inséparable d'une philosophie plus ou moins explicite. Par ailleurs, le métier de dramaturge comique est, pour la tradition classique, proche du métier de philosophe : l'œuvre de Térence donnait l'exemple d'un comique consciemment fondé sur une conception précise de la nature humaine et des relations sociales. C'est que la comédie doit être le miroir de la vie humaine — *imitatio vitae, speculum consuetudinis, imago veritatis* — et contenir une leçon morale. Les premières et grandes pièces, *École des Maris* et *École des femmes* abordaient, dans la tradition de Térence, les problèmes posés par l'éducation des enfants. Mais combien, à partir des années 1663-1664, la perspective s'élargit !

La première édition des *Œuvres,* parue en 1663, fait de Molière un
auteur — et non pas seulement un acteur — qui compte. Boileau, dans les
Stances aussi bien que dans la *Satire II,* voit d'abord dans Molière un grand
écrivain et un moraliste, c'est-à-dire, pour l'homme du XVIIᵉ siècle, un philosophe. Au même moment, la *Critique de l'École des femmes* et
l'*Impromptu de Versailles* témoignent de la conscience critique que Molière
prend de son œuvre. Et dès lors il abandonne les problèmes d'éducation
pour aborder, dans la perspective même que lui proposait la tradition de
Térence, des problèmes plus modernes et plus essentiels, dont l'enjeu était
profondément philosophique : problèmes qui donnent leur sens au *Tartuffe,*
au *Don Juan* ou au *Misanthrope.* Et ces problèmes renvoient tous à ce qui
est, au XVIIᵉ siècle, le problème philosophique essentiel, le problème de la
nature humaine et du bonheur.

L'hypocrisie, l'honneur, le libertinage, le mensonge, comment les traiter sans prendre parti dans le débat philosophique ? Bien vivre, c'est, selon
les mots de Chrémès dans l'*Heautontimoroumenos,* vivre selon la vérité —
« c'est ce qui arrive lorsqu'on ne vit pas selon la vérité » — mais qu'est-ce
que vivre selon la vérité si on ne sait pas ce qu'est l'homme ?

Comment donc concevoir l'homme, au milieu du XVIIᵉ siècle ? Si l'on
repousse l'explication aristotélicienne de l'homme dont l'âme est la forme
du corps — explication que Boileau et ses amis ridiculisent dans l'*Arrêt Burlesque* (1671) — quelle solution choisir ? Le même *Arrêt* place parmi les
pourfendeurs de l'Aristotélisme les « gassendistes, cartésiens, malebranchis-
tes et pourchotistes »[34], c'est-à-dire les Gassendistes et les Cartésiens. Pour
Molière et ses contemporains, deux thèses a priori recevables sont en présence : la thèse dualiste de Descartes et la thèse atomiste d'Epicure et de
Lucrèce réactivée par Gassendi. Une troisième solution, la solution sceptique, aboutit en fait à des conclusions peu différentes de la solution atomiste,
en ce qu'elle s'oppose à tous les dogmatismes et conduit, en morale, à prendre la nature pour guide[35] : le dogmatisme spiritualiste des cartésiens est ainsi
l'ennemi commun des sceptiques et des épicuriens.

Molière, qui a peut-être suivi les cours de Gassendi à Paris, qui a sans
doute travaillé à une traduction en vers du *De Natura Rerum,* était, par sa
formation, naturellement conduit à adopter une philosophie d'inspiration
épicurienne et sceptique, qu'il voyait défendre autour de lui par de nombreuses connaissances, comme Chapelle ou La Mothe Le Vayer. Aussi le heurt
de Molière avec le cartésianisme était-il prévisible. Avec les *Femmes savantes,* le cartésianisme apparaît en pleine lumière : de nombreuses allusions
sont faites à des notions spécifiques, tourbillons ou matière subtile. Surtout, Bélise rappelle la distinction essentielle entre substance pensante et substance étendue (v. 1685-1686), qui fonde le dualisme entre l'âme et le corps[36].
Quelles que soient en effet les solutions apportées par les cartésiens au problème de l'union des deux substances, la nouvelle philosophie apparaissait
comme une philosophie de la séparation : de la deuxième méditation — « *De
la nature de l'esprit humain ; et qu'il est plus aisé à connaître que le corps* »

— à la sixième — « *De l'existence des choses matérielles, et de la réelle distinction entre l'âme et le corps de l'homme* » — de Descartes à Cordemoy — « *De la distinction du corps et de l'âme* » — ou à Louis de La Forge dans son *Traité de l'Esprit de l'homme,* Descartes et les cartésiens rappellent inlassablement la même distinction.

Or c'est précisément cette distinction que refuse Molière dans les *Femmes savantes,* comédie d'inspiration anti-dualiste : l'homme n'est pas composé de deux substances distinctes dans leur essence et miraculeusement unies en lui. Aussi le cartésianisme est-il beaucoup plus qu'un thème comique accidentel ; c'est une conception du monde et de l'homme que Molière entend expressément récuser, et cela pour deux raisons : parce que Molière est partisan d'une anthropologie unitaire, et en second lieu parce que sa réflexion sur la nature du comique l'éloigne aussi du dualisme. Et les accents de Molière pour récuser le dualisme rappellent ceux de Gassendi.

Dans les objections qu'il adresse à Descartes au sujet des *Méditations,* Gassendi insiste longuement sur les difficultés du dualisme. Pour Gassendi, en effet, il est impossible d'accepter la distinction entre âme et corps, que Descartes n'a pas clairement établie :

> *Enfin, vous remarquez que vous pensez. Certainement cela ne peut se nier ; mais il vous reste toujours à prouver que la faculté de penser est tellement au-dessus de la nature corporelle, que ni ces esprits qu'on nomme animaux, ni aucun autre corps, pour délié, pur et subtil qu'il puisse être, ne saurait recevoir de telles dispositions que de pouvoir être rendu capable de la pensée*[37].

Aucune évidence ne peut nous garantir l'absolue distinction de la pensée et de l'étendue. Et Gassendi suggère que Descartes se prend pour une substance qui pense, pour un pur esprit :

> *C'est ici que vous commencez à ne vous plus considérer comme un homme tout entier, mais comme cette partie la plus intime et la plus cachée de vous-même, telle que vous estimiez ci-devant qu'était l'âme*[38].

Gassendi parle alors à Descartes en feignant d'accepter sa lubie : « Quaeso te ergo, ô Anima... » Descartes était-il un peu comme Bélise ?

NOTES

1. J. Schérer, *in* Molière, *Œuvres Complètes,* Éditions du Nombre d'Or, 1956, t. III, p. 587. Je remercie ma mère, Jeanne Molino, ainsi que Jean Deprun, qui ont bien voulu lire une première version de ce travail, et me faire profiter de leurs remarques.

2. J. Schérer, *op. cit.,* p. 587.

3. P. Charron, *De la Sagesse,* J.-F. Bastien, 1783, p. 36.

4. Cf. par exemple l'*Heautontimoroumenos,* qui renvoie à Ménandre et, au-delà, à Théophraste et Aristote.

5. P. Charron, *op. cit.,* p. 20 ; cf. Malebranche, *Traité de Morale,* Vrin, 1953, p. 220.

6. La Mothe Le Vayer, *Seconde Homélie académique sur les Mariages,* in *Œuvres,* Dresde, t. VI, pp. 14-15.

7. Molière, *Amphitryon,* Prologue.

8. Cordemoy, *Discours physique de la parole,* in *Œuvres philosophiques,* P.U.F., 1968, p. 234.

9. Cordemoy, *op. cit.,* p. 234.

10. Cordemoy, *op. cit.,* p. 210.

11. Cordemoy, *op. cit.,* p. 240.

12. Vaugelas, *Remarques sur la langue française.* Préface, II.

13. Lancelot, *Préface* de la *Grammaire générale et raisonnée.*

14. Cf. F. Brunot, *Histoire de la langue française,* t. III, Première Partie, pp. 57-60.

15. Cordemoy, *op. cit.,* p. 238.

16. Bouhours, *Les Entretiens d'Ariste et d'Eugène,* A. Colin, 1962, p. 115.

17. Quelles que soient les nuances de la morale de Descartes et des Cartésiens, elle n'en est pas moins une morale de l'âme opposée au corps ; cf. Louis de la Forge, *Traité de l'esprit de l'homme,* in *Œuvres Philosophiques,* P.U.F., 1974, par exemple p. 339.

18. Descartes, *Méditation troisième.*

19. Cordemoy, Ve Discours, *De l'union de l'esprit et du corps,* in éd. cit., p. 146.

20. Cordemoy, *Préface* aux *Six Discours sur la distinction et l'union du corps et de l'âme,* in éd. cit., p. 89 : « L'âme, pour être dans une joie sans pareille, n'a qu'à faire réflexion sur ce qu'elle est. Elle n'a qu'à bien examiner les notions que Dieu lui donne, soit pour se connaî-tre elle-même, soit pour connaître quel est ce merveilleux rapport qui fait toute leur union. Elle peut, par le même moyen, connaître (du moins autant qu'il lui est utile) toutes les autres pièces qui composent cet Univers : enfin elle peut par ces lumières connaître Dieu lui-même, et le connaître assez, pour l'aimer plus que toutes choses ».

21. Rohault, *Traité de Physique, Préface.*

22. Malebranche, *Recherche de la Vérité,* Livre II, Deuxième Partie, chapitre VI.

23. Arnaud et Nicole, *Logique de Port-Royal,* Premier Discours : « La pédanterie est un vice d'esprit, et non de profession ; et il y a des Pédans de toutes robes, de toutes conditions, et de tous états. Relever des choses basses et petites, faire une vaine montre de sa science, entasser du Grec et du Latin sans jugement, s'échauffer sur l'ordre des mois Attiques, sur les habits des Macédoniens, et sur de semblables disputes de nul usage ; piller un Auteur en lui disant des injures, déchirer outrageusement ceux qui ne sont pas de notre sentiment sur l'intelligence d'un passage de Suétone, ou sur l'étymologie d'un mot, comme s'il s'y agissait de la Religion et de l'État (...) c'est proprement ce qu'on peut appeler pédanterie ».

24. Cf. A. Bridoux, *Le stoïcisme et son influence,* Paris, 1966, et G. Rodis-Lewis, *La morale stoïcienne,* Paris, 1970.

25. Descartes, *Lettre à la Princesse Elisabeth,* 20 novembre 1647.

26. Brucker, *Historia critica philosophiae,* Leipzig, Weidemann, 1766, t. V, p. 278.

27. *Longueruana,* Berlin, 1754, p. 81.

28. Cf. G. Couton, *in* Molière, t. II, pp. 1463-1464. *Œuvres,* Bibl. de la Pléiade.

29. *Longueruana,* éd. citée, p. 154.

30. Fr. Bouillier, *Histoire de la philosophie cartésienne,* Paris, 1868, t. I, p. 430.

31. H. Busson, *La religion des classiques (1660-1685),* Paris, 1948, p. 232.

32. Cf. J.-S. Spink, *La libre pensée française de Gassendi à Voltaire,* Paris, 1966, p. 222.

33. Grimarest, *Vie de M. de Molière.*

34. Boileau, *Arrêt burlesque,* in Boileau, *Œuvres complètes,* Bibl. de la Pléiade, p. 327 : « Cartistes [*sic*] et Gassendistes » seulement, dans le texte de 1671.

35. Cf. Diogène Laerce, *Vies,* IX, 62, et J.-P. Dumont, *Le scepticisme et le phénomène,* Paris, 1972.

36. Il est certain que les Femmes savantes sont éclectiques et mêlent platonisme, stoïcisme, cartésianisme et même aristotélisme (forme-matière) ; mais elles ne retiennent de ces diverses philosophies que le dualisme et, pour elles comme pour les contemporains, le cartésianisme est l'héritier légitime de ces divers dualismes.

37. Gassendi, *Cinquièmes objections,* in Descartes, *Œuvres philosophiques,* éd. F. Alquié, t. II, p. 712.

38. Gassendi, *op. cit.,* p. 709.

L'INSPIRATION ITALIENNE
OU LA PERMANENCE DU JEU
DANS *LE MALADE IMAGINAIRE*

par

C.E.J. CALDICOTT

Ayant toujours été sensible au rythme enjoué et aux qualités ludiques de la dernière comédie-ballet de Molière, dont l'exégèse est si souvent colorée par les circonstances extratextuelles des premières représentations, nous avons songé, inévitablement, à des parallèles entre *Le Malade Imaginaire* et les procédés de la *commedia dell'arte* ; dans les deux « c'est le jeu qui détermine le style et les caractères et l'intrigue, et comme l'intrigue s'exprime par lui, c'est lui qui la moule, la pénètre si profondément qu'il en modifie même les démarches... »[1]. Nous nous réjouissons donc de cette occasion qui nous est offerte d'examiner les parallèles de plus près ; nous aurions aussi voulu nous pencher sur les sources françaises de cette œuvre[2] mais ce genre de recherche nous aurait provisoirement éloigné du pour-soi perpétuellement en mouvement de la vie théâtrale ; l'en-soi anesthésiant d'une étude historique ressemblerait trop en l'occurrence aux procédés de Thomas Diafoirus.

C'est Jean-Louis Barrault qui a dit :

> Il y a trois manières de faire le théâtre, on le sait : « à la broche », « à la souffle », « à la canne », c'est-à-dire : par cœur d'après une brochure, d'emblée en reprenant ce que vous envoie le souffleur, ou bien, comme ici : on joue au canevas.
> Si cet acteur peut jouer au canevas, c'est précisément parce que pour son personnage il a « tout prévu ». Quelle que soit la situation, il a du répondant.
> Ce n'est que lorsqu'on sait se servir de ses mains, de ses pieds, de son corps, de son cœur, de ses sentiments, de sa tête ; ce n'est que lorsqu'on est à ce point armé pour vivre n'importe quelle situation que l'on peut parler « d'im-pro-vi-sa-tion ».

La commedia dell'arte *est le jeu de « l'acteur complet » ; c'est aussi le genre de théâtre qui porte l'acteur au comble de sa « propre personnalité »*...[3].

Cette hiérarchie des styles que propose Barrault, et la préférence donnée au style italien, nous rapproche de celui du *Malade Imaginaire,* où le théâtre cesse de singer on ne sait quelle réalité pour se prendre lui-même comme sujet et objet de plaisir. Dans un article remarquable, admirablement intitulé *The Therapy of Art,* Philip Berk nous rappelle que « the contrast in *Le Malade Imaginaire* is between one art and another, and that the triumph is rather that of the theatre over the arts of medicine and rhetoric »[4]. Tout en admettant qu'il y a une opposition théâtre/rhétorique dans la pièce nous sommes conscient du besoin de mieux définir les termes car enfin la plupart des personnages, qu'ils soient des méchants ou des bons, jouent un deuxième rôle à l'intérieur de la pièce. Il est vrai que l'amour d'Angélique et de Cléante naquit au théâtre, grâce à « la curiosité d'une vieille tante qui nous fit accorder la liberté d'aller à cette comédie qui donna lieu à la naissance de votre passion »[5], mais on ne peut pas dire pour autant que seuls les amants savent jouer un rôle ; il y a aussi des acteurs du côté des médecins rhétoriqueurs, y compris Argan lui-même bien entendu. C'est précisément là où les distinctions faites par Barrault nous sont de la plus grande utilité. Ceux qui sont opposés aux intentions d'Argan jouent « à la canne » alors que les médecins et leurs comparses jouent « à la broche ».

Les ruses de Toinette et de Louison, le déguisement de Cléante, sont des inventions qui ont la même valeur symbolique que l'invitation lancée par Béralde à son frère d'aller voir « quelqu'une des comédies de Molière »[6] ; ayant assez d'imagination et de souplesse pour s'adapter aux circonstances changeantes de la vie, ces gens savent improviser. Ceux à qui ils s'opposent ont un style tellement différent qu'il se présente comme une antithèse. Là où les premiers savent improviser, ceux-ci se distinguent par leur raideur ; tels Purgon, Diafoirus ou Argan, ils jouent un rôle préconçu. Purgon, il est vrai, a parfaitement maîtrisé l'art du sermon mais Diafoirus et Argan dépendent du souffleur :

a) *Thomas* : Cela a-t-il bien été mon père ?[7]
b) *Thomas* : Madame, vous m'avez interrompu dans le milieu de ma période et cela m'a troublé la mémoire[8].
c) *Toinette* : Tenez, Monsieur, vous ne songez pas que vous ne sauriez marcher sans bâton[9].

Le contraste des deux styles n'est nulle part plus évident qu'à la scène 5 de l'acte 2 où Diafoirus et Cléante, les deux concurrents à la main d'Angélique, ont recours à des procédés aussi diamétralement opposés que ceux du vent et du soleil dans la fable d'Esope. La primauté de la mémoire, coïncidant avec la raideur chez Diafoirus, est aussi ridicule sur le plan théâtral que du point de vue humain. D'une part on croit entendre le Molière de l'*Impromptu de Versailles* qui demande encore une fois aux membres de sa troupe : « quand même vous ne les sauriez pas [vos rôles] tout à fait, pouvez-vous pas y suppléer de votre esprit, puisque c'est de la prose, et que vous savez votre sujet ? »[10] ; d'autre part, le rôle du mauvais acteur est tout aussi méprisable du point de vue humain. Le langage et le style de Diafoirus évoquent la mort de l'imagination, l'absence de la moindre sensibilité humaine ; ignorant tout des élans spontanés du cœur, incapable d'agir indépendamment de son père/souffleur (Pierre Valde lui donne un tabouret d'enfant)[11] ; substituant à la nature humaine une préoccupation obsédante et assez hypocrite pour la forme dans la mesure où il reconnaît en Argan « un second père auquel j'ose dire que je me trouve plus redevable qu'au premier » ; véritable statue (de Memnon du moins, s'animant donc une fois par jour) ; Diafoirus est rendu encore plus grotesque par le contraste avec Cléante. Ce dernier joue un rôle aussi caricatural que celui de Diafoirus (on abonde dans le sens d'Argan quand il renvoie notre berger extravagant disant : « Voilà un sot père que ce père-là, de souffrir toutes ces sottises-là sans rien dire ») ; le vrai Cléante, que l'on devine mais que l'on ne voit presque pas du tout, plaît par sa souplesse, son esprit d'invention et son indépendance, tant d'un père que d'un souffleur : là où Diafoirus emploie les périodes emphatiques et maladroites de la rhétorique Cléante chante et danse.

La musique et la danse ne sont pas moins représentatives dans *Le Malade Imaginaire* que dans les autres comédies-ballets de Molière ; elles servent toujours à démontrer visuellement la grâce et la disponibilité de la jeunesse, la balourdise du monomane[12]. La juxtaposition des styles « de la broche » et « de la canne » à travers ces deux personnages dans une scène aussi centrale est assez remarquable : comment ne pas y voir des critères moraux se confondant avec l'esthétique de la *commedia dell'arte* ? Laissons la parole encore une fois à Jean-Louis Barrault : « Enfin la *commedia dell'arte,* art du théâtre et de l'acteur, a dans l'art la position philosophique la plus sage. Elle rétablit l'équilibre de la vie... »[13].

Cette esthétique de l'improvisation, étant nécessairement celle de la vie, nous est présentée dès *l'Autre Prologue,* introduction qui porte un titre modeste mais qui ne fait pas moins partie intégrante du *Malade Imaginaire.* Que *l'Autre Prologue* soit de Molière ou non, il devrait être retenu dans la mise-en-scène et étudié par le lecteur ; La Grange y attachait assez d'importance pour le retenir dans l'édition de 1682 et la musique est de Charpentier[14]. Dès cette introduction le berger amoureux (rôle que jouera Cléante, Acte II. v.) et les médecins sont présentés comme des rivaux ; plus significatif encore, « la douleur qui me désespère » et « votre plus haut savoir » paraissent tout-à-fait incompatibles et ce n'est pas le dernier qui guérira le premier. On constate enfin que ce prologue, le seul intéressant sur le plan intellectuel, dépasse le thème de la médecine car on y trouve l'opposition familière chez Molière de la nature et de tout dogmatisme.

Cette opposition forme l'équation que nous trouvons dans la plupart des grandes pièces de Molière ; *A* aime *B* mais parent/gardien *C* veut imposer son choix *X*. *A* et *B* sont les amants contrariés (Horace-Agnès, Mariane-Valère, Cléonte-Nicole, Henriette-Clitandre, Angélique-Cléante), parent *C* étant aussi un monomane, X n'est jamais que le coefficient des obsessions de C[15]. L'équation n'est sans doute pas originale mais il est certain que la solution est clairement démontrée chez Molière : quoique l'identité et la « vocation » précises de X changent dans chaque pièce, sa fonction dramatique reste la même. X étant toujours une constante, Diafoirus ayant le même dénominateur que X dans toutes les autres pièces, le satire des médecins dans *Le Malade Imaginaire* recouvre et éclaire la notion d'un schématisme anti-nature dont la portée reste toujours universelle. Le complexe $C + X$ s'oppose toujours à l'amour et à la jeunesse qui, ayant la grâce et l'imagination pour eux, s'expriment souvent par la musique et par la danse. Comme nous avons déjà vu, la musique et la danse deviennent des armes en même temps que l'expression naturelle de la joie de vivre des amoureux et de leurs alliés ; c'est Béralde lui-même qui attaque « une roideur de confiance, une brutalité de sens commun » chez les médecins[16], qui propose le deuxième intermède (« des danses mêlées de chansons où je suis sûr que vous prendrez plaisir ; et cela vaudra bien une ordonnance de Monsieur Purgon »)[17], c'est lui qui propose d'aller voir une pièce de Molière et c'est encore lui qui propose le troisième intermède (le premier intermède est amené par Toinette, l'autre complice des amoureux).

Attinger souligne qu'il y a souvent dans la *commedia dell'arte* un doublage qui « trouve son expression visuelle dans plusieurs groupes ; groupes de classes, de générations, de professions... il y a harmonique à l'intérieur des groupes »[16]. Mais à cette opposition des groupes Molière a *aussi ajouté* le contraste des styles dramatiques, « à la broche » et « à la canne » pour employer le jargon de Barrault. Il a rarement pris position d'une façon aussi nette, il nous semble, que dans *Le Malade Imaginaire* ; Béralde aurait le poids d'un raisonneur (disons d'un maître de cérémonies pour ne pas déplaire aux disciples de René Bray) et c'est dans ce rôle qu'il déloge Béline. C'est avec des procédés de la *commedia dell'arte* que l'acteur-dramaturge traduit intuitivement, génialement, sur la scène une esthétique de la nature, née elle-même du théâtre. C'est ainsi qu'en trouvant un style et une forme qui conviennent parfaitement à son instinct et à son expérience d'homme de théâtre que Molière parvient au sommet de son art dans *Le Malade Imaginaire*.

Le lecteur qui accepte le principe de la cohérence conceptuelle du *Malade Imaginaire* objecterait quand même que, pour ce qui est de la forme, le premier intermède pose des problèmes sérieux. René Bray a déjà avancé, avec la verve que l'on sait, qu'il n'est pas jusqu'aux moindres gags et jeux de scène qui ne contribuent à la chorégraphie de cette comédie-ballet ; mais il n'a pas tout à fait réussi à démontrer l'utilité du premier intermède. Heureusement pour ceux qui vivent trop loin de la Bibliothèque Nationale pour consulter les manuscrits de Charpentier, la partition intégrale du *Malade Imaginaire* a paru récemment pour la première fois[19] et permet de reconstituer convenablement un premier intermède moins embrouillé que celui de l'édition de 1682. Grâce au travail on ne peut plus utile de Wiley Hitchcock on comprend beaucoup mieux comment La Grange, partagé entre sa fidélité à la version originale du maître et le désir de donner aussi celle qu'avaient imposée les moyens réduits de la troupe[20], avait fini par donner un amalgame de toutes les versions jouées du premier intermède. Il s'ensuit qu'il faut élaguer le texte actuel du premier intermède pour se rapprocher ou de la version originale de Molière ou de celle adoptée ultérieurement par sa troupe. Étant donné l'impossibilité de démêler assez nettement la musique des deux versions, la solution proposée par Wiley Hitchcock en tant que musicologue est celle qui :

> ... *permet d'utiliser presque tous les dialogues du texte original de Molière ; elle élimine les inconséquences qui déparent la « version composée » de La Grange de 1682 ; elle emploie toute la musique actuellement connue composée par Charpentier pour l'intermède...*[21].

C'est précisément là où le musicologue et le moliériste adoptent des opinions divergentes. Nous savons que selon le premier livret de 1673 il y a trois épisodes dans le premier intermède : le monologue initial de Polichinelle ; des échanges entre Polichinelle et les violons hors scène ; le dernier épisode où, suite à une altercation avec un groupe de jeunes gens joyeux, masqués et déguisés en archers pour le carnaval, Polichinelle est rossé. La deuxième version du premier intermède, celle du livret de 1674,

> *ne comporte plus qu'une seule scène, dans laquelle un « seignor Pantalon » chante une sérénade à sa belle (sur l'air de « Nott'e dì ») et reçoit une réponse d'une vieille femme, sous forme d'une chanson sarcastique (« Zerbinetti »). Étant donné que les arrangements musicaux par Charpentier de ces deux airs italiens nous sont parvenus, l'intermède peut être joué sous cette forme abrégée, comme il semble l'avoir été au printemps de 1674*[22].

Il y a en outre une deuxième version du livret de 1674, troisième version donc du premier intermède, où selon Charpentier :

> *L'on joue derrière le théâtre la fantaisie sans interruption. Polichinelle entre, et lorsqu'il est prêt de chanter devant les fenêtres de Toinette les violons, conduits par Spacamond, recommencent la fantaisie avec ses interruptions. Spacamond donne des bastonnades à Polichinelle et le chasse, après quoi les violons jouent l'air des archers ; en suite de quoi l'on chante l'air italien qui suit. Les violons recommencent aussitôt l'air des archers*[23].

Devant ces trois versions on n'a formulé que deux solutions. La première, que nous connaissons déjà, est celle de La Grange et de tous les éditeurs de Molière depuis : elle consiste à retenir et à condenser l'essentiel des deux livrets, en attribuant les chansons de la vieille et de Pantalone à Polichinelle et à sa bien aimée. La deuxième solution, celle de Wiley Hitchcock, dégage les versions des deux livrets pour les présenter l'une après l'autre, de sorte que Polichinelle *et* Pantalone entrent en scène ; c'est perpétuer à notre avis la faute de Charpentier dans la troisième version où il accumulait toutes les compositions qu'il avait jusque-là créées pour le premier intermède[24].

Pas plus que Charpentier lui-même, Hitchcock ne veut retrancher aucun morceau de musique composé par Charpentier ; c'est se condamner à utiliser non seulement « toute la musique actuellement connue composée par

Charpentier pour l'intermède » mais encore toutes les paroles connues écrites pour le dialogue ! Que Molière ait collaboré aux deux livrets ou non, le zèle de ceux qui veulent retenir le texte intégral des deux versions dans la mise-en-scène finit par nuire à la cohérence intérieure de la pièce. Il ne nous paraît pas inconcevable que Molière ait envisagé deux versions du Prologue et du premier intermède, l'une pour la cour et l'autre pour la ville, et ce ne serait pas nécessairement le trahir que d'opter pour l'une ou l'autre ; comme nous avons déjà vu, le Prologue du deuxième livret contribue beaucoup à la mise-en-valeur du thème. Aussi brutal que cela puisse paraître, nous dirions que le choix final entre le premier et le deuxième livret importe peu, pourvu qu'on le fasse et qu'on joue une version ou une autre de l'intermède.

Il suffit soit à Pantalone soit à Polichinelle de faire acte de présence au premier intermède, dans cette scène de nuit italienne égayée par le carnaval, pour annoncer l'allégorie et confirmer un thème que nous venons d'examiner. C'est ainsi que le premier intermède peut servir *Le Malade Imaginaire* au lieu d'être une distraction ; il nous rappelle « qu'il faut nous soumettre, et, si nous le pouvons, nous conformer à la nature »[25]. Nous trouvons cette vérité et un contraste de styles semblable dès *Les Précieuses Ridicules,* à cette différence près que (à l'autre bout de la gamme) le style italien (Mascarille) y est contrasté avec le réel et le vécu (La Grange et du Croisy) pour mieux satiriser Cathos et Magdelon qui veulent « faire à loisir le tissu de notre roman ». Jean Emelina nous rappelle pertinemment que « comme la *commedia dell'arte,* Molière perpétue cette image du type qui peut faire figure d'archétype, et qui rassemble les rêves de liberté et de triomphe, que toute civilisation sécrète nécessairement... »[26]. Dans le cas du *Malade Imaginaire* plus précisément, Molière fit jouer tous les ressorts du théâtre qu'il pouvait mais en réservant une place de choix à la *commedia dell'arte* comme métaphore de la liberté et de la vie. C'est à la fois un hommage à ses colocataires italiens et la preuve ultime de sa propre virtuosité.

NOTES

1. G. Attinger, *L'Esprit de la Commedia dell'Arte,* Neuchâtel, 1950, p. 114.

2. Nous songeons plus particulièrement à *Don Bertrand de Cigarral* de Thomas Corneille et à *L'Histoire Comique de Francion* de Sorel. On a souvent supposé que le déguisement de Cléante vient de la comédie de T. Corneille ; d'ailleurs toutes les reprises nommées avant 1660 dans *Le Registre* de La Grange (*Don Bertrand* en est une) méritent une étude à elles seules. Il y a sans doute des rapports importants à examiner entre Molière et Sorel; nous sommes particulièrement frappé par les ressemblances, de caractère et de situation, entre Diafoirus et Hortensius, le pédagogue maladroit et amoureux du Collège (éd. Adam, Pléiade, pp. 195-99).

3. J.-L. Barrault, *Nouvelles Réflexions sur le Théâtre,* Paris, 1959, p. 132.

4. P. Berk, *The Therapy of Art in « Le Malade Imaginaire »,* « The French Review », Special N. 4, Spring 1972, p. 43.

5. *Le Malade Imaginaire,* II. i, Vol. II, p. 1127 (toutes nos références au *Malade* renvoient à l'édition de G. Couton dans la « Bibliothèque de la Pléiade »).

6. *Ibid.,* III. iii, p. 1155.

7. *Ibid.,* II. v, p. 1132.

8. *Ibid.,* II. vi, p. 1140.

9. *Ibid.,* III. i, p. 1150.

10. *L'Impromptu de Versailles,* sc. i, Paris, Gallimard, (« Bibliothèque de la Pléiade »), Vol. I, p. 678.

11. *Le Malade Imaginaire,* édition de Pierre Valde, Paris, Éditions du Seuil, 1946, Collection « Mises en Scène », directions scéniques, p. 97.

12. Voir aussi : L. Auld, *The Music of the Spheres in the Comedy-Ballets,* « L'Esprit Créateur », Fall, 1966, pp. 176-187.

13. Barrault, *op. cit.*

14. Si le deuxième livret (publié en 1674), dans lequel paraissaient *L'Autre Prologue* et la deuxième version du premier intermède, ne porte aucune trace de la collaboration antérieure de Molière, nous nous demandons pourquoi La Grange tenait tant à l'incorporer dans l'édition de 1682 (voir aussi note 23). Il faut ajouter que selon G. Couton *L'Autre Prologue* n'est pas de Molière (éd. Pléiade, vol. II, p. 1084, note 4).

15. Arnolphe fait preuve de son égoïsme en se proposant lui-même : il est à la fois *C* et *X* ; le choix de Tartuffe pour sa fille dit évidemment aussi long sur le caractère d'Orgon que le choix du fils du Grand Turc, de Trissotin et de Diafoirus dans les cas de Monsieur Jourdain, Philaminte et Argan respectivement. Il y a bien d'autres pièces de Molière auxquelles on pourrait appliquer cette formule.

16. *Le Malade Imaginaire,* III. iii, p. 1153.

17. *Ibid.,* II. ix, p. 1147.

18. Attinger, *op. cit.,* p. 43.

19. M.-A. Charpentier — *Prologues et Intermèdes du Malade Imaginaire de Molière,* Transcrits et réalisés par H. Wiley Hitchcock, Genève, Minkoff, 1973.

20. Nous rappelons au lecteur que *l'Autre Prologue* et la deuxième version du premier intermède, tout appauvris qu'ils soient, peuvent très bien être de Molière. Il aurait peut-être envisagé de simplifier la mise en scène onéreuse prévue pour la cour (comme il avait fait pour *Psyché*) avant de savoir, trop tard, qu'il n'y aurait pas de première devant la cour. Pris au dépourvu, obligé de présenter la primeur de la pièce à la ville quitte à l'adapter par la suite,

il aurait quand même eu le temps d'esquisser quelques variations avant sa mort, variations que reprendront sa troupe et le fidèle La Grange.

21. Wiley Hitchcock, *op. cit.,* Introduction, p. vi.

22. *Ibid.,* p. v.

23. *Ibid.,* p. v. Cette troisième version est vraisemblablement celle que joua la troupe quand, le 18 juillet, 1674, *Le Malade Imaginaire* fut enfin donné à Versailles « dans le cadre pour lequel il avait été conçu d'abord... » (Couton). On remarquera que cette version annonce celle de l'édition de 1682 dans la mesure où elle tend à faire un amalgame des deux livrets ; autrement dit *toute* la musique composée jusque-là pour *toutes* les versions du premier intermède (à l'exception possible de « Zerbinetti » qui n'est pas nommée) est retenue. C'est peut-être par égard pour Charpentier que La Grange retenait une version composite du premier intermède dans l'édition de 1682.

24. A l'exception probable de « Zerbinetti ».

25. Brunetière, *La Philosophie de la Nature,* 1907, pp. 183-85 (cité par J.-P. Collinet, *Lectures de Molière,* Paris, Colin, 1974, p. 182).

26. J. Emelina, *Les serviteurs du Théâtre de Molière ou la Fête de l'inconvenance,* « Revue d'Histoire du Théâtre », 1974, 3, p. 238.

« IMPIE EN MÉDECINE »* :
MOLIÈRE ET LES MÉDECINS

par

John CAIRNCROSS

Les temps sont loin où Michaut pouvait tranquillement écrire que Molière « n'a rien fait que répéter... les brocards que, de tout temps, on a lancés contre les médecins ». En raillant ceux qui « s'en tenaient servilement aux préceptes d'Hippocrate..., il a fait... œuvre d'homme de bon sens plutôt qu'œuvre de 'philosophe' » (*Les luttes de Molière,* p. 199). Il ne serait donc pas question ici d'idéologie.

Mais alors, comment expliquer qu'il porte à la médecine un si vif intérêt ? Michaut se rabat sur les facteurs personnels. La santé de Molière, écrit-il, « ayant été ébranlée vers le temps de *L'Amour médecin* — septembre 1665 —, il a vu de plus près les médecins et a été naturellement amené à mieux 'contempler' leurs ridicules et naturellement amené à les utiliser pour ses pièces » (*ibid.*). Depuis, bien des moliéristes ont développé la même tendance « personnalisante », et en premier lieu Couton, qui l'a parrainée de son immense autorité.

Or, comme nous l'avons montré dans notre intervention aux CAIEF de 1964, Molière n'a pas inquiété les médecins avant 1664. C'est dans son *Dom Juan,* composé durant l'automne de cette année-là, qu'il se sert pour la première fois du grand seigneur méchant homme pour flétrir le corps médical et ironiser sur les remèdes traditionnels, comme la casse ou le séné.

---

*. Nous reprenons dans cet article, en la modifiant de fond en comble, notre intervention aux CAIEF de 1964 (pages 260-284). Dans nos recherches, nous avons mis à profit, entre autres, les travaux de Jacques Roger, Karolyn Waterson, et surtout ceux de l'édition magistrale des *Œuvres complètes* en deux volumes préparée par Couton pour la Pléiade. Que tous en soient vivement remerciés.

A cette époque, précisément, Molière a subi, l'un après l'autre, trois deuils cruels, en l'espace de deux mois. Un peu avant le 26 septembre, il a perdu l'un de ses meilleurs amis, l'abbé La Mothe Le Vayer. « L'abbé — nous dit Brossette — avait un attachement singulier pour Molière, dont il était le partisan et l'admirateur » (II, 1322)[1]. On se souvient que c'est pour consoler le père du défunt, le philosophe sceptique François de La Mothe Le Vayer, que le poète a écrit le sonnet émouvant qui figure dans ses *Œuvres diverses* (II, 1184).

Deuxième disgrâce : son vieux compagnon de route, Du Parc, s'éteint le 28 octobre. Et pour comble de malheur, dans la première quinzaine de novembre, il voit mourir son premier-né, Louis, qui n'aura vécu que dix mois. (Certes, la mortalité infantile était très élevée à l'époque, mais Molière n'en a pas moins dû être très éprouvé par cette troisième catastrophe.)

Le rapprochement entre cette « série noire » et la fureur de Molière contre la médecine s'impose avec plus d'évidence encore si l'on se souvient que l'abbé a été tué par un traitement à l'émétique, un médicament des plus violents (« qui purge avec violence par haut et par bas, fait avec de la poudre et du beurre d'antimoine préparé », nous apprend Furetière — II, 1307). Ce remède, très controversé à l'époque et rejeté résolument par la médecine moderne, avait été mis à la mode par la guérison du jeune roi en 1658. Or, c'est précisément contre le vin émétique que Molière se déchaîne avec le plus de force, d'ailleurs par la bouche d'un homme aussi impie en médecine qu'en religion[2].

Nous retrouverons des brocards du même genre dans *L'Amour médecin* (1665), et quelques allusions, un peu adoucies, dans *Le médecin malgré lui* (1666).

Ces données suffisent, semble-t-il, à réfuter la thèse des « ennuis de santé » personnels de Molière comme source de l'hostilité du poète envers la médecine.

D'autant plus qu'il n'y a pas de trace de ces « ennuis » dans les renseignements (certes bien maigres) dont nous disposons sur la question. La première maladie de Molière daterait du début de décembre 1665, soit un an après qu'il ait composé *Dom Juan*. Bien plus, la deuxième pièce citée à l'appui de la thèse que nous récusons, le libelle anti-Molière *L'Elomire*[3] *hypocondre*, apparaît à l'examen comme un immense bluff. Ce libelle a été écrit par un plumitif, Le Boulanger de Chalussay. Dans un article daté de 1912, un savant allemand, Becker, démontre que cette comédie a été composée en trois temps. Le premier date de 1663, et comprend par exemple la *Préface* et *Le Divorce comique*. Le texte est consacré à la bataille de *L'École des femmes* ; l'auteur y débite toutes les calomnies courantes de l'époque (comme le prétendu inceste du poète), calomnies que l'on retrouve dans les œuvres contemporaines de Boursault, Donneau de Visé et Montfleury. Chalussay s'y montre assez bien renseigné sur la jeunesse de Molière, ce qui valut au reste de sa comédie un degré de crédibilité tout à fait immérité.

Mais voici *L'Amour médecin* (1665). Poussé par l'ambition de faire

accepter sa pièce, Chalussay y ajoute des éléments empruntés à la comédie
de Molière et mettant en scène les médecins. Il est possible aussi qu'il ait
obtenu quelques détails d'un propriétaire de l'appartement de Molière, H.-
L. Daquin, médecin ordinaire du roi, avec lequel le poète s'était brouillé[4].
On notera d'ailleurs que cette célébrité n'est pas mise en scène dans la pièce
de Chalussay, tandis que trois des cinq médecins de *L'Amour médecin* y
figurent et sont tournés au ridicule. « C'est qu'Elomire est tombé malade.
Les médecins de cour sont mandés par sa femme. Il observa d'un œil amusé
que tout se passait de la façon ridicule qu'il venait de décrire dans *L'Amour...*
Il remania sa pièce en s'aidant de sa toute récente expérience » (Adam, *op.
cit.,* p. 339).

Molière s'était inspiré dans sa comédie de la dispute des médecins (dont
un des cinq de *L'Amour médecin*) appelés au chevet de Mazarin mourant.
Pour le reste, la pièce est essentiellement une intrigue romanesque, où les
jeunes amoureux finissent par déjouer la surveillance des parents. Il n'y a
évidemment ici aucune trace d'ennuis de santé de l'auteur, et, lorsque le
plumitif prétend que Molière aurait remanié sa pièce après coup, son explication est tout simplement absurde. La pièce est du 15 septembre, mais
Molière n'est tombé malade qu'en décembre. Chalussay n'a fait que trans-
poser sur le poète la situation (fictive) de la comédie, procédé bien évidemment illégitime. La malade feinte de la pièce (*L'Amour*) devient maintenant
le véritable patient de *l'Elomire.* On voit mal le poète se livrer aux médecins qu'il avait bafoués dans sa comédie, d'autant plus qu'ils étaient tous
les trois partisans de l'émétique, et qu'un membre du trio — Esprit, médecin de Monsieur — avait contribué à envoyer l'abbé La Mothe Le Vayer
ad patres, en lui administrant ce remède.

Il est évident qu'il existe des points communs entre les cinq de *L'Amour
médecin* et les trois de *l'Elomire.* Nous l'avions signalé dans notre *New
Light on Molière,* publié en 1956 (pages 71-78). Mais nous nous sommes
laissé induire en erreur, dans ce petit ouvrage, par ces correspondances. Dans
sa grande édition des *Œuvres Complètes,* (II, 92-3), Couton est victime de
la même illusion. Nous sommes heureux de savoir, par une communication
de Couton lui-même, qu'il n'a pas été influencé par notre analyse erronée.

La deuxième tranche du libelle est tout aussi haineuse que la première,
et les allusions aux infidélités d'Armande y alternent avec les accusations
d'impiété basées sur l'« affaire » du *Tartuffe.*

La troisième mouture de la pièce date de la fin de 1669, quelques mois
après la première (à Chambord, devant le roi) de *Monsieur de Pourceaugnac,* le 6 octobre. Cette fois, Chalussay a trouvé preneur. Le privilège de
l'œuvre définitive est du 1er décembre et la publication a lieu l'année suivante. Autrement dit, l'auteur a eu le temps de répéter l'escroquerie littéraire de *L'Amour médecin.* Il a pillé *Monsieur de Pourceaugnac* en repor-
tant sur Molière la maladie (d'ailleurs inexistante) du malheureux hobereau
limousin — l'hypocondrie mélancolique. Et encore une fois il a eu un succès remarquable, sinon avec ses contemporains, du moins avec les moliéristes de nos jours.

Chalussay nous présente un Molière rongé par la maladie, dont la cause serait en partie l'apparition d'un fantôme hideux :

> Vous en voyez l'effet de cette peine extrême (dit Elomire)
> En ces yeux enfoncés, en ce visage blême,
> En ce corps qui n'a plus presque rien de vivant,
> Et qui n'est presque plus qu'un squelette mouvant (II, 1241).

Couton (parmi tant d'autres) a mis ce passage en rapport avec le diagnostic de Premier médecin pour Monsieur de Pourceaugnac, dans lequel il énumère les signes de l'hypocondrie « si bien marqués par le divin vieillard, Hippocrate : cette physionomie, ces yeux rouges et hagards, cette grande barbe, cette habitude du corps, menue, grêle, noire et velue » (II, 609). Pour Couton, « on ne peut guère douter que le portrait esquissé par De Chalussay ne soit exact », car il y voit une indication du passage que nous venons de citer (II, 590).

Il va même plus loin. « La précision de la description clinique — dit-il — indique que Molière a sans doute eu recours à un traité de médecine (ce qui est sûrement le cas). On croirait aussi transposée — comme dans *L'Amour médecin* — quelque consultation dont il aurait été l'objet » (*ibid.*). Il est assez difficile d'accepter cette supposition.

Et il poursuit : « Molière, comme Monsieur de Pourceaugnac, proteste qu'il n'est pas malade, qu'il n'a été malade que de ses médecins, que la guérison est de leur échapper... Molière, dans la pièce, nie sa maladie.

Trois mois plus tard, *Elomire hypocondre* allait lui faire savoir qu'il était bel et bien catalogué, désormais, comme un malade, et bien malade » (*ibid.*).

Ce raisonnement nous laisse perplexe. La description « clinique » de Monsieur de Pourceaugnac par le Premier médecin vient tout droit, comme l'a observé Pelous (« Argan et sa maladie imaginaire », Troisième Colloque de Marseille, 1973, p. 182), de Galien, et non pas (comme le donne à entendre — malicieusement ? — Molière) d'Hippocrate. Et encore, quelle commune mesure y-a-t-il entre le « squelette mouvant » d'Elomire et « cette habitude de corps menue... et velue (symptômes certes non fatals) que Molière a tirée de Galien ?

Notons en passant que Molière souffrait, selon toute probabilité, de tuberculose pulmonaire, et qu'il en est mort. L'hypocondrie n'a jamais été classée comme une maladie mortelle, mais le libelliste superpose quelquefois la maladie réelle et l'affection imaginaire. Au fond, la pièce est un pot pourri dans laquelle les éléments les plus contradictoires sont rassemblés sans que l'auteur en manifeste la moindre gêne.

On se demande, de toute façon, comment, si la santé de Molière était vraiment aussi délabrée que l'affirme le libelliste, le poète a pu continuer à mener une existence fiévreuse, comme directeur de troupe, acteur, entre autres activités, jusqu'à sa mort, plus de trois ans plus tard.

Bref, le récit du libelliste est peu crédible, et aucun autre témoin ne le confirme.

Quant à la consultation dont fait état Couton, il est difficile d'imaginer que Molière ait pu s'adresser à son ami intime, Mauvillain (qui lui avait fourni les données médicales pour étoffer sa pièce) pour s'entendre dire qu'il souffrait d'hypocondrie. L'hypocondrie n'a de place que dans la comédie-ballet, et non pas dans la vie de Molière.

L'*Elomire* étant truffé de calomnies (sans parler des inexactitudes et des méchancetés), on ne s'étonnera pas que Molière ait immédiatement cité son ennemi en justice.

Heureusement, Chalussay n'a pas eu l'occasion de jouer une troisième fois le même tour au comédien à propos du *Malade imaginaire*. Mais il a quand même réussi à semer la confusion sur cette comédie également, car on a songé à appliquer à Argan l'allusion, dans la Préface de *L'Elomire*, à un projet d'autoportrait de Molière. Garapon a fait justice de cette thèse absurde, en observant que Molière s'est effectivement représenté dans cette œuvre, mais « sous les traits de Béralde » (*Le dernier Molière*, p. 155). Le malentendu est né d'une attitude cavalière de la critique envers la chronologie : elle a commis (et continue à commettre) l'erreur de confondre la date de la composition de *L'Elomire* avec la date de sa publication. En effet, la comédie a vu le jour au début de 1670, mais la *Préface* a été composée vers la fin de 1663, époque où l'on commençait à parler du *Misanthrope*. Le portrait en question est donc celui de l'*Atrabilaire amoureux*, version originale d'Alceste (voir *New Light on Molière*, pp. 55-70).

S'il faut donc résolument écarter la thèse de Molière se mettant lui-même en scène sur le plan médical, il faut d'autant plus insister sur l'importance des idées. Idées trop connues pour qu'il soit nécessaire de les définir. Pour Molière, si nous pouvons attribuer quelque crédibilité aux sentiments des personnages « raisonnables » (et nous en sommes persuadés), la médecine est « une des plus grandes folies qui soient parmi les hommes ». « Toute l'excellence de (l') art (des médecins) consiste en un pompeux galimatias », et « tout leur art est pure grimace ». Le recours des hommes aux médecins « est une marque de la faiblesse humaine, et non pas de la vérité de leur art ». « Presque tous les hommes meurent de leurs remèdes, et non pas de leurs maladies ». Il faut, dit Filerin dans *L'Amour médecin*, « nous attribuer les heureux succès de la maladie et rejeter sur la nature les bévues de notre art » (II, 113). Inversement, « la nature d'elle-même, quand nous la laissons faire, se tire tout doucement du désordre où elle est tombée » (II, 1154).

Ces idées n'ont, bien sûr, rien de neuf. Elles s'insèrent dans un courant de scepticisme qui remonte à Montaigne, et même bien au-delà. Les analogies entre les maximes de cet auteur et de celles du comédien (ou de ses personnages) ont été maintes fois soulignées par les éditeurs des *Œuvres*. On cite régulièrement à ce propos l'essai « De la ressemblance des enfants aux pères », où l'auteur abonde dans le sens de la « dispathie naturelle à la médecine ». La même tradition se retrouve chez La Mothe Le Vayer, Cyrano de Bergerac, François Bernier et Chapelle, tous amis du comédien. Couton y ajoute à juste titre le nom de Corneille Agrippa, savant allemand, dont les œuvres ont souvent été rééditées en France au début du dix-septième siècle (II, 1079).

Mais ses idées n'ont-elles vraiment pas évolué ? Adam, pour sa part, est persuadé du contraire. Dans *Le Malade imaginaire,* sa dernière pièce antimédicale, Molière intervient en faveur des nouvelles découvertes, telles la circulation du sang, innovation que l'on doit au savant anglais Harvey (1615), et qui avait fini par triompher de la résistance des conservateurs à l'époque où était représentée la pièce, tout en conservant des ennemis irréductibles à la Faculté de Paris.

Mais si Adam soutient que Molière était finalement revenu de son scepticisme, c'est sur la foi d'une réplique de Béralde dans *Le Malade* : un homme qui se veut mêler d'en guérir un autre — dit-il — est une « plaisante mômerie », car « les ressorts de notre machine sont des mystères jusques ici » (II, 1152-3). Cela pouvait laisser prévoir un avenir dans lequel l'homme saurait peut-être percer les secrets que la nature cache sous des voiles épais.

Pour Garapon, au contraire, les mots « jusques ici » sont une simple « politesse de style », et Molière conserve tout son scepticisme (*op. cit.,* p. 186).

Mais on doit atténuer quelque peu l'affirmation assez péremptoire de Garapon. Car Béralde, il est vrai, en parlant du « roman de la médecine », rejette sans appel la prétention des médecins « d'avoir des secrets pour étendre la vie à de longues années » (II, 1154), prétention, laquelle, pour des raisons différentes, se retrouve chez Descartes qui comptait prolonger la vie quasi-indéfiniment. Il n'est donc certainement pas question d'une conversion tardive de Molière au cartésianisme. Nous croyons pour notre part, que son point de vue se reflète plutôt dans la confiance prudente du moderne, Ervé (Harvey), dans son débat avec un collègue ancien dans *Les Dialogues des morts* de Fontenelle (1683) selon lequel : « On n'a pas encore eu le loisir de tirer quelque usage de tout ce qu'on a appris depuis peu ; mais il est impossible qu'avec le temps on n'en voie de grands effets, où le futur (avec le temps ») correspond au passé de Béralde (« jusques ici »).

De quelque façon que Molière ait évolué durant ses dernières années, la violence de sa satire ne laisse pas de doutes sur l'intensité de ses sentiments hostiles. Pourtant, on continue de nos jours à refuser toute signification aux idées qu'il met dans la bouche de ses personnages. Examinons quelques arguments avancés par l'école anti-idéologique.

On insiste, par exemple, sur le fait que ces idées n'étaient pas nouvelles. Or, que nous sachions, on n'a jamais affirmé que Molière ait apporté quelque chose d'original au débat, quant au fond. Et une idée n'a pas besoin d'être neuve pour avoir de l'importance. Les principes qui se retrouvent d'une pièce « médicale » à l'autre valent bien (encore qu'il faille tenir compte de la différence entre les genres littéraires) la même attention que ceux (identiques) qu'on lit dans les *Essais* de Montaigne.

Autre argument : Molière aurait composé ses comédies poussé par l'urgence ou pour boucher un trou dans son calendrier. Garapon, qui développe ces considérations, va jusqu'à écrire que Molière a eu recours au thème de la médecine « chaque fois qu'il était à court de sujet, comme Louis Jouvet, dit-on, reprenait *Knock* pour faire des soudures difficiles » (*op. cit.,* pp. 167-8).

La critique a bien fait d'insister sur les raisons contingentes pesant sur le choix des sujets. Mais la hâte ou les objectifs matériels n'excluent pas les préférences idéologiques (et, soit dit en passant, il y a une grande différence entre écrire et produire une pièce, encore que Molière ait fait l'un et l'autre !).

D'ailleurs, Molière n'a pas dénoncé les bévues des médecins dès le début de sa carrière. Pourquoi a-t-il négligé une veine comique aussi riche avant 1664 ? Et, à plus forte raison, après s'être lancé sur cette voie, pourquoi n'a-t-il rien écrit dans ce genre entre 1666 et 1669, alors que plusieurs autres thèmes délicats lui étaient interdits ? De 1664 à 1666, Molière fait entrer, de vive force, la question médicale, pour la première fois, dans les versions de la légende de Dom Juan. Il s'exprime avec la même violence dans *L'Amour médecin,* ce qui semble indiquer que, tout en écrivant sa comédie en quelques jours, il saisit l'occasion de donner libre cours à sa colère. Quant au *Médecin malgré lui,* remaniement d'une vieille farce et bouche-trou, certes, mais sujet combien habilement renouvelé, et, sous le couvert de la farce, combien corrosif !

A partir de 1669, tout change dans les pièces « médicales ». Il se produit comme une césure. Mais ce changement a très peu à voir avec la nécessité d'effectuer des « soudures ». C'est que, d'une part, Molière, dans la période creuse de 1666 à 1669, avait fait évoluer le genre de la comédie-ballet, et, d'autre part, avec la résurrection du *Tartuffe* dès cette dernière année, il s'est senti autorisé à revenir aux sujets « militants » (en évitant évidemment la religion). La médecine, du fait de ses analogies avec la religion, s'accordait admirablement à la nouvelle veine du poète. Donc, pour pouvoir suivre son nouveau schéma, Molière abolit les malades pour rire et les faux médecins des farces et des comédies romanesques des années passées. Il enchaîne avec les médecins (bien réels cette fois) de *L'Amour médecin,* il crée le nouveau personnage du malade sain ou imaginaire et il fait renaître la structure des comédies comme le *Tartuffe,* avec dupe et dupeur. Dans *Monsieur de Pourceaugnac,* Molière exploite à fond les ressources de la comédie-ballet (la musique et la danse) tout au long de la pièce (et non pas, comme dans *Le Malade imaginaire,* dans le dénouement surtout). L'inexistance de la maladie du personnage principal rend bien manifeste l'erreur et l'ignorance des médecins.

Certes, avec *Le Malade imaginaire,* Molière a dû « mettre les bouchées doubles » pour éviter que Lulli ne le gagne de vitesse, ce qui explique pourquoi il ne s'est guère mis en frais et a puisé à pleines mains dans ses comédies précédentes et repris l'idée de la mélancholie hypocondriaque, exploitée avec une telle maestria dans *Monsieur de Pourceaugnac.* Il a aussi emprunté aux œuvres d'autres dramaturges, comme de Visé, Scarron et Thomas Corneille. Ses forces l'abandonnaient peut-être, mais il avait à cœur d'exposer encore une fois ses idées sur toute une gamme de questions, comme le principe d'autorité et le culte des anciens. Nous y reviendrons.

On pourrait même renverser l'argument de Garapon en observant que, des trois pièces importantes de sa dernière période (à partir de février 1669), deux sont consacrées à la médecine. Faute de mieux, pensera-t-on, mais aussi parce qu'il le voulait.

Dans le même sens que Garapon, on met quelquefois l'accent sur la forme des pièces antimédicales, pour diminuer leur contenu idéologique. Toutes les œuvres dans lesquelles Molière donne libre cours à la satire sont en effet soit des comédies-ballets, soit des farces ou, dans le cas de *Dom Juan,* une pièce à machines. Mais il convient de noter, avec Roger, qu'il est « très artificiel d'opposer dans une comédie de Molière l'aspect théâtral et littéraire et la signification, disons intellectuelle, pour ne pas dire philosophique » (CAIEF 1964, p. 301). Et pour complèter la pensée de Roger, nous nous permettons d'ajouter que ces comédies se déroulent souvent sur différents plans qui, encore que convergents, doivent être jugés dans un contexte spécial. Ainsi, il est vrai que *Dom Juan* est une pièce à machines, mais cet élément n'est sensible que dans les scènes finales, et la discussion entre Sganarelle-faux médecin et son maître peut s'isoler parfaitement du dénouement (tout comme la discussion sur la foi, d'ailleurs). De même, dans *Le Malade imaginaire,* les deux éléments disparates de la comédie-ballet (la satire sociale et la cérémonie burlesque du dénouement) ne se fondent pas parfaitement, et il faut donc analyser les deux composantes suivant la loi du genre. Dans *L'Amour médecin,* comédie-ballet et histoire romanesque, les médecins ne devraient être que des figurants, mais ils deviennent, au contraire — comme l'a bien vu Michaut — « les vrais héros de la pièce » (*op. cit.,* p. 195). En effet, la satire violente de la médecine viole la forme traditionnelle de la comédie, ce qui rend tout à fait inacceptable le point de vue, selon lequel il s'agirait d'une sorte de revue estudiantine, qui prend à partie les médecins, sans que cela ne tire à conséquence. Dans *Le Médecins malgré lui,* vieux canevas rajeuni à la hâte, le processus est le même. Molière fourbit ses armes et transforme du tout au tout une trame assez banale, pour accabler les malheureux médecins dont il exalte le ridicule.

Dans les dernières pièces à sujet médical, *Monsieur de Pourceaugnac* et *Le Malade imaginaire,* il ne faut pas se laisser fourvoyer par l'importance de la musique et du ballet. Les médecins y sont bafoués sans merci. La fusion de la satire et de la danse, dans la première, est pratiquement parfaite, alors que dans la seconde (comme dans *Le Bourgeois gentilhomme*) les intermèdes sont insérés de façon un peu expéditive. Toutefois, comme l'observe finement Couton, la satire d'assaut n'y prend rien en force. Le clou de la partie musicale, c'est le dénouement burlesque, et la cérémonie autour de laquelle tourne cette scène « est le prolongement inséparable de la pièce.

Il montre de façon qui, pour être dérisoire, n'en reste pas moins ferme, que la médecine n'est pas un ensemble de connaissances qui s'acquièrent et se conquièrent, mais un ensemble de rites qui entourent et qui sacralisent quelques recettes sommaires : clysterium donare, postea seignare, ensuitta purgare... Bref... la médecine est une magie ». Molière, en somme, met en relief dans ce monde de fantaisie, encore avec plus de verve, la cocasserie de la médecine, en utilisant l'élément fantastique (II, 1079).

Dernier argument de ceux qui récusent l'expression d'une idéologie antimédicale de Molière. Du temps de *L'Amour médecin,* comme l'écrit Michaut, Molière a fréquenté les médecins, et le corps médical, pour sa part, s'est diverti de ses peintures, ou bien a feint de se divertir. Molière — poursuit-il — « a déclaré hautement que la médecine est un art profitable, que chacun le révère comme une des plus excellentes choses que nous ayons » (I, 884) ; ce critique est persuadé « que telle est, en effet », la pensée de Molière, et qu'il ne pense pas vraiment tout le mal qu'il dit — pour plaisanter — de la médecine et des médecins (*op. cit.,* pp. 199-200). Mais il admet que le poète ait pu changer d'avis plus tard.

Il faut débrouiller là quelque peu de confusion. En premier lieu la Préface du *Tartuffe,* que cite Michaut, date de 1669 (ou fin 1668 au plus tôt), et non pas de 1665, année de *L'Amour médecin,* et c'est l'un des écrits les plus polémiques et les plus désinvoltes de Molière. Le poète, désireux de ne pas annuler les effets de sa victoire sur les devots, utilise une vieille tactique (d'ailleurs très efficace), en présentant tout le monde comme raisonnable, à l'exception des cibles de sa satire, qui sont, bien évidemment, des êtres têtus et antipathiques. Ainsi, pour fustiger les dévots rancuniers, il présente les médecins comme les gens les plus débonnaires qui soient ; les médecins ont bien compris qu'ils ne doivent pas accuser tous les coups bas dont sont émaillées ses comédies ! Admirons l'habileté avec laquelle Molière, polémiste de génie, aide les circonstances d'un coup de pouce pour que la bataille tourne en sa faveur. Ne nous en laissons pas conter : la vérité était bien différente.

Ainsi, Jean de Vaux, dans un livre publié en 1724, nous apprend que Mauvillain, conseiller de Molière pour *Monsieur de Pourceaugnac* et *Le Malade imaginaire,* mais non pas, comme le croit Couton, pour *L'Amour médecin* (I, 1334), avait, par cette collaboration, « si bien amoindri l'autorité de la médecine et des médecins dans le public que maintenant la plupart des gens n'appellent le médecin que pour la forme, sans avoir presque aucune confiance dans leurs prescriptions et leurs raisonnements » (I, 1334). De même, dans un ouvrage publié en 1689, Jean Bernier, à ne pas confondre avec François, ami de jeunesse du poète, conseille sur un ton d'extrême méchanceté à Molière de « moins échauffer son imagination et sa petite poitrine » (II, 1080).

Il faut certes faire la part de l'animosité personnelle dans ces récits, mais leur portée est indéniable, Chalussay nous le confirme quand il parle de la « haine » des médecins pour leur détracteur » (II, 1239).

Quant aux rapports de Molière avec les médecins dont parle Michaut, nous n'en savons strictement rien avant 1667, année où il se confie aux soins de Mauvillain. Les deux hommes sont très vite devenus amis, et nous voyons le médecin figurer dans un conseil de famille qui veillait (en 1675) sur les intérêts de la fille cadette de Molière après sa mort. Ils étaient faits pour s'entendre. Le médecin était lui aussi un esprit rebelle ; son caractère turbulent avait donné du fil à retordre à Blondel, le doyen de la Faculté (avant que Mauvillain lui-même ne fût nommé à cette charge en 1666).

Mauvillain, si l'on en croit « l'éloge dithyrambique » prononcé à l'occasion de sa licence en 1648, était d'une exquise politesse. On loue « l'élégance de ses manières ». Il était, dit-on, « agréable... attentif aux soins de sa toilette et de sa chevelure », et avait « une facilité merveilleuse dans sa conversation » (I, 1333).

Il s'intéressait à ce que l'on appelle avec beaucoup de discrétion les questions psychosomatiques (en clair, sexuelles). C'est ainsi que les thèses soutenues sous sa direction comprenaient une louange à Vénus, « la plus puissante et la plus bénéfique des divinités ». A sa rentrée, en juin 1667, nous trouvons Molière « tout rajeuni de lait » ; et au lait s'ajoutait, dans la cure de Mauvillain, l'air pure, comme on peut le déduire du fait qu'il possède une maison à Auteuil (dont il est question pour la première fois en août 1667).

Mais le médecin était aussi un partisan fervent de l'antimoine et des remèdes chimiques. Molière était-il revenu de la déception douloureuse causée par la mort de l'abbé La Mothe Le Vayer, victime de l'émétique ? Ce qui est certain, c'est qu'à partir de la fin de 1666, il ne fait plus allusion à ce remède, sans doute par respect pour son ami.

On reconnaît Mauvillain dans « l'honnête médecin » dont parle Molière dans son troisième *Placet* pour le *Tartuffe*. Cet ami nous dit Molière, « dont j'ai l'honneur d'être le malade, me promet, et veut s'obliger par-devant notaires, de me faire vivre encore trente ans (c'est-à-dire jusqu'en 1699) si je puis lui obtenir une grâce de Votre Majesté. Je lui ai dit, sur sa promesse, que je ne lui demandais pas tant, et que je serais satisfait de lui, pourvu qu'il s'obligeât de ne me point tuer... Je serais... par cette... faveur [réconcilié] avec les médecins » (I, 893). Molière, en parlant du même médecin, aurait répondu au roi (ou à un courtisan) que son médecin lui prescrivait des remèdes, qu'il ne les prenait pas, et qu'il guérissait !

On voit bien qu'il est impossible de situer ce personnage amical et badin sur le même plan que les médecins routiniers et bornés des comédies. Et, pour changer de ton, rappelons que Molière, à l'approche de la mort, demanda un prêtre avec insistance (pour des raisons que l'on a bien comprises lorsqu'il n'était plus), et non pas un médecin, dont il n'avait plus rien à espérer.

Vu cette hostilité continue à l'égard de la médecine de son temps, il est assez surprenant qu'il se soit trouvé des critiques pour en esquisser une apologie. Pelous, par exemple, dans l'article cité plus haut, a affirmé qu'Argan ne serait pas un malade imaginaire, mais un véritable malade qui souffre de névrose. Il est difficile de suivre ce raisonnement. Le titre de la pièce est bien *Le Malade imaginaire* et, comme dans *Le Cocu imaginaire,* sert à indiquer une crainte sans fondement. Les deux personnages raisonnables — Béralde et Toinette — sont formels : Argan n'est pas malade. Béralde envie à son frère sa constitution robuste (II, 1152) et Toinette n'est pas moins explicite (II, 1102).

Comme l'explique Pelous lui-même, « le délire dont souffre Argan aurait tout aussi bien pu se fixer sur autre chose que la maladie, et ce n'est qu'un effet du hasard [ou plus exactement de la volonté de l'auteur] si ce dérèglement de l'imagination a persuadé Argan qu'il était malade plutôt que cocu, dévot ou gentilhomme ». Précisément.

D'où vient alors l'idée de cette affection ? Elle découle de l'existence d'un patient, qui, naturellement, doit consulter des médecins qui, à leur tour, doivent prononcer un diagnostic. Et quoi de plus facile que d'avoir recours à l'hypocondrie mélancholique, d'autant plus que Molière, pressé par le temps et la fatigue, avait déjà traité la question dans sa précédente comédie antimédicale ?

Certes, les raisonnements des médecins sur le cas de leur malade sont cohérents et tout à fait conformes à la pratique médicale de l'époque. Mais cela ne veut pas dire (loin de là) que Molière les ait acceptés. Et, de toute façon, comment aurait-il pu procéder autrement ?

N'est-ce pas ôter l'efficacité à sa veine comique que de croire à une véritable maladie d'Argan ? Au fond, le ridicule des médecins consiste, comme dans le cas de Monsieur de Pourceaugnac, à traiter une maladie qui n'existe pas. La différence essentielle, c'est qu'Argan les encourage dans une voie qu'ils n'ont que trop tendance à suivre. Et le contraste entre leur erreur et leur appareil scientifique pédant et verbeux ne les rend que plus absurdes. Comme le note Pelous, la pièce est un procès en règle de la médecine traditionnelle ; les traitements sont inefficaces et « les médecins et la médecine font cause commune pour abréger les jours d'Argan ».

Médecins et sceptiques

Le Malade imaginaire soulève un autre problème : le rapport entre la religion et la médecine dans la genèse de cette comédie.

Au mois d'août 1671 (plus d'un an, donc, avant la première de la pièce), les orthodoxes de la Faculté de théologie, entraînés par leur doyen, Morel, se préparaient à demander au Roi des mesures contre l'enseignement de la philosophie cartésienne. Le prétexte était la défense d'Aristote. La vraie raison était que Port-Royal avait pris le parti de Descartes. Il s'agissait donc d'un moyen détourné de tracasser les augustiniens en rappelant « les anciennes ordonnances en faveur d'Aristote » (Adam, *op. cit.,* p. 118).

Le médecin Bernier et Despréaux « entreprenaient de dénoncer l'agitation des théologiens ». Bernier « composa une prétendue *Requête* de la Faculté. Boileau imagina de composer un prétendu *Arrêt burlesque...* pour le maintien de la doctrine d'Aristote... Boileau nomme les adeptes de la théorie de la circulation parmi les adversaires d'Aristote, et son *Arrêt*... « fait défense au sang d'être plus vagabond, errer et circuler dans le corps » (*op. cit.,* p. 119).

Il était inévitable que Molière se mît de la partie. Bernier nous apprend qu'« il se proposait de démêler toutes... les intrigues des réactionnaires dans une comédie qu'il préparait pour le divertissement de la cour », comédie qui mettait en scène le célèbre Morel et sa terrible mâchoire. « Mais on vient de m'avertir qu'il vient de changer de dessein — écrit Bernier — sur ce qu'il a appris que le corps de l'Université ne prenait aucune part à ces brouilleries ».

Garapon rejette catégoriquement ce récit, de façon assez arbitraire, en supposant que Bernier, dans sa *Requête,* « a pu prendre un malin plaisir à menacer les aristotéliciens du fléau des ridicules sans faire état d'un véritable projet du poète » (*op. cit.,* p. 157).

On ne voit pas pourquoi il faut mettre en doute les dires d'un témoin de cette valeur. Certes, Garapon fait observer que Morel « n'était pas un simple abbé répandu dans les salons comme Cotin », c'était un personnage important. Mais la querelle avec le Cotin des *Femmes savantes* est bien antérieure à 1673. Le prétendu projet « aurait présenté de réels dangers », écrit Garapon. Sans doute. Et Molière a dû s'en rendre compte après la longue bataille du *Tartuffe.* Mais dans cette situation c'était le roi qui décidait de tout. Et Louis, à l'époque, régnait déjà en maître absolu. Il n'était plus astreint, comme en 1664, à respecter les scrupules de sa mère (morte depuis six ans).

D'ailleurs, il n'était pas seul à entreprendre Morel. Il se trouvait en assez bonne compagnie. En effet, la bataille était engagée aux côtés des cartésiens, des gassendistes comme Bernier, et même de Boileau, ami du très respectable Lamoignon. Mais alors, pourquoi Garapon nie-t-il l'existence du cartésianisme dans *Les Femmes savantes* ? (après que Molino, dans son bel article « Les nœuds de la matière » (pp. 157-177), ait démontré que la comédie est une attaque à outrance contre le dualisme, cartésien, platonicien ou chrétien). Car Adam n'affirme pas que Molière a déclaré la guerre à Morel en tant que cartésien, mais parce que les « durs » de la Faculté avaient choisi le prétexte du cartésianisme pour s'en prendre aux jansénistes (et avaient ainsi, pourrions-nous ajouter, affaibli singulièrement leur position dans la polémique). Rien d'étonnant à ce que les réactionnaires aient préféré battre en retraite. On ne peut donc pas rejeter à la légère les affirmations de Bernier, qui sont d'ailleurs soutenues par une autre raison : l'alliance indéfectible de la médecine et de la religion dans la présentation des œuvres de Molière à partir de *Dom Juan.*

Cette alliance a un poids particulier dans le cas du *Malade,* car le respect servile pour Aristote était commun à certains rigoristes parmi les dévots et aux médecins rétrogrades. Ces deux groupes partageaient le culte de l'autorité, un formalisme coupé de la réalité, « la manie des argumentations, l'abus du syllogisme ».

En effet, le passage entre les deux Facultés apparaît dès le début de la satire antimédicale chez Molière. Le scepticisme radical envers les remèdes traditionnels est, dans *Dom Juan,* exprimé par un impie.

Dans *L'Amour médecin,* Filerin, l'un des cinq médecins de cour mis en scène, ne fait son entrée que pour débiter sa tirade sur les « bienfaits de la médecine ». Comme l'a bien vu Michaut, « parlant de la médecine, il en fait la satire la plus cruelle » (*op. cit.,* p. 198).

Cette intervention est le pendant de celle de Dom Juan sur l'hypocrisie, et son ironie est tout aussi féroce. Les deux passages font en outre pressentir un autre facteur commun : la division des « praticiens » entre ceux qui se servent de la religion ou de la médecine et ceux qui s'y adonnent en toute sincérité (comme les médecins du *Malade* — II, 1153-4).

Avec *Monsieur de Pourceaugnac* (1669), la satire médicale fait un pas en avant. Après la résurrection du *Tartuffe,* Molière retrouve sa veine militante (mais il enrichit ses pièces d'importants éléments de musique et de danse). Les parallèles entre l'Église et les médecins deviennent de plus en plus explicites. Un des médecins de la comédie va jusqu'à formuler un onzième commandement : « Un malade ne se moquera pas de son médecin » (II, 614). « Je vous défends — tonne le Premier Médecin en parlant du projet de mariage du héros de la pièce — de la part de la médecine, de procéder au mariage... que je ne l'aie dûment préparé [le fiancé] pour cela et mis en état de procréer des enfants bien conditionnés et de corps et d'esprit » (II, 615). Si l'on passe outre à sa défense, c'est « sous peine d'encourir la disgrâce de la Faculté et d'être accablés de toutes les maladies qu'il nous plaira » (*ibid.*).

Monsieur Purgon, dans *Le Malade imaginaire,* accuse son patient qui veut se soustraire à sa cure, d'avoir commis le crime de lèse-Faculté et le menace de l'abandonner « à sa mauvaise constitution » et, dans un crescendo cocasse, à toutes les maladies, « jusqu'à la privation de la vie » (II, 1159).

Dans toutes ces circonstances, on a l'impression qu'Argan n'est peut-être que le reflet d'Orgon, car ne pouvant pas se permettre d'attaquer ouvertement les théologiens, Molière a dû se contenter de procéder par Faculté interposée.

Le silence de Molière sur la médecine avant 1664

Cette thèse d'une fusion entre la médecine et la religion dans les comédies de Molière est devenue une idée reçue, à tel point qu'il est difficile de se rendre compte que nous sommes les victimes d'une sorte d'hypnose, grâce à la puissance irrésistible d'un artiste de mouler la vie à son gré. Car comment expliquer le silence du grand comique sur la médecine avant 1664 ? La satire sur les médecins offrait un vaste champ à exploiter. Jouissant d'une bonne santé, Molière avait sans doute écarté ce sujet. Il semble même qu'il ne soit pas trop indigné des remèdes officiels, car nous trouvons une allusion favorable (ou peut-être simplement conventionnelle) à la saignée dans

le *Tartuffe* (dans une partie du texte datant probablement de 1664 —
vers 249-251, II, 905).

Mais l'argument le plus pertinent est une sorte de convergence entre
les médecins et les libertins (car Molière, de l'avis de tous ses contemporains, était un libertin) sur la nature de la maladie. L'opposition entre les
vues de l'Église et celles de certains médecins ressort du passage suivant,
tiré d'un sermon du Père Lejeune, et cité par Gaiffe dans son bon vieux
livre *L'Envers du Grand Siècle* (p. 330) :

> *le docte Fernel confesse avoir traité longtemps selon les règles de la méde-
> cine un gentilhomme de qualité malade d'épilepsie, qui fut enfin reconnu être
> vraiment possédé et n'avoir autre effet de sa possession que cette maladie cor-
> porelle, d'où il est clair que les maladies longues, étranges, extraordinaires
> qui n'ont pas leur cause en la complexion naturelle du malade, procèdent de
> l'esprit malin, qui n'opère par soi-même immédiatement ces incommodités.*

Toutefois, c'est dans le domaine de la sexualité que le débat touchait
Molière de plus près. Ses dernières pièces, dès son retour à Paris, portent surtout sur des questions qui, d'une façon ou d'une autre, soulevaient des problèmes dans ce domaine (l'amour romanesque des *Précieuses,* l'émancipation de la femme dans les *Écoles,* la séduction comme mode de vie dans *Dom
Juan,* le conflit entre l'austérité et le désir dans le *Tartuffe,* et la satire du
dualisme entre le corps et l'âme dans *Les Femmes savantes,* conçu vers 1663).

Il voulait faire publier à tout prix un essai intitulé *De re f..,* écrit Prioleau, et il trouvait que :

> ... dans les mouvements de leurs tendres ardeurs
> Les bêtes ne sont pas si bêtes que l'on pense,
>
> (*Amphitryon,* vv. 107-8)

ce qui nous paraît dépasser les bornes d'un simple lieu commun lubrique.

Les médecins, pour leur part, choisissent assez régulièrement des thèmes quelque peu licencieux comme sujets de thèse : « Doit-on saigner une
jeune fille folle d'amour ? La femme est-elle un ouvrage imparfait de la
nature ? Les bâtards ont-ils plus d'esprit que les enfants légitimes ? (Les
libertins comme Quillet et Bouchard en étaient persuadés). La femme est-
elle plus lascive que l'homme ? Mauvillain, l'ami de Molière, était, nous
apprend Couton (I, 1333) friand « des sujets de thèse à demi-facétieux »,
comme, par exemple, une louange de Vénus.

L'opposition entre l'Église et les médecins atteignait son point culminant dans l'affaire des possessions de religieuses — à Loudun et à Chinon
— où Duncan et Quillet, entre autres, prenaient des risques considérables
en niant la réalité des stigmates dont on faisait état.

Cette sympathie entre libertins et médecins « matérialistes » (sympathie que nous retrouvons, après 1664, dans l'amitié de Molière pour Mauvillain) peut déjà, nous l'espérons, expliquer au moins en partie le silence
de Molière sur la médecine jusqu'à *Dom Juan.*

Les deux explications, fondées l'une et l'autre sur le libertinage de

Molière, peuvent sembler se contredire, mais elles ne font que présenter deux aspects — que l'on pourrait appeler « progressiste » et « conservateur » — de la médecine de l'époque.

En effet, la question est assez complexe. L'attitude envers la nature, par exemple, est commune à ces deux faces de la médecine. Molière montre une grande confiance dans le pouvoir guérisseur de la nature : « La nature d'elle-même — dit Béralde — quand nous la laissons faire, se tire doucement du désordre où elle est tombée » (II, 1154). On trouve le même optimisme chez Montaigne et La Mothe Le Vayer. Pour ce dernier, « la nature est une grande ouvrière », et elle seule peut guérir. Cette foi s'étendait bien au-delà de la médecine, et rejoint, chez les penseurs sceptiques, une gamme de considérations plus vaste, portant surtout sur l'amour physique. Mais ce qui était permis à Montaigne pendant la Renaissance était interdit après la Contre-Réforme. L'auteur des *Essais* était très vite mis à l'index, tandis que La Mothe Le Vayer devait porter le masque. Molière, bien que jouissant de l'appui du roi et essayant toujours de sauver les apparences, était dans une situation encore plus périlleuse.

Certes, le scepticisme vis-à-vis des remèdes traditionnels n'allait pas toujours de pair avec l'incroyance en matière de religion, et vice-versa. Guy Patin, figure typique de conservateur parisien quant à « la bonne médecine », allait quelquefois « fort près du sanctuaire » ; Mauvillain, qui avait commencé ses études à Montpellier et était donc partisan des remèdes chimiques (y compris l'émétique — une fausse conquête), était en même temps naturiste, et en tant que tel en avance d'un siècle sur son époque. Au fond, on ne risque guère de se tromper en situant le poète au carrefour des courants naturalistes et naturistes. Ce qui est certain, c'est qu'il ne peut absolument pas être placé dans le camp de Patin : il n'a pas dénoncé la saignée avant 1664 et, au contraire, a crié son refus de l'émétique pendant deux ans. La convergence entre les deux hommes est un pur hasard.

Conclusions :

Les grandes lignes du débat sont par conséquent assez claires. Pour ce qui est de la méthode, il s'agit d'insister sur le respect de la chronologie, élément que certains moliéristes ont traité avec désinvolture, et de ne pas prendre au sérieux le bluff du haineux Chalussay.

On peut alors diviser l'« œuvre médicale » de Molière en trois périodes :
1) silence, jusqu'en 1664 (*Dom Juan*) ; le poète ne veut pas inquiéter des alliés médicaux dans la bataille contre la morale austère et les diagnostics s'inspirant du surnaturel,
2) pièces de forme traditionnelle, mais modifiées par l'introduction de la satire médicale, qui met en scène des malades pour rire et de faux médecins (sauf ceux de *L'Amour médecin*) ; et enfin,
3) une charge à fond contre les médecins, dans *Monsieur de Pourceaugnac* (1669) et *Le Malade imaginaire* (1673), dans un style qui (avec addition des

éléments musicaux) rappelle la satire réaliste des grandes comédies, dénonce les anciens, en homme « de maintenant » et défend les « nouvelles découvertes » de la science.

Dans l'analyse des rapports du poète avec la médecine, les aspects idéologiques sont bien plus importants que le côté autobiographique (presque inexistant), et l'évolution de Molière durant ces trois périodes s'explique, à travers des changements de forme, par ses attaches avec le mouvement libertin.

NOTES

1. Les références sans nom d'auteur se rapportent à l'édition des *Œuvres* de Georges Couton.

2. L'affirmation d'Adam ne s'explique donc pas, selon laquelle Molière ne prend parti ni pour ni contre l'antimoine. « Son attitude — dit le critique — est toute semblable à celle de La Mothe Le Vayer et se règle probablement sur l'enseignement du philosophe » (*Histoire*, III, p. 342).

3. Anagramme transparent de Molière.

4. Sur cette question voir Adam, *op. cit.*, pp. 338-340.

FACTEURS « RÉFLEXIFS » ET FAITS RÉPERTORIABLES DANS MOLIÈRE

par

John CAIRNCROSS

Le livre de Defaux est important, remarquable même, et digne de son auteur (*Molière ou Les Métamorphoses du comique : de la comédie morale au triomphe de la folie,* French Forum, Lexington, 1980). Immensément érudite mais d'une lecture facile et agréable, cette étude fournit des analyses fines et solides à la fois sur bien des problèmes. L'auteur met à contribution une vaste gamme de documents de l'époque, et s'appuie en particulier sur deux écrits polémiques attribués, avec raison, à Molière lui-même, assisté par de Visé — *La lettre sur les observations* [du *Festin de Pierre*] (1665) et *La lettre sur l'Imposteur* (août 1667).

Se servant d'une approche qu'il veut totalisante, Defaux ne néglige aucun aspect de Molière, et il déclare vouloir mettre cet « auteur qui pense » au centre de ses œuvres, « non pas passif, mais agissant ». Il donne donc la priorité à la « dimension réflexive » sur les « faits répertoriables ». Mais il sait, le cas échéant, déroger à ce principe, surtout lorsqu'il souligne l'influence néfaste de Lulli à l'époque des *Femmes savantes* (pp. 257-65), analyse que nous sommes d'autant plus disposé à accepter qu'elle suit d'assez près notre exposé (dans *Molière bourgeois et libertin,* pp. 175-83).

Toutefois, il faut avouer que le livre soulève bien des difficultés. L'interprétation « réflexive » serait peut-être de mise dans le cas de la poésie lyrique ou de la pensée abstraite, mais Molière, en tant que directeur de troupe et acteur, était forcément dans la vie active jusqu'au cou, et, en tant qu'auteur dramatique, il était appelé à manier des arguments d'une brûlante actualité.

L'A. offre donc peu de prise à cette méthode « intérieure », surtout dans la période cruciale de 1664-66, alors que la portée et les répercussions de ses pièces dépassaient largement les frontières de la littérature pure.

Qui plus est, en mettant l'accent sur les aspects subjectifs et formalistes, Defaux complique le problème auquel doit faire face tout critique cherchant à démêler la part des deux catégories d'influence dans une œuvre littéraire. Car ces facteurs sont tellement enchevêtrés qu'il est virtuellement impossible de les séparer. Ce critique est donc obligé, pour défendre son interprétation, d'avancer force hypothèses sur le « cheminement de la pensée » de Molière, en oubliant que, comme dit si bien Alceste, « on ne voit pas les cœurs », même de nos contemporains, et encore moins celui d'un homme il y a trois cents ans. En effet, les considérations objectives se laissent cerner avec plus de précision que le processus créateur, et ce sont surtout les contraintes qui laissent des traces profondes et évidentes. Malheureusement, l'idée de contrainte est à peu près absente de ce livre, ce qui contribue à en fausser quelques-unes des conclusions, avant tout dans l'analyse du *Tartuffe,* dont l'interdiction a été, croyons-nous, décisive dans la carrière de Molière. Mais il y a plus grave. L'histoire (composante essentielle des « faits répertoriables ») est réduite à la portion congrue et à l'état d'élément statique. Il n'est pas question dans ce livre du « premier » Louis XIV, chef des anti-rigoristes (ou mondains, comme les a si bien définis Calvet), et architecte d'un plan ambitieux pour créer un état fort et moderne, mettre au pas les ultramondains et les nobles inquiets et faire naître un commerce et une industrie capables de tenir tête à la concurrence hollandaise. Son désir de faire chanter sa grandeur aux écrivains français se confond avec le projet prôné par les doctes (par exemple, d'Aubignac) pour enrégimenter les dramaturges qui se voyaient chargés de « brider les passions ». Faut-il rappeler que les avis des doctes ne pesaient pas lourd à la Cour, où l'on cherchait avant tout le plaisir, et où Louis ne brillait guère par sa retenue en matière de morale sexuelle ?

Defaux dénigre, assez logiquement de son point de vue, le rôle du Roi dans la fleuraison des chefs-d'œuvre des premières années de son règne (y compris une véritable collaboration avec Molière dans la création du *Tartuffe*), et regarde la victoire de Lulli en 1672 comme typique de l'attitude du Roi, et non pas comme symbolique de l'involution qui devait se réaliser de façon complète vers 1685 avec la Révocation de l'Édit de Nantes.

De même, Defaux (mais sur ce point il ne fait que suivre l'exemple de moliéristes plus éminents) écarte tranquillement les témoignages (formels et unanimes) des contemporains sur les idées libertines de Molière — dans les deux sens du mot — et nous accuse, bien à tort, de déduire cette proposition de *Dom Juan* en méconnaissant le poids supérieur qu'il faut attribuer aux données objectives (comme le démontre l'observation d'un célèbre critiqe anglais sur le *Paradis perdu,* « Milton était du parti du diable sans s'en rendre compte ». En effet, une œuvre d'art peut facilement induire en erreur quant aux convictions de son créateur). Il est significatif à cet égard que, lorsqu'il veut nous persuader de la conversion de Molière à l'irrationalisme vers 1664, Defaux cite des textes écrits dans chaque cas par des libertins (mais sans préciser qu'il en est ainsi).

De même, Defaux a supprimé les éléments religieux et politiques dans la bataille autour du *Tartuffe*. On croirait, à lire son texte, que le grand débat tourne autour de la question des signes, discussion qui n'était que prétexte pour Molière à marquer des points sur le plan tactique. (Voir plus bas pp. 212-216). C'est dans cette perspective qu'il prend toutes les déclarations de Molière/de Visé, même les plus désinvoltes, au pied de la lettre. Ce serait à croire que ces écrits, rédigés au cours d'une des luttes verbales les plus féroces de l'histoire de la France, aient été conçus dans l'atmosphère de calme et de détachement propres à l'élaboration d'une thèse universitaire.

Defaux accepte, pour ne donner qu'un exemple, les protestations du pamphlétaire (c'est-à-dire de Molière lui-même) que *Tartuffe* aurait contribué à arrêter le « torrent d'impureté qui ravage[ait] la France » (Couton, I, 1179)[1], et, ce faisant, se serait créé des ennemis dans le camp des galants. Bref, ce ne seraient pas, comme on a toujours cru jusqu'ici, les dévots auxquels Molière a dû livrer bataille, mais leurs ennemis acharnés — les mondains.

La question des amitiés et des inimitiés du poète est laissée dans le vague. Defaux parle (p. 214) des concessions faites par Molière à ses « ennemis » sur la duplicité des discours sans rappeler que tous ses contemporains étaient de son avis (voir pp. 336-37).

Si l'analyse des problèmes qui relèvent en partie de l'histoire appelle de fortes réserves, le bilan n'est guère meilleur sur le plan littéraire. Il semble ignorer — du moins il écarte — la distinction fondamentale que fait Guicharnaud entre la vérité théâtrale et la vérité métaphysique. Les dénouements heureux des premières comédies (et des autres, d'ailleurs) où les jeunes amoureux se retrouvent et les jaloux et les envieux sont déjoués ou punis, n'ont rien à faire, semble-t-il, dans cette étude, avec les lois du genre. Mais en fait ce sont précisément ces lois qui imposent un « happy end » à toute comédie digne de ce nom.

Même ambiguïté dans l'analyse de la vision comique (formule qui sert à dévaloriser une idée ou une attitude et n'est donc pas un ensemble de valeurs en soi), du juste milieu et du raisonneur (qui constituent essentiellement des procédés pour renforcer la norme comique et mettre le public du côté de l'auteur). Ces dispositifs prennent dans ce livre une importance bien plus grande que les idées de fond du poète.

L'exemple classique de l'écart entre la vérité historique ou réelle et celle du théâtre, c'est effectivement l'interdiction du *Tartuffe* qui a démontré qu'il était relativement facile de faire triompher des idées dans une comédie, mais non plus dans la vie, où une faction puissante était à même de faire supprimer une (et même deux) des pièces de l'auteur, et, fait peut-être plus grave, de lui barrer la route jalonnée de pièces « militantes » qu'il aurait selon toute vraisemblance parcourue s'il ne s'était pas heurté à cette résistance.

L'interdiction du *Tartuffe* constitue de toute évidence le tournant dans la carrière de Molière. Il avait déjà déclaré la guerre aux dévots de la Contre-

Réforme et à leur morale ascétique dans l'*École des maris* où il était question de savoir s'il fallait « autoriser ou non à la jeunesse cette liberté d'allures nouvelles que les traditionnalistes appelaient libertinage » (I, 412). De là à l'*École des femmes,* Molière qui, vers cette époque, traduit les passages les plus osés de Lucrèce, redouble d'audace, jusqu'à faire nier à Agnès l'idée du péché. On ne s'étonne pas que les « docteurs » (c'est-à-dire les prêtres) s'en soient scandalisés et aient essayé en vain de le faire interdire. *Tartuffe,* vient en droite ligne de ces pièces. Dans cette « comédie divertissante », pas tellement loin de la farce, le héros est un directeur de conscience à la piété austère et ostentatoire, mais sensuel — « gros et gras, le teint rouge et la bouche vermeille », qui, comme ont vite fait de le faire remarquer les dévots, confond les maximes ascétiques avec les faiblesses de la chair.

Louis, comme le démontre le communiqué officiel (I, 828), a cédé à regret aux pressions cléricales, de sorte que Molière n'a pas désespéré d'avoir gain de cause. Il harcèle donc le roi avec des Placets habiles dans lesquels il change lestement sa théorie de comédie et sa ligne tactique pour démontrer que sa pièce a été inspirée par les motifs les plus édifiants, modifie le texte afin de faire intervenir le *rex ex machina* pour rétablir la justice, et l'émaille de débats plutôt arides sur la différence entre la vraie et la fausse dévotion. L'année suivante (1665), il met en scène *Dom Juan* pour combler le vide laissé par l'échec du *Tartuffe,* et profite de l'occasion pour lancer des attaques foudroyantes contre ses ennemis. Comme il fallait le prévoir, malgré l'appui du roi, dont Molière se vante (II, 1224), la pièce disparaît de l'affiche.

Outré par ses déboires multiples, le poète oublie l'autosatire (l'*Atrabilaire amoureux*), conçue en 1661-62, et transforme sa pièce en *Le Misanthrope* qu'il termine dans la deuxième partie de 1665 ou au début de 1666.

Pendant les années creuses qui s'ensuivent, il n'écrira que trois pièces d'une certaine importance — *Amphitryon, Georges Dandin* et *L'Avare.* Ces œuvres sont toutes caractérisées par l'amertume et même le cynisme. Mais, sans être des pièces à thèse ou toucher à la religion, elles ne manquent pas d'insister sur certaines de ses idées de toujours — les abus du rang, qu'il s'agisse des dieux ou de leurs représentants sur terre, ou des hobereaux appauvris. Molière continue à défendre la liberté de la femme, même dans des situations ambiguës (*Georges Dandin*) et surtout dans le délicieux petit sketch, *Le Sicilien.* Et il n'oublie pas de décocher des traits acérés contre les médecins ignorants et routiniers dans deux farces, *L'Amour médecin* et *Le Médecin malgré lui.*

Toutefois il faut avouer qu'on est loin de l'atmosphère « militante » des pièces linéaires des années 1661-5. *Georges Dandin* est enchâssé de façon incongrue dans une pastorale jouée devant le Roi. *Amphitryon* est du domaine de la fable. Et *L'Avare* se déroule dans une atmosphère bien éloignée des dures réalités sociales de la France d'alors.

Par contre, Molière a profité de ses échecs en se consacrant aux divertissements royaux et aux ballets de cour.

Ces genres n'ont pas bonne presse de nos jours, mais ils ont dû fournir un spectacle éblouissant aux courtisans de l'époque. Ils exploitaient les ressources conjointes du ballet, de la musique, des costumes et des décors fastueux, et souvent même des jeux d'eau et des beautés un peu apprêtées de la nature.

Molière était donc prêt à assurer l'essor du nouveau genre qu'il avait créé en 1661 — la comédie-ballet — quand l'occasion s'est présentée. Et en effet au début de 1669, Louis, son prestige rehaussé par le traité glorieux d'Aix-la-Chapelle et la Paix de l'Église (1668), se sentait assez fort pour autoriser la remise en liberté du *Tartuffe*. Molière célèbre son triomphe en reprenant le schéma de ses premières grandes comédies centrées sur un personnage bouffon qui incarnait une cécité mentale, une manie aux implications morales, sociales et philosophiques.

C'est de cette heureuse convergence entre l'évolution théâtrale et le développement musical du poète que sont nés ces chefs-d'œuvre incomparables, *Le Bourgeois Gentilhomme* et *Le Malade imaginaire*.

Cette analyse de la courbe de Molière, qui ne diminue, de quelque façon que ce soit, son génie créateur et innovateur, mais qui fait ressortir l'influence des forces extérieures, diffère du tout au tout de la thèse de Defaux. Pour lui, l'évolution de Molière s'explique avant tout par la réflexion critique sur la comédie qui « s'observe et se dépasse ». *Tartuffe,* loin de vouloir s'en prendre aux dévots de la Contre-Réforme, serait une satire de l'hypocrisie (thèse qui, à notre connaissance, n'a été acceptée par aucun des rigoristes de l'époque). Molière, affirme Defaux, a décidé d'élargir le champ d'action de la comédie pour y inclure les vices (qui en étaient exclus selon la théorie traditionnelle). Il ne nous explique pas, toutefois, pourquoi Molière aurait modifié son idée de la comédie, pourquoi il serait parti en croisade contre ce « vice » — ou pourquoi les dévots ont réagi aussi rageusement contre un geste qui aurait dû leur plaire. Pour *Dom Juan,* l'interprétation de la pièce est encore plus curieuse. Molière, nous assure Defaux, tenait à se venger de ses ennemis, qui étaient effectivement les bigots par lesquels il se sentait « traqué ». Or, que fait le poète ? Il procède, de gaîté de cœur, à une double démystification, en démolissant les idées reçues, c'est-à-dire, grosso modo, celles des dévots et de leurs doctes alliés, mais en même temps il démontre que les libertins, qui méritent le feu, ne sont que de petits marquis snobs. Excellent moyen pour dérouter le public et pour perdre ses amis « mondains » — y compris Condé, un des partisans les plus fidèles de Molière comme le souligne Defaux (p. 204) et à qui il a dédié *Amphitryon* (janvier 1668, donc après *Dom Juan*) sans apparemment réfléchir que ce prince, aux idées peu dévotes, pourrait se sentir visé par cette représentation d'un grand seigneur méchant homme (non pas, bien entendu, pour ce qui regardait la séduction des femmes !).

En dernier lieu, dans *Le Misanthrope,* Molière aurait fait la satire de soi-même *dans la pièce entière.* C'est méconnaître les deux dimensions de l'œuvre. En effet, dans la première partie, Molière se moque gentiment de certains de ses traits. Mais la seconde partie se transforme en drame, et la misanthropie s'y déchaîne. On ne s'étonne pas que le public n'ait pas aimé « tout ce sérieux ». Pour Defaux, de plus, la barrière entre la scène et le public est abolie, parce que les rieurs dans la pièce (et non pas seulement les spectateurs) se moquent d'Alceste. Le critique s'acharne contre les défauts du misanthrope, mais découvre qu'à la fin, le monde de cette comédie (dénoncé par Alceste) est un « monde mal fait ». Bref, Molière aurait fait une pièce qui, à un moment où les recettes étaient plutôt maigres, était presque assurée de faire un four.

(Les contradictions et le mystère disparaissent si l'on tient compte de la différence, démontrée par des arguments « objectifs », entre les deux parties de la pièce. Alors, la satire, sur un ton gai et détaché, ne se trouve qu'au début, et « le monde mal fait » ne fait son entrée que dans la deuxième partie — et bien entendu dans les raccords au premier acte).

Bref, ces explications « réflexives » de Defaux se basent toutes sur des idées qu'il attribue à Molière et qui tiennent de la génération spontanée. On ne voit pas d'où les changements procèdent ou quelles en sont les motivations. Dans bien des cas, les nouvelles méthodes nuiraient même à la compréhension des intentions dramatiques de l'auteur.

Ce Molière, préoccupé surtout par des considérations abstraites et formelles, ressemble étrangement à un intellectuel livresque, et non pas à l'homme d'affaires, en contact étroit avec son public (à la cour comme à la ville), qui réagissait de façon constante et souple à chaque remous de l'actualité. Les Moliéristes, on le sait, tendent à recréer le Maître à leur image. Ce Molière qui, à l'encontre de la plupart des grands écrivains, élabore une conception critique et seulement ensuite la met en pratique, tient beaucoup plus d'un « docte » ou d'un théoricien que d'un créateur d'une richesse prodigieuse d'idées et d'un sens du métier incomparable — et aussi l'homme le plus pragmatique qui soit — dont les seuls critères sont le plaisir pour les pièces, les sauces (voir I, 663) comme pour l'amour — « le moyen de chasser ce qui fait du plaisir » ou l'efficacité (pour la médecine).

Les premières œuvres de Molière, à son retour à Paris, constituent, selon Defaux, la « comédie morale » qui fait coïncider la vertu avec la raison. Les défauts et les travers y sont tournés en ridicule, et le bon sens triomphe de façon infaillible. Le dedans correspond au dehors. Le monde est « transparent » et raisonnable. On n'a recours à l'art de flatter les faiblesses humaines qu'à partir de *Dom Juan*.

Cette thèse s'étaye, nous l'avons vu, sur une interprétation de l'histoire qui veut que Louis, en saisissant le pouvoir personnel, ait essayé de marquer la culture de son empreinte. Dans cette perspective, l'art aurait pour fonction de participer activement à la grandeur du règne (ce qui est exact) et d'aider au maintien de l'ordre et de la moralité publique (ce qui l'est moins). Le roi, écrit Defaux, avec l'aide de Chapelain, et sous la haute protection de Colbert, pratique une politique d'enrégimentement du Parnasse eminemment propice à tout projet « moral » et « utilitaire » (p. 68). Et il observe que, pour des écrivains comme d'Aubignac, le théâtre est « l'école du peuple [et] les spectacles sont très importants au gouvernement des États ». La comédie, dit l'A., est une « école sévère pour... tenir en bride [toutes les passions] ». « C'est une leçon didactique, une école — du peuple, des maris, des cocus, des femmes » (p. 69). Sous Louis XIV et Molière, la comédie devient donc 'affaire d'État' » (*ibid.*).

N'insistons pas sur la différence entre le sens du mot « comédie » à l'époque et la signification moderne. Mais on se demande ce que fait le peuple dans cette galère. Et quelles sont les passions des cocus à brider ? Ne sont-ce pas plutôt celles des séducteurs qu'il faut tempérer ? Quant'aux femmes, Molière s'est toujours battu pour leur émancipation, ce qui, dans les milieux austères, lui a valu l'accusation de les avoir débauchées.

En effet, ce Molière, agent de la répression morale, est terriblement sérieux et compassé. Est-ce là vraiment l'auteur des farces émaillées de grasses plaisanteries, de lazzi inconvenants, et de gestes douteux tel celui du sac de Scapin, l'écrivain qui a longuement insisté sur le fameux « le » de *L'École des femmes,* qui a voulu à tout prix que Prioleau publie son *De re f......*), l'acteur à l'échine souple et aux manières insinuantes que nous présentent les dessins de l'époque, ou le polémiste de génie qui ne recule pas devant les exagérations les plus désinvoltes et les raisonnements les plus désarmants. Comme l'écrit Brody (« Esthétique et société... » dans *Molière,* anthologie éditée par Renate Baader, p. 200), « les grimaces et les bouffonneries [sont] centrales, indispensables même, au comique de Molière [qui révèle] une forte tendance... à réduire le principe comique à ses manifestations... les plus élémentaires ». Faut-il rappeler le philosophe pyrrhonien dans *Le Mariage forcé,* qui ne se laisse convertir à la réalité objective qu'à coups de bâton, et le Sganarelle de *Dom Juan* dont les arguments ont vite « le nez cassé » ?

Et est-ce certain que le triomphe de la raison dans les premières comédies soit plus que superficiel ? Citons, à ce propos, encore une observation de Brody. Ce critique remarque que, dans *L'École des femmes,* « pour assurer un peu de bonheur, il ne faut rien moins que retourner, par le *pater ex machina,* l'ordre du monde. On est [donc] fort tenté d'interpréter le dénouement de la pièce, à cause de son invraisemblance même, comme la déformation voulue du rythme des événements dans la vie réelle. Dans cette perspective, au lieu d'affirmer l'optimisme, ce dénouement accuserait plutôt la vigueur, l'obstination et l'invincibilité de l'*arnolphisme* dans le monde » (*op. cit.,* p. 202). En effet, comme a dit le même écrivain dans une conférence très remarquée à Toulouse en 1982, « dans la vie réelle Arnolphe épouse Agnès ».

On notera d'ailleurs que, jusqu'au *Premier Placet* (août 1664) sur *Tartuffe,* Molière n'a pas soufflé mot de la « comédie morale ». Au contraire, dans la *Critique de l'École des femmes,* Dorante, le porte-parole de l'auteur dans la pièce, nous fournit une définition, dénuée d'ambiguïté, des buts que doit se proposer la comédie. L'essentiel, c'est de « faire rire les honnêtes gens » et de « donner du plaisir ». Ne consultons, dans une comédie, dit-il, « que l'effet qu'elle fait sur nous. Laissons nous aller de bonne foi aux choses qui nous prennent par les entrailles [encore l'élément physique], et ne cherchons point des raisonnements pour nous empêcher d'avoir du plaisir », le mot clef (I, 663).

Les rapports de Molière avec le régime parlent encore plus clair. Les auteurs cités par Defaux qui prônent l'idée de la « comédie-école du peuple » sont les doctes (à l'exception possible de Boileau), et il n'y a guère que leurs confrères modernes pour attacher de l'importance à leurs avis sur ce point. On sait d'ailleurs que Molière ne s'est pas lassé de s'en gausser, en marchant sur les traces de Théophile, le poète libertin qui tenait à écrire « à la moderne » et qui dénonçait le respect superstitieux des Anciens.

On ne peut pas non plus faire trop de cas du rôle de Colbert et de Chapelain. Quelle qu'ait été son attitude envers le politique du ministre, il est constant que Molière ne l'aimait pas, et il se moquait copieusement du poète dispensateur des largesses royales. C'est à la cour qu'il faut chercher les attaches de Molière avec le Pouvoir — Monsieur, Condé, et surtout le Roi.

Le goût de la Cour, comme le note Moore (cité de façon affirmative par Defaux — p. 339 en note), était loin de coïncider avec celui d'un d'Aubignac et n'est « ni le goût classique, l'amour de la raison, ni le *désir de voir les vices corrigés* » [c'est nous qui soulignons]. C'était celui du luxe et du décor auxquels il faudrait, nous semble-t-il, ajouter le plaisir, « la grande affaire ». Les géants littéraires de l'époque comme La Fontaine étaient pour la plupart d'accord, mais les réalisations des premières années du règne ne s'épuisent pas évidemment dans un hédonisme, même glorieux et fastueux.

Nous avons déjà insisté sur les projets politiques du Roi. Il voulait forger l'unité de l'État, ramener les nobles sous sa tutelle et contrecarrer les intrigues des dévots sur le plan intérieur et extérieur. Il n'était nullement pieux à cette époque, et n'hésitait pas à afficher ses maîtresses, au grand scandale des prédicateurs de Cour (et autres).

Sur tous ces points, Molière, d'origine bourgeoise, mais menant un train de vie de grand seigneur, évoluant dans le monde de la Cour, et en plus de tendance libertine, se trouvait parfaitement d'accord avec son maître. Le marquis fat et extravagant devenait le plaisant de la comédie, et « le rang dont on veut tout couvrir » et la morgue des hobereaux étaient dénoncés sans ambages. A la fin de sa carrière, il reviendra à la charge et couvrira de ridicule un nouveau Monsieur de l'Isle dans la personne de Monsieur Jourdain qui se met à singer les façons aristocratiques. Le plaisir était chanté sur tous les tons, mais surtout l'amour, où l'élément physique était souligné. (« Les bêtes sont souvent moins bêtes que l'on pense »). La morale rigoriste et ascétique, et surtout l'emploi de la religion pour assurer l'assujettissement de la femme, étaient livrés à la dérision du public dans l'*École des femmes,* et dans *Tartuffe* on voit la piété ostentatoire céder à la tentation de la chair. La nature prend sa revanche.

On ne s'étonne donc pas que les spectateurs aient réservé un accueil enthousiaste à cette dernière pièce, qui était « fort au gré de la Cour », c'est-à-dire, du Roi. Louis, outré des remontrances des dévots sur le sujet de ses amours et de leurs agissements souterrains sur le plan des mœurs, n'hésitait pas à riposter. La comédie, étant donné les rapports constants de collaboration à ce propos entre le Roi et son poète, a tout l'air d'une commande et presque d'un manifeste. Tout en cédant à la pression des bigots en 1664, Louis n'a jamais ménagé son appui à son protégé à cette époque. Et il ne faut pas oublier que la pièce s'enchâssait dans de grandioses fêtes données en honneur de Louise de la Vallière et qu'elles ont été organisées à Versailles, alors une simple loge de chasse, où les travaux n'avaient fait que commencer. Mais Versailles a été le symbole de la politique du Roi qui voulait mettre une certaine distance entre sa personne et la capitale.

Defaux méconnaît la cordialité entre les deux hommes, en partie parce qu'il ne fait pas attention aux dates. Il affirme — en passant — que Molière « encense » le Roi (p. 68). Au contraire, jusqu'à l'année cruciale de 1664, le poète frise l'insolence dans ses écrits en parlant au Roi (avec une audace unique à l'époque). Que l'on pense au *Remerciement au Roi* et à l'*Impromptu de Versailles*. Ce n'est qu'après l'échec du *Tartuffe,* quand il y allait de l'existence professionnelle de Molière et de sa troupe, qu'il verse son obole d'encens au prince. Et c'est (comme Boileau nous l'apprend) Louis lui-même qui veut à tout prix retenir (et même gonfler) les flatteries les plus grosses dans la pièce.

Pour voir la comédie dans sa juste perspective, il faut par conséquent la situer dans la bataille entre les « mondains » avides de plaisir (dont le chef était en effet Louis) et les dévots (qui se rangeaient derrière la Reine mère). L'histoire de ce conflit a été écrite de façon admirable par Calvet, et n'est plus à refaire. Vue dans ce contexte, la comédie devient effectivement, mais dans un sens tout autre que celui de Defaux, « affaire d'État ».

*
*   *

Si donc il est difficile d'accepter l'idée d'un Molière champion de la morale orthodoxe et d'un monde « transparent » au début de sa carrière à Paris, que faut-il penser de la période de transition vers « le triomphe de la folie » ? Pour Defaux, les années 1664-66 ont vu se développer une divergence entre Molière et son public, et même avec son siècle. On n'en voit pas bien la cause, mais Defaux laisse entendre que, de façon ou d'autre, cette crise remonte à l'échec du *Tartuffe*. Cependant, cet « incident de parcours » est laissé dans l'ombre, sans doute pour mettre en relief l'élément réflexif. De toute façon, les théories de Defaux ne paraissent guère mieux fondées pour la transition que pour les premières années.

Écartons tout de suite l'affirmation que la baisse des recettes dans la saison de 1665-66 s'explique surtout par cette prétendue divergence. La perte du *Tartuffe* et aussi de *Dom Juan* (après quinze représentations) a dû porter un coup des plus durs aux finances de la troupe — deux œuvres (comme le démontre le succès de la première en 1669 et de la dernière en 1665, jusqu'à l'élimination — forcée — de l'affiche) qui lui auraient rapporté gros.

De même, on ne s'étonne pas que le public ne se soit précipité aux rares pièces que l'auteur a composées à partir du *Misanthrope.* Privé de son filon habituel — les pièces « militantes » — Molière a dû se replier sur les divertissements de Cour commandés par le Roi et sur des pièces sans thèse idéologique qui ne pouvaient pas manquer d'être remarquables, mais qui rendaient un son âpre et même grinçant — tout le contraire du rire franc et univoque auquel son public s'attendait. Même un génie de l'envergure de Molière a du mal à se créer un nouveau répertoire quand il se voit barrer la route poursuivie jusqu'alors. En effet, le poète, en proie à de graves désillusions, désemparé, cherche sa voie. Il ne trouve pas l'élan d'autrefois, certes, mais de là à conclure à un changement de fond dans ses idées, il y a loin. Il s'agit ici de contraintes et de batailles, et non pas d'une réflexion théorique.

Mais l'argument essentiel de Defaux en faveur d'une divergence porte sur la question des signes. Il écrit que, « pour le siècle, un même signe peut renvoyer à deux réalités opposées. Pour Molière, tout signe n'envoie nécessairement qu'à une seule réalité » (p. 336, note 59). Dans les premières comédies, les hommes seraient naturellement portés à la justice et à la raison. Et même, en 1665, en pleine bataille sur *Tartuffe,* Molière/de Visé affirme, dans *La lettre sur les Observations* [sur le *Festin de Pierre*] qu'il « est impossible de jouer un vrai dévot » (II, 1228). Dans la *Lettre sur l'Imposteur* (août 1667), il va encore plus loin et esquisse une théorie platonicienne du monde et de l'art selon laquelle le comique naît d'une disconvenance entre ce qui est raisonnable et une conduite déraisonnable ou « vicieuse ». (Théorie bizarre, car une disconvenance peut être aussi bien tragique, ou du moins sérieuse, que comique).

Or, pourquoi Molière devrait-il soutenir, en 1667[2] (même dans le sillage d'une controverse commencée en 1664), une thèse qui ne peut absolument pas se concilier avec le pessimisme (décrit par Defaux dans des pages brillantes) qui perce dès *Tartuffe,* c'est-à-dire, dès 1664. Voir, en particulier, la page 199, où il est question d'un « monde où règnent Jupiter, Tartuffe et Filerin, [et où] la vérité et la sincérité ne sauraient être de mise ».

La contradiction se fait encore plus criante si l'on tient compte de l'interprétation de *Dom Juan* comme pièce « opaque », où tous les signes seraient privés de signification. (Ce que, bien entendu, nous ne croyons pas).

Au fond, contradictions à part, cette question des signes représente un faux problème et est susceptible d'une solution assez simple si on la replace dans le contexte de la lutte autour du *Tartuffe.* Avant cette pièce, évidemment, la question ne soulève aucune difficulté. Les complications commencent à partir de l'échec de mai 1664. Le prétexte donné par le Roi pour justifier sa démarche — formule très nuancée, et en effet la seule possible — était, selon la *Rélation* officielle des *Plaisirs de l'Isle Enchantée,* que Louis

« connut tant de conformité entre ceux qu'une véritable dévotion met dans le chemin du Ciel et ceux qu'une vaine ostentation de bonnes actions n'empêche pas d'en commettre de mauvaises », étant donné la ressemblance du vice avec la vertu « qui pouvaient être prises l'une pour l'autre ». (I, 828).

Cette formule avait le grand avantage de mettre d'accord les libertins et les dévots (voir les notes intéressantes de Defaux aux pages 336-7), de ne pas aller à l'encontre de la vérité (car la pièce a effectivement estompé les différences entre apparences et réalité) et n'enlève pas aux hypocrites les « bonnes actions » (visites aux prisonniers et distribution d'aumônes).

La rédaction est même tellement habile (et en même temps aussi favorable à Molière que le permettaient les circonstances) qu'on ne peut pas s'empêcher de croire qu'il ait prêté sa plume au rapporteur officiel.

Pour Defaux, au contraire, le communiqué, quoique rédigé dans « le sillage du Roi », est hostile à Molière. On voit mal comment il arrive à cette conclusion, à moins de se concentrer sur la question des signes, qui dans ce cas étaient d'importance secondaire. Pour trouver une véritable hostilité à l'égard du poète, il faut se reporter à la *Gazette,* journal d'obédience jésuite, pour laquelle la pièce était « absolument injurieuse à la religion ».

Sûr de l'appui du Roi, Molière croyait peut-être s'être tiré d'affaire sans y laisser trop de ses plumes. Il se trompait. Les dévots n'étaient pas dupes de la formule. Le personnage de Tartuffe faisait rire, et (Michaut en a fait la remarque) il n'est pas attaqué (surtout dans la première version). Orgon et Madame Pernelle, eux, sont tout à fait ridicules, et dans la mesure où leur pitié est sincère. Butler, lui, a démontré, textes à la main, que Tartuffe et Orgon sont respectivement un directeur spirituel et un « dirigé » parfaitement orthodoxes. De telle sorte que Tartuffe aurait fait rire même s'il était sincère, tout comme les médecins persuadés de l'efficacité de leurs remèdes absurdes.

Mais c'était la représentation de *Dom Juan* qui faisait déborder la coupe. Le Sieur de Rochemont, un porte-parole des dévots, dénonçait en Molière un suborneur de la chasteté des femmes et de la foi, et rejetait les arguments avancés par le poète pour justifier *Tartuffe*. Il faisait remarquer que (comme d'ailleurs l'impliquait le communiqué) les actions publiques peuvent induire en erreur, et souligne l'importance des actions secrètes d'un vrai dévot. Or, que répond Molière ? Il se replie sur le critère (écarté par le pamphlétaire) des actions telles quelles. « On ne juge pas des hommes par leur habit ni même par leur discours. Il faut voir leurs actions » (II, 1229). Molière a dû se rendre compte que cet argument ne portait pas, car il en ajoute un autre de nature bien différente et qu'il convient de citer.

Il affirme qu'il est possible de distinguer le vrai dévot d'avec le faux par des signes extérieurs. Mais quels signes ! « Les véritables dévots ne sont point composés », écrit-il, « leurs manières ne sont point affectées, ... leurs grimaces et leurs démarches ne sont point étudiées, ... leur voix n'est point contrefaite et ... ils n'affectent point de faire paraître que leurs mortifications les ont abattus ». Il parle d'une « joie intérieure qui se répand jusque sur leur visage », et il ajoute : « ils font des austérités, ils ne le publient pas, ils ne chantent point des injures à leurs prochains pour les convertir » (II, 1229). Mais ce passage ne fait pas de distinction entre les fidèles sincères et les hypocrites. Au contraire, il définit deux types de piété — celle de la Réforme Catholique et celle des dévots « éclairés » telle que le libertin se la représente. Dans les deux cas, l'extérieur renvoie à une réalité complètement différente. Il ne s'agit plus de correspondance ou manque d'harmonie.

Vient ensuite l'épisode de la *Lettre sur l'Imposteur*. Molière, fort de l'approbation de Louis, croit avoir gagné la bataille, et donne *Panulphe* (la deuxième version de la pièce) à Paris en 1667. Mais, en l'absence de Louis en Flandre, le Premier Président, Lamoignon, un des chefs de la faction dévote, prend sur lui de l'interdire de nouveau. Molière est certain de le convaincre en répétant ses arguments habituels sur les buts édifiants de sa pièce, mais s'entend répondre « avec beaucoup de bon sens et d'à propos », écrit Defaux (p. 210), qu'il ne « convient pas aux comédiens d'instruire les hommes sur les matières de la morale chrétienne et la religion ». C'est pour réfuter ces observations que Molière, désarçonné, se précipite, sans doute avec l'aide de Visé, à rédiger son pamphlet.

Or, si en effet la réponse du magistrat ne manque pas d'à propos, on ne peut pas, en bonne logique, accepter sans hésiter (ce que semble faire Defaux) les arguments, en vérité assez singuliers, avancés contre elle par Molière. Si nous examinons avec sang-froid la *Lettre,* qui se divise en trois parties, nous aurons largement de quoi alimenter notre scepticisme. La première partie donne un résumé, très orienté, de la pièce, ce qui permet à l'auteur de répéter ses protestations de bonne foi et sa conviction qu'on ne peut pas tourner un vrai dévot en ridicule. La deuxième partie, plus la fin, nous assurent que le théâtre peut faire encore mieux que l'église pour répandre la vérité parce qu'il atteint un public plus grand et peu sensible à la prédication, et manie l'arme extrêmement efficace du ridicule. Donnons un échantillon de sa prose. La charité, écrit-il, sans sourciller, « fait, quand il lui plaît, un temple de bénédictions et de grâces d'un lieu de débauche et d'abomination » (I, p. 1171). Le diable, dit un proverbe anglais, sait fort bien citer l'évangile ! Molière fait flèche de tout bois. Tout y passe, même « cette antiquité si sage » dont il se moque dans plusieurs de ses pièces, les « mystères » du moyen âge, et Corneille (en jouant sur les différents sens du mot de « comédie »).

Mais ces passages désinvoltes sont suivis d'une troisième partie, encore plus étonnante. Molière y démontre d'abord que Tartuffe est ridicule en essayant de séduire Elmire (ce qui n'est qu'à moitié vrai). Mais, pour renforcer son apologie de la pièce, il cherche à étendre ce ridicule à n'importe quelle séduction (même à celles où il n'est pas question d'hypocrisie en matière de religion). A ce propos, il élabore une théorie alambiquée du comique, qui serait basé sur la disconvenance entre ce qui est vertueux et raisonnable et ce qui ne l'est pas. Il affirme même que « le ridicule est... la forme sensible que la providence de la nature attache à tout ce qui est déraisonnable » (I, 1174) — théorie évidemment spécieuse, puisqu'on rit de la glissade d'un vieux monsieur sur une peau de banane (s'il ne se casse pas une jambe) — cas où aucun principe déraisonnable n'est en jeu — et, là où il s'agit d'examiner une valeur quelconque, il faut, dans la comédie comme dans la polémique, « traiter » le matériel pour en faire ressortir le comique en présentant les personnages que l'on veut tourner en ridicule comme déraisonnables, et, le plus souvent, antipathiques.

Molière conclut de tout cela que sa comédie aurait beaucoup plus d'effet en combattant la galanterie que tous les autres efforts « qui sont absolument vains ». « Les prédicateurs foudroyent », continue-t-il, « les confesseurs exhortent, les pasteurs menacent, les bonnes âmes gémissent, les parents, les maris et les maîtres veillent sans cesse et font des efforts continuels aussi grands qu'inutiles pour brider … [l'] impureté » (I, 1179). Et, à la fin, nous sommes ahuris d'apprendre que les véritables ennemis de l'auteur ne sont pas, comme on l'a toujours cru, les dévots, mais (et Defaux semble être d'accord sur ce point avec l'affirmation du pamphlétaire) les galants, parce que ce dernier (c'est-à-dire Molière lui-même) fait « des ennemis d'autant de galants qu'il y a dans Paris ». Et ceux-là, insiste l'auteur de la *Lettre,* « ne sont pas peut-être les personnes les moins éclairées ni les moins puissantes » (I, 1180).

Il nous semble que ce passage, où l'insincérité rivalise avec l'habileté du polémiste, se passe de commentaire. L'homme qui admirait tellement le *De re f......* nous la baille belle. Le discours interminable sur l'essence platonicienne du monde ne correspond à rien dans l'œuvre entière si terre à terre du poète, et même y contredit. Comme l'a démontré Molino dans son article « Les nœuds de la matière » (pp. 157-177), dont Defaux ne semble pas avoir connaissance, Molière, dans *Les Femmes savantes,* bafoue le dualisme (que cette orientation soit de nature chrétienne, cartésienne ou platonicienne). On ne s'étonne donc pas des foudres lancées par les rigoristes contre l'influence corruptrice du poète.

Pour en terminer avec le débat sur les signes, il convient de noter que le lien entre cette discussion et l'*Amphitryon* est des plus ténus. La pièce traite de l'imposture physique (et dans un cadre fabuleux) qui n'a rien à voir avec l'hypocrisie en matière de dévotion. Elle se situe à mi-chemin entre la *Comédie des erreurs* et les œuvres de Pirandello. Donnée le 16 janvier 1668, c'est-à-dire six mois après la *Lettre sur l'Imposteur,* elle fait évoluer un monde, non pas transparent et moral comme le voudrait la doctrine de ce pamphlet, mais, comme le souligne Defaux (p. 199), un univers qui ne connaît ni la justice ni la sincérité, un univers, pourrait-on ajouter, où les dieux imposteurs l'emportent sur les personnages dont ils usurpent la personne et le corps. Jupiter triomphe sur le lamentable Amphitryon par sa rhétorique supérieure et par l'abondance de ses dîners (au jugement de Sosie avec son gros bon sens), et sur Mercure grâce à sa force physique. Celà comporterait, selon Defaux, une « remise en question » de la pensée de Molière, remise qui est bien rapide, comme l'a vu, et dont Defaux n'explique pas les causes.

Dans la même foulée, ce critique voit une concession de taille faite par l'auteur à ses ennemis dans l'*Avare* à travers les mots mis dans la bouche d'Élise : « Chacun tient les mêmes discours... Ce n'est que les actions qui les découvrent différents » (214). Mais Molière avait fait cette « concession » longtemps avant, car, dans la *Lettre sur les Observations* (voir plus haut à la page 213), il avait écrit exactement la même chose. On se doute bien d'ailleurs qu'il n'avait pas attendu d'avoir quarante-cinq ans pour découvrir une vérité si banale. Et qui étaient « les ennemis » indiqués par Defaux ? Les galants, les partisans des apparences trompeuses (la majorité de ses contemporains, y compris les libertins), ou les dévots ? Defaux ne nous l'explique pas.

Somme toute, on peut donc mettre de côté le « problème » des signes qui n'est qu'un aspect technique de la bataille du *Tartuffe* et dont on n'entend plus un mot après la victoire du 1669. Mais cette discussion n'est pas inutile, car elle se relie étroitement au débat sur l'irrationalisme du poète. En effet, à partir de 1664, Molière ne cache pas son opinion que le monde n'est nullement basé sur la justice. Defaux voit dans les changements visibles à partir de *Dom Juan,* non seulement un manque de confiance dans la rationalité des hommes, mais dans la raison tout court. Il s'agit maintenant d'approfondir cette prétendue conversion de Molière à l'irrationalisme (donc, à une philosophie, et non seulement une foi dans la justice du monde) que Defaux fait commencer vers 1664.

Pour faire ressortir les tendances irrationalistes de Molière, Defaux fait état du *Misanthrope*[3] (dont il date la composition de 1664) et aussi de la Satire IV de Boileau (de la même année) contre la raison, dédiée à l'abbé François La Mothe le Vayer, ami de Molière et fils du célèbre philosophe sceptique. En plus, il cite des vers de Chapelle et de Des Barreaux (d'inspiration souvent bachique). Mais il note que ces tendances se font jour avant cette date. Nous pourrions citer à ce propos les vers d'Ariste dans l'*École des maris* (1661) :

> ... il vaut mieux souffrir d'être au nombre des fous
> Que du sage parti se voir seul contre tous.   (I, 419)

Certes, cette citation ne s'applique qu'aux habits et au langage, mais elle témoigne d'une orientation conformiste qui met gentiment la raison de côté.

Ce qui est beaucoup plus important, c'est que, fait ignoré par Defaux, tous les écrivains dont il fait état sont des libertins, des amis de Molière ou des habitués de la Croix Blanche. Et il ne faut pas oublier que, dans la première moitié du siècle (et aussi après 1650), la philosophie officielle des libertins était l'irrationalisme. Ce filon intellectuel se trouve notamment dans Théophile. Et l'existence d'une sorte de maffia libertine dès 1647, qui comprenait Molière, a été démontrée par Adam (*Histoire,* III, pp. 214-5). Dans ce groupe, le clan des La Mothe le Vayer était fort nombreux. Mais, outre le philosophe lui-même, son fils et Le Vayer de Boutigny, nous retrouvons d'anciens amis du poète, tel Cyrano, d'Assoucy, Chapelle et Le Royer de Prades.

Molière n'avait donc, paraît-il, attendu l'année 1664, ou le revers essuyé en 1664, pour repenser sa philosophie. Ni La Mothe le Vayer non plus. Il était de longue date ennemi de la raison. On ne comprend donc pas pourquoi Defaux affirme qu'il se rallie « finalement » au credo sceptique. Comme le note Adam (*op. cit.,* p. 89), Des Barreaux était « toujours fidèle à l'irrationalisme de la vieille libre pensée... A [ce poète], à Chapelle, à La Mothe le Vayer, et, soyons-en sûrs, à Molière, [le rationalisme chrétien, qui était l'opinion la plus répandue parmi les bien-pensants] ne pouvait paraître qu'illusion ou imposture ».

C'est à ce rationalisme que Defaux essaie d'annexer Molière. Pour ce critique, le poète était un « humaniste de la Contre-Réforme qui croyait à la providence ». Faut-il rappeler que tous ses protecteurs (à l'exception du Roi — peu dévot dans sa jeunesse) étaient des libres penseurs, y compris Condé, à qui il a dédié *Amphitryon* ? Et il a traduit Lucrèce, en mettant en relief les passages les plus audacieux (ceux qui niaient l'immortalité de l'âme). En matière de morale — comme nous l'avons déjà indiqué — il faisait partie du courant « libertin » (dans les deux sens du mot) comme Vanini, Théophile, Cyrano, Scarron (l'*École des filles*), Bouchard et Sorel, pour ne mentionner que quelques-uns de ses prédécesseurs et contemporains qui rejetaient résolument la morale chrétienne en matière de sexualité.

S'il écarte les aspects bien documentés du libertinage de Molière, Defaux se rattrape en insistant sur certains procédés techniques d'importance secondaire dont on a (au moins nous l'espérons) tout dit. Il s'agit du raisonneur et du juste milieu — deux moyens pour mettre les spectateurs du côté de l'auteur. Sur les raisonneurs, contentons-nous de signaler les différences considérables entre Dom Juan hypocrite et Béralde d'un côté (qui font entendre, à n'en pas douter, les échos fidèles de la voix de l'auteur) et certains raisonneurs à mi-temps de l'autre, qui sont mêlés à l'action. Notons aussi les cas spéciaux de Dom Juan (en général), qui est le porte-parole de Molière (avec des précautions discrètes) tout au long de la pièce, et Cléante dans *Tartuffe,* qui reflète surtout la tactique de Molière polémiste, et non pas celles de l'auteur tout court.

Le juste milieu, idée à laquelle Defaux attache beaucoup d'importance, est certes une formule très répandue à l'époque de Molière, mais, comme nous avons appris en premier, elle est extrêmement vague sur le plan pratique, car il suffit de déplacer un des termes pour situer le centre où l'on veut. Là encore, Defaux transforme une question de forme en un problème de fond. Ainsi, fait-il du Clitandre des *Femmes savantes* un « centriste » en tant que partisan à la fois du corps et de l'âme dans l'amour — comme si une telle position antidualiste n'était pas, à l'époque, des plus radicales. Car le spiritualisme, dans toutes ses manifestations, dominait presque incontesté. En effet, il fallait attendre quelques décennies pour assister à la naissance — secrète — du matérialisme français dans les écrits du curé Meslier, et quelques siècles avant que ces théories aient acquis droit de cité ! C'est que Molière, en mettant sur la scène des personnes et des idées qu'il dénonçait, avait l'art d'en présenter une caricature tellement persuasive qu'il réussit à faire passer ses adversaires et ses bêtes noires pour des extrémistes, à avancer lui-même des propositions radicales et à passer pour un modéré.

Defaux fait des allusions fréquentes à la vision comique, comme s'il s'agissait d'une orientation « idéologique », et non pas d'une technique de présentation comportant la dévalorisation d'attitudes ou de travers choisis comme cible par l'auteur comique, souvent (surtout dans le cas de la farce) aux dépens des valeurs et des idées reçues. Les moyens de tourner un personnage en ridicule (ou de réfuter une thèse dans la polémique) ont été analysés ad nauseam — insistance, par un choix judicieux des traits, sur les aspects déraisonnables ou sur des contradictions outrées, grossissement jusqu'au grotesque, raidissement (qui vise surtout des attitudes autoritaires et moralisatrices), enlaidissement (que l'on songe à Monsieur de Pourceaugnac) et vieillissement. Bref, il s'agit d'effets d'éclairage dont l'œuvre de Molière nous offre un vaste répertoire.

Cette confusion entre idées et techniques (et de façon plus générale entre réalité métaphysique et théâtrale) est particulièrement évidente dans l'analyse par Defaux du *Bourgeois Gentilhomme,* pièce maîtresse de son exposé. Certes, dans ce chef-d'œuvre — « musical » et spectacle total avant la lettre — la comédie se marie de façon géniale au chant et à la danse. Dans des pages brillantes, Defaux suit et explique les manifestations triomphales de cette alliance. Et il a mille fois raison, dans le sillage de bien des critiques perspicaces, de déplorer la tendance, aujourd'hui à peu près disparue, à négliger les éléments non-littéraires de l'œuvre, qu'il faudrait traiter comme un ensemble.

Toutefois, il ne faut pas passer d'un extrême à l'autre et faire bon marché du texte. Car, malgré le dosage extrêmement habile des trois éléments dans la pièce, il y a inévitablement un dualisme entre l'aspect « ballétique » et musical, nettement précieux et galant, et la comédie, dans laquelle Molière revient à sa première manière et qui baigne dans une atmosphère de critique de la société. C'est ce qu'a bien vu Couton, quand il note que l'œuvre part d'un « réalisme savoureux » pour terminer avec « le théâtre sur le théâtre ».

Defaux se sépare nettement de cette opinion. Pour lui, le texte perd de son importance. Il esquisse une apologie de Monsieur Jourdain et traite sa femme de « gêneure » et d'élément négatif. Il lui concède certaines justifications pour sa conduite, et admet même qu'elle « est peut-être [sic !] sage » (p. 275). Mais il se hâte d'oublier ces considérations mesquines pour affirmer que « l'on ne peut *plus* [c'est nous qui soulignons] parler de morale et de didactisme [ni] exactement parler de réalisme et d'*imitatio* » (p. 280). Et il conclut de façon tranchante que cette œuvre est « par excellence la comédie qui refuse le réel ; la comédie qui, au réel, préfère l'extravagance et les chimères » (*ibid.*).

Or, cette analyse ne résiste pas à un examen du texte, surtout si l'on replace la comédie dans la courbe de l'évolution du poète. Tout d'abord, on ne peut pas parler *du tout* de moralisme ou de didactisme dans les premières pièces de Molière, comme nous avons essayé de le démontrer. Et Molière n'a jamais cessé, contrairement à ce qu'affirme Defaux, à manifester des tendances « anti-intellectuelles », ou, comme nous préférerions l'exprimer, son dédain du pédantisme (et des pédants cités à la page 68 !), de la prétention et des affectations de tout crin — en parfait pragmatiste qu'il était.

Ce qu'il faudrait au contraire souligner, c'est le retour de Molière à partir de 1669, mais surtout dans *Le Bourgeois,* à sa conception originale de la comédie. Jusqu'à la turquerie, à part trois intermèdes, dont l'un consiste en évolutions des garçons tailleurs et un autre en deux chansons, la comédie se meut dans le monde des rapports sociaux et pose des problèmes inhérents à la mobilité des classes. La ligne de partage entre les gens raisonnables et les fous est tracée de façon bien plus nette que dans, par exemple, *Les Femmes savantes* (version un peu fatiguée du premier style). Et Monsieur Jourdain, « absurde et ignare », se trouve sans aucun doute dans la première catégorie. L'excellent critique Gutwirth a écrit que Madame Jourdain n'est pas à sa place. Et son mari alors ? Il est complètement désemparé dans ce monde galant et raffiné (et pas trop scrupuleux) au niveau duquel il cherche à s'élever.

Molière va jusqu'à réintroduire les raisonneurs pour formuler les idées de façon explicite. Madame Jourdain défend (comme l'a toujours fait Molière) les droits des femmes dans une protestation qui dépasse largement le cadre de cette comédie. Elle est sans contestation le porte-parole du poète quant aux rapports entre bourgeoisie et noblesse et au problème des mariages « hypogamiques » avec un gentilhomme gueux et mal bâti (comme l'exprime le jargon sociologique). Avec son franc parler de paysanne, Nicole renchérit en citant le cas du « grand malitorne » qu'est le fils du gentilhomme de son village. Et la profession de foi de Cléonte sur la vraie noblesse, « qui transcende celle des titres et dont l'élégance n'est qu'un faisceau de qualités qui tiennent de l'âme », complète l'exposé des idées sociales.

Defaux veut bien que Madame Jourdain défende ses droits et veuille chasser « de chez elle un noble qui la ruine » et une marquise qui voudrait peut-être l'évincer. Mais il a vite fait d'écarter ces considérations. Elle joue un « rôle comique et peu glorieux ». « Elle est le pôle négatif de la pièce, l'élément perturbateur qui cherche à briser l'élan heureux de la comédie et qu'il convient par conséquent d'éliminer ou d'assimiler ; de rendre à la raison, dirait Jourdain dans son langage » (p. 275). Or, avant le tournant de la pièce (IV, 3), rien dans le texte ne justifie un jugement si radical, à part son retour à l'improviste (IV, 2) quand elle interrompt le banquet donné par Jourdain à la marquise, banquet caractérisé par les compliments maladroits du bourgeois à la grande dame et par deux chansons à boire d'une grâce assez mièvre. On a du mal à reconnaître dans cette scène l'interruption « de la magie du divertissement » qu'y trouve Starobinski.

Survient l'envoyé du grand mufti. Or, après une opposition initiale — bien compréhensible — au projet de mariage, elle se met d'accord dès qu'elle a compris de quoi il s'agit, et même, posément, invite les autres à prendre place pour le spectacle, c'est-à-dire, le *Ballet des Nations,* duquel *Le Bourgeois* n'est qu'un prologue. Defaux rend compte de cette évolution dans les termes suivants : Jourdain trouve « dans son entêtement le moyen de ... faire partager [sa folie] aux autres. De bon gré ou de mauvais gré, Covielle, Cléonte, Dorante, Dorimène, Lucile et Madame Jourdain entrent successivement dans la danse » (p.280). Or, il faut noter que Covielle, Lucile et Cléonte sont « dans le coup », que Madame Jourdain a été convertie, et que Dorante est ravi de pouvoir offrir — gratis — un spectacle amusant à la marquise. On ne comprend pas donc ni l'expression « mal gré » ni l'allusion à la danse, sauf au sens métaphorique. Quant'a la capacité de Jourdain de faire partager sa folie aux autres (et non pas simplement de la faire tolérer), il n'y en a pas trace dans le texte.

Defaux s'acharne contre Madame Jourdain au point de vouloir trouver à tout prix une analogie entre les protestations de la dame contre l'invasion de sa maison et l'irritation d'un vieux bourgeois babillard irrité par la confusion dans un théâtre et le manque d'égards pour lui, sa femme et son enfant (irritation partagée par les gens du bel air et les étrangers). Il accuse même, à tort, ce trio d'être responsable du tumulte et identifie de façon arbitraire la famille avec les « trois importuns » que le vendeur des livres du ballet trouve toujours sur ses pas et qui dansent la deuxième entrée (tandis que les bourgeois, chose étrange, sont placés au sommet de la salle et meurent d'envie de s'en aller).

Quant'à Monsieur Jourdain, Defaux fait son apologie, en forçant quelque peu les traits. Oui, Monsieur Jourdain se rend compte de l'escroquerie de son tailleur. Autrement, comment aurait-il fait fortune dans les affaires. Il n'est nullement hypocrite, mais l'œuvre de Molière contient bon nombre de dupes (Orgon par exemple) qui ne le sont pas non plus. Et si, avec le gros bon sens des bourgeois, il lance quelques traits contre la mode des bergers dans la musique courante, le passage donne à Molière l'occasion de se moquer de Perrin, son concurrent médiocre. Mais, tout bien pesé, ce héros n'est, comme l'écrit Brody, qu'un loufoque, qui gaspille sa fortune, se dispose — bêtement — à tromper sa femme et à sacrifier le bonheur de sa fille à ses ambitions insensées.

« Les fêtes naissent sous ses pas », selon Defaux. Disons plutôt qu'il est l'occasion des divertissements (il faudrait bien qu'il y en eût un prétexte). Les trois entrées, nous l'avons vu, sont assez minces, et c'est plutôt Dorante qui en est le metteur en scène. Si Jourdain puise dans son incarnation turque une grande assurance et une éloquence tout orientale (qui contraste avec ses balbutiements du début), ne voit-on pas que Molière, ayant épuisé ces effets comiques dans la partie réaliste de la pièce, s'en donne maintenant à cœur joie sur un ton différent dans le monde burlesque de la fin. Interpréter ces changements, qui sont rigoureusement théâtraux, comme des modifications réelles du personnage, ou y voir la genèse d'une nouvelle orientation non-esthétique de la part de Molière, c'est un peu comme attribuer aux rédacteurs des gags des frères Marx une philosophie de la folie. L'élément de la farce, comme nous l'avons déjà suggéré, agit comme facteur de cohésion entre les éléments disparates des comédies-ballets.

Mais, ce qu'il convient de mettre surtout en relief, c'est que la cérémonie burlesque (dans *Le Bourgeois* et *Le Malade*) constituait la solution géniale aux problèmes que posait cette fusion des genres. Cette cérémonie, le clou de la pièce, offrait à la fois l'occasion d'exploiter les ressources du ballet et du chant, d'assurer le bonheur des jeunes amoureux, de satisfaire (il ne faut pas se demander pour combien de temps) les manies du héros comique, qui reste, comme tous ses confrères, « unreconstructed », pour employer le terme heureux inventé par Nelson. La cérémonie tient lieu du *pater, rex* et *deux ex machina* des comédies antérieures. La mise en œuvre de cette trouvaille en 1670 complète la convergence de l'évolution de Molière sur le plan de la comédie idéologique et sur celui de la musique. Notons que l'idée de la cérémonie dans *Le Bourgeois* (reprise dans *Le Malade imaginaire*) a été suggérée à Molière par Louis XIV. Nous trouvons donc au début (en 1661) et à la fin des comédies-ballets l'influence décisive d'un « fait répertoriable ».

Cette convergence n'est guère le fait du hasard. Avec la réhabilitation de *Tartuffe* en 1669, et probablement avec la réconciliation des deux époux (? en 1670), Molière s'est libéré quelque peu de son amertume et est devenu plus confiant. Preuve en est qu'il a repris le modèle des pièces d'avant 1665 (s'étant autocensuré après cette année, comme le note Couton). Mais, en même temps, il a mis à profit son expérience dans l'emploi de la musique et du ballet (surtout pendant les années creuses), qui remonte, au moins, à 1661 (année des *Fâcheux*). Il a été poussé dans cette voie par les divertissements royaux, la collaboration efficace avec Lulli, la mode croissante de la musique, et, n'en doutons pas, par son amour profond et raffiné de toutes les formes de la beauté.

Si Monsieur Jourdain ne fait pas le poids, que dire d'Argan dans le *Malade imaginaire* — sale, grincheux et maniaque ? On ne peut certainement pas transformer ce personnage pitoyable en emblème du triomphe de la déraison.

Au fond, ce qui frappe dans l'évolution de Molière, ce n'est pas la différence de ton et des moyens — visibles à partir de mai 1664, mais la continuité de ses idées et de son orientation. Ses traits les plus acérés sont réservés aux dévots, aux médecins, aux pédants et aux précieuses affectées, aux petits marquis et aux hobereaux arrogants, enfin, aux prétentions creuses et à l'autorité aux pieds d'argile. S'il a été obligé de battre en retraite en 1664, il n'a rien renié de ses idées. De même, s'il a accepté en 1669 de se lancer dans un nouveau genre, en y créant des chefs-d'œuvre spectaculaires, il faut se demander s'il n'a pas vu dans les coups bas de Lulli en 1672 et dans la victoire de « l'amuseur » sur un « bouffon trop sérieux » les signes avant-coureurs de l'involution du règne et l'inauguration d'une période de régression pendant laquelle la France finirait par s'enliser dans des guerres

ruineuses et des projets grandioses et où une tolérance mitigée ferait place
au fanatisme culminant dans la Révocation de l'Édit de Nantes. A partir
de 1670, la conception et encore plus la mise en scène d'un nouveau *Tartuffe,* aurait été inconcevable jusqu'en 1789. Rappelons que, même de nos
jours, la comédie a été interdite sous le régime de Vichy, après avoir été
résolument condamnée par Napoléon.

*
* *

Pour que cette étude fût complète, il aurait fallu examiner les idées de
Defaux sur les trois pièces centrales du poète. Cela est évidemment impossible dans le cadre de cet article (déjà trop long). Nous nous bornerons, donc,
ayant analysé certains aspects des deux autres comédies, à offrir quelques
remarques sur *Dom Juan,* œuvre fondamentale.

Tout d'abord — observation banale mais essentielle — Molière opère
« dans une société qui ne permet pas la libre expression d'idées non conformes au système de la pensée en vigueur » (II, 27), tout comme n'importe
quel régime totalitaire de nos jours. Il était donc tenu de garder une certaine prudence, et en particulier de ne pas présenter un athée sous une
lumière trop favorable. Il fallait aussi le faire condamner par la foudre
(comme le voulaient la tradition et les versions précédentes) pour montrer
que le héros « n'est pas récompensé ». Sur le plan littéraire, Molière se devait
de ne pas trop s'éloigner de ces versions pour éviter de dérouter son public,
d'autant plus que le sujet, déjà dégrossi par ses prédécesseurs, lui permettait d'y insérer des épisodes à machines et des scènes riches en éléments de
« merveilleux » — deux aspects très goûtés par l'époque, auxquels il faut
ajouter des traits farcesques et des intrigues amoureuses du héros.

Privé du *Tartuffe,* Molière avait un besoin urgent d'une pièce à succès.
En plus, il avait à cœur de se venger des dévots qui avaient fait interdire
cette comédie. Sa vengeance, il l'exécute de façon indirecte en livrant le pieux
Sganarelle à la risée du parterre, et de façon directe à travers l'ironie des
attaques de Dom Juan hypocrite.

Étant donné cette multiplicité d'objectifs, il n'est pas étonnant que la
pièce ait donné du fil à retordre à ses exégètes. Molière, comme l'a observé
Scherer, essayait souvent de faire trop de choses à la fois. C'est bien le cas
dans *Dom Juan,* où il veut faire d'une pierre cinq coups pour le moins.

Pour rendre cette situation encore plus compliquée, Defaux surimpose
à sa thèse une double démystification — d'abord des idées reçues et ensuite
du libertinage et de l'immortalité du grand seigneur — tactique, nous semble-
t-il, qui est la garantie d'un four complet, et est démentie par la fureur de
la réaction des dévots : elle a contraint Molière à procéder immédiatement
à des coupes sombres, puis à retirer la pièce de l'affiche au bout de quelques représentations, malgré son succès indéniable. A ce propos, Defaux,

pour introduire sa thèse, cite la phrase charnière par laquelle Couton, dans sa *Préface* riche de nuances, prépare le lecteur à une « rectification du tir ». « Ce n'est pas si simple ». Mais le raisonnement de Couton va dans un sens totalement opposé à celui de Defaux, car après avoir examiné *Dom Juan* comme une pièce orthodoxe et anti-libertine, il fait ressortir les tendances subversives de la comédie.

Mais avant d'essayer de démêler les différents éléments de la pièce, dégageons le terrain d'une analyse très à la mode de nos jours. Il s'agit des implications de la découverte d'un devis, daté du 3 décembre 1663, pour les travaux de scène de la nouvelle pièce. Se basant sur cette donnée, Defaux conclut que « Molière a pris son temps, et sa comédie est ce qu'il a délibérément voulu qu'elle soit » (p. 133).

Or il y a ici deux questions différentes. La première regarde les intentions de Molière. Personne ne songerait maintenant à contester que la pièce corresponde aux plans de l'auteur, ou même qu'il y ait consacré un intérêt des plus vifs pour les raisons déjà citées, et aussi parce que, de toute évidence, le sujet lui plaisait.

Que Molière ait « pris son temps », c'est bien moins certain. Notons, pour commencer, que les seules dates fixes pour la période entre le mois d'août 1663 (date, selon Defaux, de l'idée originale de la pièce) et la première représentation — le 15 février 1664 — sont précisément le 3 décembre (date du devis) et le 4 janvier, quand la troupe commence à « vivoter de reprises ». C'est bien peu de chose. D'autant plus que nous ne savons rien, comme Defaux l'admet loyalement, sur l'emploi que faisait Molière de son temps pendant cette période. Mais, par contre, ce qui est sûr, et que Defaux omet de souligner, c'est que Molière a subi trois deuils cruels au cours de l'automne. Vers le 26 septembre, il perd son ami, l'abbé La Mothe le Vayer ; le 28 octobre, meurt son collègue Du Parc ; et, le coup le plus accablant, le 10 novembre survient la mort de son premier enfant, né dix mois plus tôt. On doute fort que même un génie de la taille de Molière ait pu travailler de façon tant soit peu normale face à ces désastres[4].

Il nous paraît donc probable qu'il ait réfléchi beaucoup à la pièce pendant l'automne, et, avant le 3 décembre, esquissé la structure et peut-être quelques scènes — assez au moins pour lui permettre d'envisager de façon concrète les décors successifs. Il s'est fait préparer le devis au premier moment possible étant donné l'urgence de la mise en scène (et par conséquent de la répétition), surtout comme il a dû s'adresser, vu la complexité de la commande, à deux peintres nouveaux, et non pas à son fournisseur habituel. Il n'est pas impossible qu'il ait espéré terminer la pièce et recevoir les décors avant Noël, ce qui lui aurait permis d'arriver à la première vers le 4 janvier suivant, au lieu de dépendre des reprises. Dans ce cas, Molière aurait trop présumé de ses forces, car selon toute probabilité il n'a pu mettre la comédie en répétition qu'au début de février.

Ce qui est certain, c'est que *Dom Juan* est une œuvre de rupture. C'est la première pièce en cinq actes écrite en prose, et la nouveauté radicale de la forme — et des idées — nous semble trahir une forte tension. En effet, comme le note Couton, Molière écrivait avec plus d'entrain quand il devait terminer rapidement (II, 975).

Il n'est donc nullement prouvé que le poète ait « pris son temps ». Plutôt le contraire. Mais peu importe. Comme disait le Maître, « le temps ne fait rien à l'affaire ». Qu'il ait terminé la pièce avant ou après le 3 décembre 1663, sa vengeance sur ses ennemis (clairement indiquée dans la pièce) a été sanglante. Et son œuvre reste la seule de son genre dans la littérature occidentale.

*
* *

Venons-en maintenant à la pièce même. Étant donné sa complexité, nous nous bornerons à examiner le héros en tant que personnage comique, monstre, séducteur et incrédule.

Tout d'abord, l'aspect comique. Pour Defaux, comme pour d'autres éminents critiques modernes, Dom Juan fait rire, ou tout au moins sourire. Pourtant, nous n'avons jamais vu un public s'amuser aux dépens de Dom Juan, mais toujours *avec* lui. Comme le note Brunet, « *Dom Juan* représente une exception dans le théâtre de Molière au point de vue de sa constitution intime ». Car, dans cette pièce, « où tout comique est exclu du personnage central, le comique est tout de réaction (Brody, *op. cit.,* p. 130). Ou, pour citer encore une fois ce critique : « Si Dom Juan se distingue des autres monomanes de Molière, c'est par son immunité au ridicule, c'est par l'insolence de ses succès » (*op. cit.,* p. 224).

Seule raison alléguée pour situer le héros dans une perspective comique, c'est qu'il ne connaît pas ses limites, critère qui s'applique plutôt à des tragédies, ou au moins à des œuvres sérieuses, qu'à des comédies, et qui s'accompagne dans ces pièces d'une cécité mentale bien absente dans le cas qui nous occupe.

Bien entendu, il est exact que Dom Juan ne s'impose pas de limites, mais aucune puissance terrestre ne s'oppose à ses entreprises, et, sans l'intervention du *deus ex machina,* on ne voit pas ce qui aurait pu mettre fin à ses conquêtes.

Ce qui complique encore plus cette histoire du comique de Dom Juan, c'est que, pour Defaux, Molière « foudroie la comédie » dans cette pièce (ce qui serait une thèse défendable au cas où la « double démystification » existerait vraiment). Mais quelques pages plus loin, Defaux souligne les aspects comiques du rôle joué par Molière (Sganarelle) et insiste sur l'importance du comique qui « coule de source » dans la pièce.

Quant à Dom Juan monstre, Defaux a bien constaté à quel point Molière avait atténué la brutalité du personnage traditionnel. Mais il insiste sur les côtés déplaisants du séducteur. Or, les critiques les plus divers ont observé que le bilan des crimes de Dom Juan est plutôt maigre. Brody est de l'avis que les choses auraient pu s'arranger, sur le plan des conventions, si le héros avait consenti à vivre avec Done Elvire comme mari et femme. Howarth, pour sa part, trouve que la punition infligée au héros est hors de proportion avec ses méfaits.

Des aventures amoureuses, il sera question plus loin. Notons à ce propos que Dom Gusman traite le héros d'« épouseur à toutes mains », alors qu'il n'est question dans la pièce que d'un seul mariage, assorti, il est vrai, des « propositions » aux deux paysannes.

Restent les deux épisodes du Pauvre et du Commandeur. La scène de la tentation du Pauvre est sans doute révoltante, pour le spectateur comme pour le lecteur. Mais pour bien voir la portée de cette scène, il faut se replacer dans l'optique de l'auteur. Sur les intentions de Molière, aucun doute n'est possible. Les autorités en furent si indignées que la scène dut être supprimée après la première. Molière avait prévu une telle réaction, n'ayant inséré cet épisode que pour faire enrager les dévots, en faisant naître des doutes sur l'efficacité de la prière, et pour faire accepter l'idée de l'« amour de l'humanité » (mot-clé chez Molière) qui, malgré le triomphe du Pauvre (vu les circonstances, sa défaillance aurait été inconcevable), est en contraste implicite avec l'amour de Dieu.

Quant à la mort du Commandeur, sur cet épisode Molière a « la main légère » : rien de comparable avec les deux assassinats brutaux dont il est question dans les versions précédentes. Tout ce que nous en savons, c'est que le grand seigneur a « bien tué son adversaire » et qu'il a eu « sa grâce de l'affaire ». D'ailleurs, le Commandeur — comme le démontre brillamment Defaux — pèche par le ridicule de ses idées de grandeur funéraire, et n'est là que pour les besoins de la vengeance divine, dont il se fait l'instrument, et pour amener le dénouement exigé par la tradition et par la prudence. (Rappelons la réponse de Louis aux critiques de la pièce : Dom Juan « n'est pas récompensé »).

Les mêmes considérations valent pour les scènes de l'acte IV dans lesquelles Dom Juan se montre sous un jour peu flatteur dans ses rencontres avec son père, Elvire et son créancier. Mais là encore l'auteur devait noircir son personnage pour justifier, en quelque sorte, la colère du Ciel. D'ailleurs, il faut croire que Molière a complètement échoué dans ses efforts pour rendre Dom Juan antipathique car, comme il l'écrit lui-même dans la *Lettre sur les Observations* (II, 1222), la moitié de Paris a douté qu'« il méritât le foudre. Ce n'est point un conte. C'est une vérité manifeste et connue de bien des gens ».

Bref, la théorie de Dom Juan monstre se laisse assez facilement démanteler.

Ce qui nous amène tout naturellement à un aspect voisin du personnage, celui de Dom Juan séducteur. Ici encore les analyses de Defaux appellent de prudentes réserves. Mais le débat se place plutôt sur le plan de l'efficacité que sur celui de la morale.

Comme toujours, il faut tenir compte de l'image que les contemporains avaient du grand seigneur. Le Dom Juan de Tirso de Molina, par exemple, est un personnage sans frein, que son sang bouillant pousse aux pires violences. Molière n'aurait pas pu, même s'il l'avait voulu, mettre en scène un tel personnage et ses exploits, au risque de choquer trop gravement la bienséance. Sa conception du héros était bien différente, et il a très nettement adouci les traits de l'écervelé, tout en conservant les incidents et la trame de la légende. C'est donc de manière indirecte qu'il nous fera faire le récit de la conquête principale du héros (Done Elvire) et se contentera de nous le montrer aux prises avec deux paysannes (l'élément comique, et même la forme du ballet, neutralise les réactions moralisatrices du spectateur) ; et il mettra dans la bouche du grand seigneur, avec une complaisance visible, la profession de foi du séducteur, « à mi-chemin entre la grandeur poétique et le badinage ».

Mais il faut croire, selon Defaux, que Molière a complètement raté son effet et que Dom Juan aura un zéro de conduite en amour. « Alexandre de bas étage », lisons-nous, « séducteur de sous-préfecture » (ceux d'un grade supérieur sont-ils plus efficaces ?). « Apparemment (*sic*) capable d'arracher à Dieu, à ses vœux et à la clôture d'un couvent, une héroïne de tragi-comédie de la classe de Done Elvire. Mais en revanche incapable de mener à bien sa tentative d'enlèvement et de concrétiser — il *s'embarrasse,* dit le texte (II, 4) — l'avantage d'une rhétorique, pourtant un peu grosse, lui a procuré sur des paysannes pas très propres et un peu sottes » (p. 140). Et même, car le réquisitoire n'est pas encore fini, son « inspiration » dans le morceau de bravoure est « d'emprunt » par ce que — c'est Sganarelle qui nous l'apprend, — son maître « parle comme un livre ».

Ce passage nous laisse perplexe, tant il fait violence au texte. Defaux semble même avoir oublié que, quelques pages auparavant, il avait souligné l'importance attribuée par Molière à Done Elvire, virtuellement créée ex novo, preuve, selon ce critique, que Molière avait travaillé la pièce de façon méthodique. Nous croyons plutôt que l'auteur a réservé une place de premier plan à l'héroïne pour démontrer à quel point Dom Juan était irrésistible à ses victimes (et pour l'associer à la foule des « avertisseurs » qui préparent, de façon si évidente, le dénouement).

Soulignons, comme l'a noté Doolittle, que Done Elvire, même repentie, est encore éprise de Dom Juan, et ne demande pas mieux que de lui faire prononcer de nouveaux serments, tout en les sachant menteurs. On peut même parler (c'est une amie française perspicace qui en a fait la remarque) d'une complicité entre le héros et ses victimes, car on constate des traits analogues dans l'épisode des paysannes.

On est donc d'autant plus étonné de voir que, pour Defaux, la conquête de Done Elvire n'est qu'apparente. Mais Dom Juan l'a effectivement persuadée de quitter le couvent, et il n'y a pas d'apparence qui tienne. On notera aussi que, selon son habitude, ce critique rejette la proposition principale, qu'il refuse d'accepter, dans une clause subordonnée, et met en relief un incident mineur — l'enlèvement manqué de l'acte II. La tactique est de bonne guerre, mais pas de bon augure.

Nous disons bien « mineur », car ce détail a été emprunté à une version précédente, et par conséquent reflète le caractère brutal du personnage original. D'ailleurs, l'enlèvement, à travers le sauvetage du héros, ne sert qu'à amener les scènes « paysannes ». A cette occasion, Dom Juan se montre « piètre exécutant », sans doute parce qu'il a oublié de consulter les prévisions météorologiques ! Une telle précaution lui aurait certainement permis d'anticiper la bourrasque qui a renversé sa barque et fait faillir son coup !

Venons-en à l'épisode des deux belles rustiques auxquelles Dom Juan fait une cour si pressante. « *Il s'embarrasse* dans ses mensonges », nous dit le texte, selon Defaux. Plus exactement, le mot se trouve dans les instructions scéniques, qui donnent l'indication (*Embarrassé*), ce qui n'est pas la même chose. Le mot ne peut signifier tout au plus que « pris dans une situation difficile », parce que Dom Juan se tire d'affaire avec une virtuosité éblouissante (et amusante). C'est également pour orienter le public que Molière a ajouté la note sur Tartuffe : « C'est un scélérat qui parle ».

Quant aux paysannes elles-mêmes, Defaux, qui pourtant insiste sur le côté snob du héros, trouve choquant la cour faite à ces deux filles. Mais l'épisode devait illustrer l'incapacité de Dom Juan à résister à un joli minois, à quelque couche sociale qu'il appartienne, et la rapidité de ses réussites, même si elles lui coûtent une promesse de mariage. Quant à la prétendue sottise des paysannes, nous renvoyons au bel article de Doolittle (voir pp. 85-107) qui voit les choses (et il a raison) de façon un peu différente.

On a insisté longuement sur l'humiliation subie par « ce petit marquis snob »[5], lorsqu'il est déshabillé après être tombé à l'eau et qu'on lui enlève l'un après l'autre ses vêtements magnifiques et, aux yeux du paysan, extravagants. Mais c'est Pierrot qui parle. C'est un homme, et il ne se lasse pas de dénombrer et de décrire ces habillements dorés dans le but de faire valoir ses exploits en sauvant le grand seigneur, qui, sans son intervention, se serait certainement noyé.

L'optique de Charlotte est complètement différente. Elle est femme, et ce qui la frappe, c'est que Dom Juan est bien mieux fait que les autres (quel que soit son équipage). Ce qu'elle retient de l'interminable récit de Pierrot, c'est que ce bel étranger a été dévêtu. Ce qui ne fait que l'émoustiller davantage. Il nous paraît exagéré de créer, sur la base de ces seuls détails, toute une théorie pour dénigrer le héros.

Quant au troisième chef d'accusation — que son discours soit d'emprunt — il est basé, nous l'avons vu, sur l'exclamation de Sganarelle : son maître « parle comme un livre ». Or, cette expression situe admirablement le paysan fruste et ignorant qu'est Sganarelle ; il se perd lorsqu'il essaie de s'exprimer de façon cohérente et est abasourdi par l'aisance dont fait preuve son maître dans les situations les plus variées, et, bien sûr, par ses gestes et sa rhétorique. Pour le valet, un livre c'est quelque chose qui appartient à un monde supérieur et presque divin. Son étonnement ressort encore plus clairement au début de sa phrase, qu'on se garde bien de citer : « Vertu de ma vie, comme vous débitez. Il semble que vous avez appris cela par cœur » (II, 36). « Débiter », nous informe Couton (I, 1303), veut dire « réciter agréablement ».

Par contre, les critiques, tel Defaux, interprètent les mots de Sganarelle comme s'il était un intellectuel moderne, pour lequel le mot « livresque » implique un manque de spontanéité, un ton artificiel, ce qui, naturellement, est aux antipodes de l'envolée lyrique du grand seigneur, « débitée » avec une éloquence digne du meilleur Molière.

Même si Dom Juan avait emprunté les idées de son discours à un texte de l'époque (et il paraît que c'est le cas), il faudrait faire remarquer que c'est Molière qui a effectué l'emprunt, et que l'auditeur n'est pas censé être informé de ce larcin. Autant vaudrait reprocher à Racine de s'être inspiré d'un passage d'Euripide dans une de ses tragédies.

Examinons pour terminer l'idée d'un Dom Juan extrémiste de l'incrédulité.

A l'appui de sa thèse, Defaux allègue trois considérations qui appellent, elles aussi, de fortes réserves. Le héros refuse de raisonner sur l'existence de Dieu, et « se renferme dans un silence prudent ». Il ne veut pas se rendre à l'évidence lorsqu'il voit avancer la statue, instrument de la vengeance divine. Et il fait preuve d'un « bravado infantile » lorsqu'il est foudroyé.

Quant au silence prudent, Defaux ironise sur cette réticence. « Dom Juan se contente — il faut bien justifier le courroux du ciel — d'affirmer que deux et deux font quatre, ce qui l'empêche, dit l'auteur de la *Lettre sur les Observations,* de raisonner sur les choses qu'on lui demandait ».

Malheureusement, ces quelques lignes, avec leurs parenthèses habituelles, ne donnent qu'une faible idée du passage dans la *Lettre* où Molière s'est donné la peine de répondre par avance à Defaux.

Dans ce texte, l'auteur explique, avec une franchise et une lucidité remarquables, les raisons de sa prudence *à lui* (et, par conséquent, de celle de Dom Juan) qui l'ont empêché de mettre d'autres arguments dans la bouche du héros. Voyons plutôt ce qu'il écrit, car l'affaire est loin de pouvoir s'expédier dans des phrases jetées là en passant.

Dom Juan ne dit pas un mot sur l'athéisme, note le pamphlet. « Il ne veut pas qu'on lui en parle, et, si l'auteur lui a fait dire que « deux et deux sont quatre », ce n'était que pour faire reconnaître qu'il était athée, pour ce qu'il était nécessaire qu'on le sût, à cause du châtiment » (II, 1222). Mais le passage prend un relief bien plus net par la suite. « Il était difficile de faire paraître un athée sur le théâtre et d'annoncer qu'il l'était, sans le faire parler. Cependant, comme il ne pouvait rien dire qui ne fût blâmé, l'auteur du *Festin de Pierre,* par un trait de prudence admirable, a trouvé le moyen de le faire connaître pour ce qu'il est sans le faire raisonner ».

Pour satisfaire les dévots qui voulaient que Molière suscitât quelque acteur pour soutenir la cause de Dieu, il fallait « que l'on tînt une conférence sur le théâtre, que chacun prît parti et que l'athée déduisît les raisons qu'il avait de ne croire point de Dieu. Molière n'aurait point été repris, et l'on aurait écouté Dom Juan avec patience et sans l'interrompre ».

Après cette sortie féroce, Molière reprend de plus belle. « Est-il possible que cela ait pu entrer dans la pensée d'un homme d'esprit ? L'auteur de cette comédie n'eût eu, pour se perdre, qu'à suivre ces beaux avis. Il a eu bien plus de prudence » (II, 1222-1223).

Faut-il ajouter que les mêmes raisons de prudence s'imposaient dans la scène du Pauvre, où il fallait faire résister l'ermite après les propos — blasphématoires — du tentateur. (La scène, ne l'oublions pas, a été quand même supprimée dès la première soirée).

Et, pour terminer sur cette question, on ne peut parler du rapport Dom Juan/Sganarelle sans souligner la nécessité où se voyait Molière de tenir la balance entre ces deux personnages clef, en partie pour des raisons d'équilibre dramatique, en partie pour éviter de faire paraître le valet sous un jour encore plus défavorable. De cette façon, Molière lui prête la critique des perruques blondes et de l'arrogance qui les accompagnait, et insiste sur la déconvenue de l'incrédule quand il voit la statue baisser la tête. Mais on acceptera difficilement l'affirmation de Defaux, à savoir que Sganarelle « domine » son maître ou que, en exprimant sa préférence pour le libertin sur l'hypocrite, Molière (qui est certes d'accord) en fait son porte-parole. Dans tous ces épisodes, Sganarelle — voilà la maestria dont fait preuve Molière dans le métier de dramaturge — reste toujours fidèle au caractère qu'il dépeint. Il n'aurait pas pu agir autrement sans pêcher contre la vraisemblance.

Quant à l'incrédulité affichée par Dom Juan lorsqu'il rencontre la statue, le poète, comme nous l'avons déjà observé, se trouvait devant un problème théâtral extrêmement difficile. D'un côté il fallait représenter un Dom Juan incroyant, et par conséquent lui prêter une réaction sceptique en face de la statue. D'un autre côté, le Commandeur faisait partie de la trame surnaturelle et des dramatis personae. On ne pouvait donc pas tout simplement l'abolir. Le poète a tranché la difficulté en faisant nier à son héros, selon le principe de la vraisemblance psychologique, la réalité du phénomène, mais quelques instants plus tard, nous trouvons cet « extrémiste de l'incrédulité » assis à table, qui converse tranquillement avec un personnage dont il nie l'existence !

Les mêmes considérations de métier valent pour la condamnation du héros. Il est voué à l'anéantissement. Ainsi le veulent la légende et la morale. Mais, étant donné son caractère, il doit faire face à ce destin avec le sang-froid qu'il a déployé en sauvant les deux frères de Done Elvire. Dans un dénouement d'opéra, Molière réussit à sauver la chèvre et le chou. Le héros reçoit la punition qu'il paraît mériter, mais sans rien perdre de son panache. Cette punition est avant tout théâtrale, et on n'est nullement fondé à la considérer comme représentant les convictions religieuses ou métaphysiques de Molière.

Si l'on observe qu'à cette époque le public était croyant (ce qu'on ne sait pas avec certitude — et du moins faudrait-il s'entendre sur le sens de cet adjectif) et que par conséquent il faut prendre le merveilleux au sérieux, nous renvoyons le lecteur au Sieur de Rochemont, dont l'orthodoxie n'est pas douteuse. Ce polémiste nous apprend que ce foudre n'était qu'un « feu de charte et... un foudre imaginaire et aussi ridicule que celui de Jupiter dont Tertullien raille si agréablement ». « Bien loin », poursuit cet écrivain, « de donner de la crainte aux hommes, (il) ne pouvait pas chasser une mouche ni faire peur à une souris ». Avec une grande acuité, il relève une deuxième raison qui démontre la façon dont Molière dévalorise la présentation traditionnelle, moralisatrice, du dénouement. « Ce prétendu foudre — écrit-il — apprête un nouveau sujet de risée aux spectateurs et n'est qu'une occasion à Molière pour braver... la justice du Ciel avec une âme de valet intéressée, en criant : Mes gages, mes gages. Car voilà le dénouement de la farce » (II, 1205).

Le Sieur de Rochemont avait raison. La pièce « fait une farce de la religion » et constitue « une école de libertinage ». Étant donné la puissance de l'Église à l'époque, l'étonnant, c'est que Molière, même soutenu par le roi, ait pu donner jusqu'à quinze représentations de la comédie et n'ait pas été obligé de renoncer au théâtre.

Il est impossible de regarder l'histoire de la pièce, et même des trois chefs-d'œuvres de l'auteur, comme une étape de son aventure théâtrale. La formule est exacte mais insuffisante. Le drame des années 1664-66 a eu comme point de départ et comme point d'arrivée la scène, mais la parabole entre ces deux moments se laisse tracer dans le monde des évènements réels. Toute la carrière du poète, sa prodigieuse activité, montre, comme dans le cas des autres grands dramaturges, le jeu d'action et de réaction avec son public, et, au-delà de ses spectateurs, avec le monde dans lequel il évoluait.

*

*   *

Dans cet essai, nous avons insisté sur la bataille de Molière avec les dévots et sur son « libertinage », mais c'est pour attirer l'attention sur les données et des arguments volontiers ignorés. L'essence de son œuvre est infiniment plus complexe — pour l'exégète. Les personnages de Molière ont bien souvent la raison aux lèvres, mais il est le poète de la démesure ; il se défie du rationalisme, et il est foncièrement pragmatique. Ses seuls critères sont l'efficacité, la grâce et le plaisir. Peintre incomparable des mœurs de l'époque, il est le premier et le plus grand des modernes. Poète à idées, qui pense, il est épris du faste, de la danse et de l'aisance dans les mots et les gestes. Ennemi juré de tout ce qui n'est pas authentique, il se montre un polémiste peu scrupuleux, et, comme Dom Juan, il réussit toujours à avoir raison (même quand ses ennemis affirment qu'il a tort, et il l'a quelquefois, effectivement), grâce à une maîtrise unique de forme, de présentation et de rhétorique. Détestant l'arrogance et la fatuité du rang, mais créateur d'un Dom Juan grand seigneur, essentiellement sympathique. Ennemi de l'autorité, libertin dans tous les domaines et presque anarchiste, il prône la douceur et la facilité, mais en même temps il est, du moins en apparence, le partisan et le collaborateur de Louis XIV, le Roi Très Chrétien.

Mais toutes ces questions devraient ne regarder que les savants. Pour le spectateur, le problème est bien plus simple, et se laisse d'ailleurs résoudre sur le plan du métier (c'était un homme de théâtre né) et de l'histoire. Pour ceux qui n'ont pas la vocation de spécialiste, point n'est besoin de théories ingénieuses échaffaudées par les experts, théories qui risquent de faire crouler les œuvres sous leur poids et d'étouffer le rire qui y coule de source. Tout ce qu'il faut savoir sur Molière tiendrait en une page. Car là où il n'est pas astreint à la prudence ou à la dissimulation, il parle clair. Pour savourer ses chefs-d'œuvre, suivons son conseil, que nous avons déjà cité : « Laissez-vous aller aux choses qui vous prennent par les entrailles ». C'est la formule qui fera trouver au spectateur le chemin du plaisir, et même de la sagesse.

*

*   *

NOTES

1. Dorénavant, toutes les références, sans indication de nom d'auteur (à part celles au livre de Defaux) se réfèrent à l'édition des *Œuvres complètes* de la Pléiade de Georges Couton.

2. Le triomphe du Roi dans *Panulphe* (en 1667), qui reflète la foi dans un monde raisonnable et ordonné soutenu par le pouvoir royal, ne serait « maintenu » (après la désillusion de l'auteur vers 1664) que pour des raisons « stratégiques » — dont Defaux découvre l'existence un peu tard dans son étude.

3. La chronologie de cette pièce est d'importance fondamentale pour son interprétation. A moins de faire une distinction nette entre la première partie (peinture souriante mais satirique de Molière ennemi des salons, des marquis extravagants et de leurs petits vers, et en même temps esquisse des mœurs contemporaines) et la seconde partie (protestation amère d'un homme qui a « perdu son procès »), la critique risque de s'empêtrer dans des confusions à perte de vue. Les deux aspects sont bien un reflet des changements survenus dans la situation de l'auteur après mai 1664.

On accordera facilement à Defaux que la pièce soit unique dans l'œuvre de Molière. Dans la première partie, la norme comique est plutôt flottante. Le rire du public aux dépens d'Alceste (dont s'amusent les marquis sur la scène) est d'une qualité différente du divertissement causé par ces extravagants. Mais Defaux n'est nullement fondé à affirmer que la barrière entre la scène et le public est abolie en conséquence. Le spectateur continue à juger les personnages (sans doute avec un peu plus de difficulté que dans les autres pièces de l'auteur), et n'est pas lui-même jugé, à moins de s'identifier avec un (ou plusieurs) des personnages.

A noter que Celimène (innocente dans la première partie et coupable — de son propre aveu — dans la seconde) est toujours éblouissante et n'est jamais ridicule. C'est l'équivalent féminin de Dom Juan. Nous assistons (autre nouveauté) à la transformation de la comédie en mélodrame ; l'impatience d'Alceste devient un cri de rage contre l'injustice du monde. Il n'y a pas de mesure commune entre les excès de la jalousie et la critique des salons d'un côté et cette misanthropie de l'autre.

Il y a donc autosatire de Molière (trait souligné par plusieurs des contemporains quand la pièce était seulement à l'état de projet), mais seulement dans les premiers actes. On a bien le droit de sourire (dans l'âme) au début, mais pas à la fin.

Malheureusement Defaux n'a pas compris cette thèse (que l'on est évidemment en droit de rejeter) et paraît croire que nous nous sommes bornés à « reprendre » les idées du célèbre article de Yarrow sur cette pièce (p. 328, note 12). Mais nous ne connaissions pas cet essai en 1963. Et nous avons essayé de démontrer, non seulement qu'il y a une évolution dans certains des personnages (surtout Alceste), mais que l'œuvre a été composée en deux temps qui correspondent à des situations bien différentes du poète.

Yarrow, pour sa part, se contente de démontrer, sans solliciter le texte, ce changement dans le cas d'Alceste. Defaux rejette la démarche analytique du professeur anglais parce qu'elle est « dominée par le désir d'illustrer le bien fondé d'une thèse... et ensuite parce qu'elle adopte un point de vue résolument extérieur à la pièce », par contraste avec le point de vue « intérieur » de Defaux (p. 162). L'accusation de manque d'objectivité (parce que l'essai soutient une thèse !) est dénuée de fondement, et la distinction entre critique extérieure et intérieure (une bonne analyse procède toujours en employant tous les deux) est privée de sens.

Comme pour les deux autres pièces de la période centrale, une chronologie exacte, une analyse historique des circonstances et une étude serrée du texte (et des écrits polémiques) suffisent pour miner à la base la thèse de la dimension réflexive et pour nous restituer un auteur crédible engagé dans des débats à la fois de son époque et de toujours.

4. Il nous semble que les nombreuses préoccupations de Molière entre mai 1664 et le mois d'avril de 1665 (retrait de l'affiche du *Dom Juan*) confirment notre hypothèse selon laquelle Molière aurait écrit l'essentiel de la deuxième partie du *Misanthrope* après cette dernière date.

5. Il convient de noter à ce propos qu'il n'est nulle part question d'un tel rang dans la pièce. Mais Defaux, surtout à travers les adjectifs (« petit », « snob ») tient à loger le héros à la même enseigne que les marquis fats et extravagants des autres comédies de Molière. Inutile de dire que Dom Juan n'est ni fat ni ridicule, et qu'il tire sa force de son aisance et de sa confiance en soi.

Une question bien plus importante est la contamination entre l'idée de libertin, dont Molière paraît partager les idées, et celles du grand seigneur, dont les traits s'imposaient à l'auteur par les versions antérieures et aussi sans doute par des raisons de fond.

Nous croyons que les abus commis par Dom Juan en vertu de son rang (par exemple les menaces proférées à l'égard de Sganarelle) s'expliquent en partie par les versions antérieures et en partie par l'exigence de tenir la balance un peu plus égale entre les deux personnages. Molière a trouvé cette tâche d'autant plus facile qu'il était particulièrement sensible aux injustices commises par « le rang qui veut tout couvrir ».

On a souvent cité à ce propos l'intervention de Dom Louis (IV, 4), où il affirme préférer « le fils d'un crocheteur honnête homme » à un noble corrompu, mais il semble que l'insertion de ce lieu commun de l'époque soit à attribuer à la préparation psychologique des spectateurs à la condamnation du héros (préparation qui, à en juger d'après le Sieur de Rochemont, n'a pas eu tout le succès que l'auteur aurait peut-être souhaité).

Toutefois, il convient de souligner les origines aristocratiques de la libre pensée en France et l'alliance traditionnelle entre liberté et mœurs et la cour et la noblesse (et par contre entre la bourgeoisie et le puritanisme).

En plus, l'élégance des mots et des gestes et la confiance absolue dont fait preuve le héros (qui lui permettent de réduire à néant le jeu de ses adversaires) sont caractéristiques non seulement de l'honnête homme (dont il est difficile de préciser la situation sociale) mais aussi de la noblesse, forte de son prestige et de son orgueil.

Molière, en tant qu'acteur, a sûrement beaucoup apprécié cette aisance qui, sur la scène, était affaire de tempérament et de métier et non de naissance.

UN MOT SUR LES AUTEURS

Les critiques qui ont bien voulu me prêter leur concours sont trop connus pour qu'ils aient besoin de présentation. Par ordre alphabétique, Jules Brody enseigne à Harvard, C.E.J. Caldicott à University College, Dublin ; Alain Couprie est Professeur d'Études Supérieures à Paris et Jean Molino enseigne à Lausanne ; Philip Butler et James Doolittle (Professeur Emeritus) sont à la retraite après avoir enseigné aux universités de Wisconsin et Rochester respectivement. Mario Bonfantini (de Turin) et Raymond Picard (de la Sorbonne) sont, hélas, morts. L'éditeur, lui, a enseigné pendant un certain temps à Western Reserve University de Cleveland aux États Unis.

PREMIER LIEU DE PUBLICATION DES ARTICLES

Les articles ont déjà paru dans les livres ou revues suivantes :

Molière subversif (Cairncross) *Le dix-septième Siècle,* Octobre-décembre 1987, n° 157, pp. 403-413

Les marquis de Molière (Couprie) dans *Thématique de Molière,* l'éditeur, J. Truchet, Sédès, 1985, pp. 47-87, légèrement abrégé.

Tartuffe, « production impie » ? (Picard) : *Mélanges offerts à Raymond Lebègue,* Nizet, 1969, pp. 227-239.

Tartuffe et la direction spirituelle... (Butler) : *Modern Miscellany,* pp. 58-64, Manchester University Press.

Orgon le dirigé (Butler), 1969, *Gallica,* pp. 103-120.

L'humanité de *Dom Juan* (Doolittle) : original anglais dans PMLA 68, 1953, pp. 509-534 (légèrement abrégé).

Dom Juan et *Le Misanthrope* (Brody) : original anglais dans PMLA 84, 1969, pp. 559-576.

Le comique du *Misanthrope* (Bonfantini) : original italien dans *Pensiero critico,* Milan, octobre 1954, pp. 44-68 (légèrement abrégé).

Les nœuds de la matière (Molino) dans *Le dix-septième Siècle,* n° 113, pp. 23-47, 1976.

L'inspiration italienne... dans *Le Malade imaginaire* (Caldicott) dans *Mélanges à la mémoire de Franco Simone* (II), Genève, 1981, pp. 271-278.

« Impie en médecine » (Cairncross) : dans *Papers on 17th Century French Literature,* Tübingen, Vol XIV, n° 27, 1987, pp. 781-800.

Facteurs réflexifs etc (Cairncross) : dans *Papers on 17th Century French Literature,* Tübingen, Vol XIII, n° 24, 1986, pp. 148-187, et *ibid.,* n° 25, pp. 71-90.

TABLE DES MATIÈRES

Photocomposé en Times de 10
et achevé d'imprimer en novembre 1988
par l'Imprimerie de la Manutention à Mayenne
N° 377-88